Genaueste Handlungen unter
den freiesten Bedingungen

Raphael Smarzoch

Genaueste Handlungen unter den freiesten Bedingungen

Studien zum Werk von Christian Wolff

SCHOTT

Bibliografische Information der Deutschen Nationalbibliothek
Die Deutsche Nationalbibliothek verzeichnet diese Publikation in der Deutschen
Nationalbibliografie; detaillierte bibliografische Daten sind im Internet über
http://dnb.d-nb.de abrufbar.

978-3-95983-047-8 (Paperback)
978-3-95983-048-5 (Hardcover)

www.schott-campus.com

Printed in Germany

Inhaltsverzeichnis

Vorwort

Die vorliegende Arbeit stellt die leicht veränderte Fassung der im Sommersemester 2015 von der Philosophischen Fakultät der Universität zu Köln angenommenen Dissertation dar. Mein Dank gilt Prof. Dr. Dieter Gutknecht, der die Arbeit als Erstgutachter betreute. Danken möchte ich außerdem Prof. Dr. Frank Hentschel und Prof. Dr. Uwe Seifert, die sich dazu bereit erklärten, als Zweit- und Drittgutachter dieser Arbeit zu fungieren.

Aus Gründen der Lesbarkeit wird im Rahmen der Dissertation bei personenbezogenen Bezeichnungen auf die zusätzliche Formulierung der weiblichen Form verzichtet. Der Autor möchte deshalb darauf hinweisen, dass die ausschließliche Verwendung der männlichen Form explizit als geschlechtsunabhängig zu verstehen ist.

1 Einleitung

Der 1934 in Nizza geborene Komponist Christian Wolff bleibt im Vergleich zu seinen Zeitgenossen John Cage, Morton Feldman und Earle Brown ein Außenseiter, dessen Werk trotz seiner Vielschichtigkeit und gesellschaftlichen Relevanz bis heute kaum Beachtung findet. Die vorliegende Dissertation beabsichtigt, diesen Missstand zu beseitigen, und möchte Anregungen für zukünftige Auseinandersetzungen mit der Musik des Komponisten geben, da auch die Musikwissenschaft den Komponisten Christian Wolff bislang sehr stiefmütterlich behandelt hat. Das gilt für die deutsche wie auch für die internationale Forschungsarbeit. Insgesamt gibt es bislang bloß drei Veröffentlichungen über Christian Wolff. Hierzulande findet sich der zweisprachige Sammelband *Christian Wolff. Cues. Writings and Conversations / Christian Wolff. Hinweise. Schriften und Gespräche*, der von Gisela Gronemeyer und Reinhard Oehlschlägel im MusikTexte-Verlag veröffentlicht wurde.[1] Im angloamerikanischen Sprachraum existieren der von Stephen Chase und Philip Thomas herausgegebene Essayband *Changing the System*[2] und eine kurze von Michael Hicks und Christian Asplund verfasste Monografie über den Komponisten.[3] Außerdem findet man diverse Aufsätze in Fachzeitschriften und in digitalen Archiven. Ausgehend von dieser übersichtlichen Quellenlage führte der Autor zudem ein ausführliches Interview mit Christian Wolff. Die vollständige Transkription des Gesprächs ist im Anhang der Arbeit nachzulesen. Darüber hinaus sei noch angemerkt, dass die Partituren zu den in dieser Dissertation diskutierten Kompositionen allesamt in der Edition Peters (Leipzig/London/ New York) publiziert worden sind.

Möglicherweise ist Wolffs Einzelgänger-Status zum Teil auch seinem Charakter geschuldet. Bescheidenheit und Zurückhaltung prägen seine Persönlichkeit. Große Worte vermeidet der Komponist, er bleibt gerne im Hintergrund. Trotz alledem übte er einen großen Einfluss auf seine Komponisten-Kollegen und Freunde John Cage, Morton Feldman und Earle Brown aus, und das bereits im jugendlichen Alter von 16 Jahren. Er gilt als jüngstes Mitglied der sogenannten New York School of Composers. Das erste Kapitel dieser Arbeit geht diesen unterschiedlichen Relationen nach und spezifiziert Christian Wolffs Beziehung zu den oben genannten Protagonisten, die ihn nicht nur aufgrund seiner musikalischen Originalität schätzten, sondern auch an seinem familiären Hintergrund interessiert waren. Christian Wolff ist der Sohn des berühmten Verleger-Ehepaares Kurt und Helen Wolff, die nicht nur im Vorkriegsdeutschland die literarische Entwicklung des Landes maßgeblich beein-

---

[1] Gisela Gronemeyer und Reinhard Oehlschlägel (Hg.), *Christian Wolff. Cues. Writings and*
[2] Stephen Chase und Philip Thomas (Hg.), *Changing the System. The Music of Christian Wolff*, Burlington u. a. 2010.
[3] Michael Hicks und Christian Asplund, *American Composers. Christian Wolff*, Urbana u. a. 2012.

flussten, sondern auch in Amerika alte und neue Klassiker der deutschen Literatur salonfähig machten. Wolff wuchs in einem intellektuellen Milieu auf, einem Elternhaus, in dem sehr viel Wert auf hohe Bildungsideale gelegt wurde und die Beherrschung mehrerer Sprachen nichts Ungewöhnliches war. Dass dieses geistige Klima einen Einfluss auf den Komponisten hatte, zeigt sich in der Herangehensweise an seine Musik, deren philosophische Implikationen in dieser Dissertation untersucht werden. Darüber hinaus strebt der Autor an, Wolffs Denken über Musik auf Schnittstellen zu anderen künstlerischen Disziplinen zu durchleuchten. Im Mittelpunkt dieser Arbeit steht nicht nur der Komponist sondern auch der Intellektuelle Christian Wolff und sein Verhältnis zu Kunst, Philosophie und Politik.

Dass Christian Wolff mit Umberto Ecos Gedanken zum offenen Kunstwerk vertraut gewesen sein muss, legt unter anderem die enge Freundschaft seiner Eltern zu dem italienischen Philosophen nahe, die sogar auch einige seiner literarischen und theoretischen Arbeiten publizierten. Ecos Poetik der Offenheit wurde allerdings auch zu dem Zeitpunkt ihrer Publikation in den 1970er-Jahren in der Musik, Literatur und bildenden Kunst ausgiebig diskutiert. Die Frage nach der Form eines Musikstückes, das durch aleatorische Techniken von Aufführung zu Aufführung immer wieder neu gestaltet werden konnte, einen offenen bzw. prozessualen Charakter aufwies, inspirierte viele Komponisten, sich zu diesem Thema mit komplizierten theoretischen Texten zu äußern. Wolffs Formdefinition fällt im Vergleich recht knapp und erfrischend einfach aus, ein Befreiungsschlag, der bei näherer Betrachtung allerdings eine Vielfalt unterschiedlicher Interpretationsansätze und assoziativer Verkettungen offenbart, die im dritten Kapitel dieser Arbeit diskutiert werden. Wolffs Definition von der Form als Länge gestalteter Zeit wird in Anlehnung an sein musikalisches System der genauesten Handlungen unter freiesten Bedingungen erörtert. Der Schwerpunkt des Abschnittes liegt auf der Musik, Perspektiven aus der bildenden Kunst werden allerdings auch berücksichtigt. Wolffs Formdefinition dient außerdem als Ausgangspunkt einer weiterführenden Erörterung wesentlicher Aspekte seines kompositorischen Denkens als auch ihrer Verbindung zu anderen philosophischen Geistesströmungen, Diskursen und artistischen Betätigungen, wie etwa dem amerikanischen Transzendentalismus, Viktor Šklovskijs Theorie der Verfremdung oder dem Tanz. Der Autor strebt an zu zeigen, dass die Form eines Stückes bei Christian Wolff nicht durch den Komponisten vorgegeben wird, sondern offen ist, Resultat sozialer Dynamiken, die durch die Interpreten der Komposition ausgelöst werden.

Im vierten Kapitel werden politische Ideen und Aspekte in Christian Wolffs Musik erörtert. Obwohl sich bereits in seinen frühen Stücken politische Qualitäten erkennen lassen, werden die in den 1970er-Jahren entstandenen Kompositionen oftmals mit dem Prädikat „politisch" versehen. Das mag wohl dem damaligen Zeitgeist geschuldet sein sowie seiner Freundschaft zu dem britischen Komponisten und linksradikalen Aktivisten Cornelius Cardew und dessen Umfeld. Wolff hat sich darüber hinaus in vielen Essays und Vorträgen über eine politische Musik Gedanken gemacht, unter anderem auch während seines zweiten Besuches der Darmstädter Ferienkurse im Jahre 1974, wo er Vorlesungen über politische Musik gehalten hat. Anhand der Stücke *Accompaniments* (1972), *Changing the System* (1972–73) und *Wobbly Music* (1975–76) sowie Christian Wolffs Äußerungen über Politik und Musik wird diskutiert, wie der Komponist eine politische Musik denkt.

Das folgende Kapitel thematisiert Christian Wolffs Verhältnis zur Minimal Music. Wolff begeisterte sich für den Klang dieser Musik, den er als erfrischend bezeichnete. In Kompositionen von Steve Reich, La Monte Young, Terry Riley und Philip Glass hört er eine Loslösung von tradierten musikalischen Konzepten und der Komplexität der seriellen Musik. Die Blüte der Minimal Music geht einher mit Wolffs Politisierung. So verwundert es nicht, dass die klangliche Unmittelbarkeit der Minimal Music von Wolff auch unter politischen Gesichtspunkten rezipiert wurde. Im ersten Teil des Kapitels wird diese Rezeption untersucht, während im zweiten Teil die These vertreten wird, dass Wolffs aus den 1950er-Jahren stammenden Kompositionen signifikante Aspekte der Minimal Music antizipierten und womöglich auch beeinflussten.

Obwohl Christian Wolff sehr vorsichtig ist, klare Verbindungen zu anderen künstlerischen Disziplinen zu ziehen, rekurriert er immer wieder in seinen Vorträgen und Essays auf künstlerische Ansätze, die nicht aus dem Territorium der Musik stammen. In einem Seminar behauptete er, es gebe nur wenig gute Texte über Musik, dafür umso mehr über die Malerei.

„I found over the years [...] that there's very little good writing about music. Other than a few pages of Theodor Adorno's work the literature is pretty skimpy, and current producers are at a very mediocre level. I have found, however, that many very intelligent people are writing about the visual arts."[4]

Das sechste Kapitel vertieft Wolffs Beziehung zur bildenden Kunst, die bereits im zweiten Kapitel dieser Arbeit angerissen wurde. Wolff wurde in seiner kompositorischen Tätigkeit nicht nur von musikalischen Entwicklungen und Ideen beeinflusst, sondern auch von anderen künstlerischen Strömungen, etwa der Malerei, die im New York der 1950er- und 1960er-Jahre, zum Beispiel mit dem Abstrakten Expressionismus, völlig neue bildliche Ausdrucksweisen entdeckte und damit auch eine Ablösung vom alten europäischen Kulturerbe erzielte. Ziel des Kapitels ist es nicht, eindeutige Parallelen zwischen Malerei und Musik aufzuzeigen, sondern nach Geistesverwandtschaften zu suchen, nach indirekten Einflussnahmen zwischen Wolffs musikalischen Reflexionen und kunsttheoretischen Ansätzen von Jasper Johns und Robert Rauschenberg, zwei Künstler, die Christian Wolff durch seine

---

4 Christian Wolff, „Transkription von Christian Wolffs Seminar am Ostrava Center for New Music aus dem Jahre 2009", in: *Ostrava Days Report 2009*, S. 111.

enge Beziehung zu John Cage persönlich kannte. Im Anschluss werden ausgewählte Stücke aus Wolffs *Prose Collection,* einer Partituren-Sammlung, die ausschließlich aus verbalen Spielanweisungen besteht, mit theoretischen Ansätzen aus der Minimal Art, Jerzy Grotowskis „armem Theater" und der Arte Povera diskutiert. Die Gegenüberstellung zeigt, dass Wolff mit seinen verbalen Partituren durchaus Ideen aus den obigen Kunstströmungen verarbeitet hat, auch wenn er dies offiziell nicht angeben mag. Der Komponist bestätigt allerdings im Gespräch mit dem Autor seine Affinität zu der Malerei Paul Klees, die ihn besonders faszinierte, als er mit dem Komponieren anfing. Das Kapitel endet mit einer kurzen Analyse möglicher Schnittstellen zwischen Wolffs Musik und der künstlerischen Arbeit Paul Klees.

Im siebten Kapitel wird Christian Wolffs Verhältnis zu dem Pädagogen und Philosophen John Dewey und zu weiteren Protagonisten des amerikanischen Pragmatismus untersucht. Der Anstoß für dieses Unterfangen kommt von Christian Wolff selbst. Im Interview verifiziert er die Vermutung des Autors, sich mit den philosophischen Abhandlungen Deweys beschäftigt zu haben, findet es allerdings zu abstrakt, über konkrete Parallelen zwischen seiner Musik und Deweys Pragmatismus nachzudenken. Ziel des Kapitels ist es somit zu demonstrieren, wie wesentliche Konzepte von Deweys Werk mit dem musikalischen Denken Christian Wolffs harmonieren. Es lassen sich durchaus Gemeinsamkeiten zwischen Deweys Konzeption einer experimentellen Pädagogik, der Erziehung zu experimentellem Verhalten und Wolffs Definition experimenteller Musik finden. Die von Dewey ins Spiel gebrachte Vorstellung von Handlung als kreativem Akt sowie der damit einhergehenden Signifikanz gemachter Erfahrung wird von Wolff darüber hinaus auch in seinen offenen Kompositionen aufgegriffen.

Wolff artikuliert auch eine Affinität zu einem weiteren Urgestein amerikanischer Philosophie, Richard Rorty. Christian Wolff rekurriert in seinen Kompositionen nicht auf Zufallsmechanismen. Er ist nicht wie sein Lehrer John Cage an dem Zufall interessiert, sondern bestätigt in diversen Interviews, mit Kontingenzen zu experimentieren. Indem der Komponist seine Interpreten die genauesten Handlungen unter den freiesten Bedingungen ausführen lässt, klammert er den Zufall aus und öffnet musikalische Möglichkeitsräume, deren Gestaltung das Resultat sozialer Dynamiken ist und von Interpret zu Interpret immer anders ausfallen kann. Inwiefern diese Vorgehensweise mit Rortys Kontingenz-Begriff harmoniert, den der amerikanische Philosoph in seinem Buch *Kontingenz, Ironie und Solidarität* entwickelt, steht im achten Kapitel zur Untersuchung an.

Christian Wolff widerstrebt es, mit seiner Musik Macht auszuüben und seinen Interpreten klare Vorgaben aufzuerlegen, wie seine Kompositionen gespielt bzw. interpretiert werden sollen. Stattdessen müssen die Interpreten aufmerksam aufeinander hören, um gemeinsam Wege der Kooperation zu finden und dadurch die musikalische Gestaltung des Stückes in Echtzeit zu übernehmen. Das Ohr wird zum Medium von Wolffs Musik. Der Fähigkeit zuhören zu können wird eine ethische Qualität attestiert. In ihr liegt die Möglichkeit, sich auf den Anderen einzulassen und ihn in seiner Andersartigkeit zu akzeptieren. Ausgehend von der Beobachtung findet im neunten Kapitel eine Auseinandersetzung mit den ethischen Implikationen von Wolffs Musik statt. Im Vordergrund steht hier unter anderem Jacques Derridas Begriff der Gastfreundschaft und dessen Applikation auf Christian Wolffs musikalische Reflexionen. Darüber hinaus werden Aspekte von Freiheit, richtigem, beziehungsweise moralischem Handeln und Selbstlosigkeit in Wolffs musikalischer Praxis eruiert.

Das letzte Kapitel dieser Arbeit beschäftigt sich mit Christian Wolffs Doppelleben und dessen Auswirkungen auf seine Musik. Christian Wolff ist nicht nur als Komponist tätig. Sein Lebenslauf verzeichnet auch eine universitäre Laufbahn, dessen Ausrichtung womöglich durch sein Elternhaus beeinflusst wurde. Wolff studierte Altphilologie und unterrichtete an der Harvard Universität sowie am Dartmouth College vergleichende Literaturwissenschaften und Gräzistik. Er wird als einer der führenden Euripides-Gelehrten angesehen. Auf den ersten Blick interferieren diese Betätigungsfelder miteinander. Aus der gegenseitigen Reibung resultieren jedoch interessante Schnittstellen, die Christian Wolff beispielsweise auf pädagogischer Ebene verortet. Es lassen sich allerdings noch weitere Querverweise ziehen. Wolff erkennt in dem antiken Kulturerbe progressive Energien, die er auch in seiner Musik auszulösen anstrebt. Antike Dramen, mit denen sich er intensiv beschäftigte, feierten zudem auf amerikanischen Theaterbühnen der sechziger und siebziger Jahre große Erfolge – viele Inhalte der Stücke ließen sich auf den damaligen politischen Zeitgeist übertragen. Ob Christian Wolffs Interesse für die Politik indirekt auch über die wissenschaftliche Auseinandersetzung mit der griechischen Antike ausgelöst wurde, ist ein weiterer Gedanke, der in dem Abschnitt eine Erörterung erfährt.

·

2 Rezeption: Frühe Anfänge – Christian Wolff und die New York School

„So it was at that one particular moment where
one had the sense that everything new was
happening, or was going to happen.
You could see it, you knew it, you were informed,
and you knew the people."[5]

Zusammen mit John Cage, Morton Feldman und Earle Brown wird Christian Wolff einer Gruppierung zugerechnet, die als „New York School of Composers" in die Geschichte eingeht.[6] Die Bezeichnung ist problematisch. Der Kunstkritiker Harold Rosenberg merkt an, eine künstlerische Sprache sei nicht geografisch bestimmbar, sondern ausschließlich auf einer ideologischen Ebene greifbar.[7] Eine ähnliche These vertritt auch Christian Wolffs Vater, der berühmte Verleger Kurt Wolff, in Bezug auf die Schule des Expressionismus und auf seine vermeintliche Rolle in der Publikation von Autoren, die der Gruppe angeblich angehörten. Wolff bemerkt 1960, also zur Hochphase der New Yorker Schule: „Expressionism is a term applicable to a collective. A collective never produces a poem, not a single line. Creative achievment is always the work of an individual."[8] Ein paar Seiten später stellt er fest, er habe sich niemals Slogans oder Trends unterworfen – „never did I place myself at the service of a slogan or a trend."[9] Christian Wolff muss diese Attitüde als inspirierend empfunden haben, er greift die Argumentation seines Vaters auf: „Sich selbst betrachtet man nie als Teil einer Tradition oder als Mitglied einer Gruppe"[10], schreibt er. Außerdem fügt er in einem Radiofeature von Armin

---

[5] Christian Wolff im Gespräch mit William Duckworth. William Duckworth, „Interview with Christian Wolff" (o. J.), in: ders., *Talking Music. Conversations with John Cage, Philip Glass, Laurie Anderson, and five generations of American experimental composers*, New York 1999, S. 185.

[6] Zur „New York School" gehörten allerdings nicht nur Komponisten. Den Vertretern des Abstrakten Expressionismus in Person von Jackson Pollock oder Mark Rothko wurde auch eine Mitgliedschaft in der „New York School" attestiert, ebenso dem Dichter Frank O'Hara.

[7] Siehe auch: Suzanne Josek, *The New York School: Earle Brown, John Cage, Morton Feldman, Christian Wolff*, Saarbrücken 1998, S. 13.

[8] Kurt Wolff, „On Publishing in General and the Question how do an Author and Publisher come together" (o. J.), in: *Kurt Wolff: A Portrait in Essays & Letters*, hrsg. von Michael Ermarth, Chicago u. a. 1991, S. 19.

[9] Ebd., S. 18.

[10] Christian Wolff im Gespräch mit Victor Schonfield. Victor Schonfield, „Risiken eingehen. Aus einem Gespräch mit Victor Schonfield" (Taking Chances. From a conversation with Victor Schonfield 1969), in: *Christian Wolff. Cues. Writings and Conversations / Christian Wolff. Hinweise. Schriften und Gespräche*, hrsg. von Gisela Gronemeyer und Reinhard Oehlschlägel, Köln 1998 (Edition MusikTexte 005), S. 69.

Köhler hinzu: „Wir waren lange schon aufgebrochen. Jedenfalls im College war ich in Massachusetts, da war ich außerhalb New Yorks. Ich kam aber immer wieder zurück, meine Eltern lebten noch da. Feldman ist nach Buffalo gegangen, John Cage nach Stoney Point – wir waren ganz früh schon zerstreut."[11] Laut Wolff glaubte der Komponist Morton Feldman sogar, eine Gruppe vermittle „ein Gefühl des Dürfens", sei also ein Hindernis für ein erfolgreiches Experimentieren. Man müsse nicht „gegen etablierte Normen ankämpfen, weil auch andere außerhalb solcher Normen arbeiten."[12] Im Mittelpunkt der kompositorischen Arbeit von Wolff, Cage, Brown und Feldman stand der Wunsch, „etwas ganz anderes zu machen, um frei zu sein von Stilen, die wir nicht übernehmen konnten oder die uns nicht mehr lebendig erschienen."[13] Wolff spricht von einer gegenseitigen Wertschätzung, allerdings nicht von einem identischen Schaffen – „wir hatten kein Verlangen, einander nachzuahmen"[14], schreibt er in der Monografie *Cues*, was dem genormten Lehrplan einer schulischen Institution ebenso widerspricht.

Christian Wolff war nicht nur der jüngste Komponist, seine Situation unterschied sich auch grundsätzlich von der seiner Komponistenkollegen: Im Vergleich zu Cage und Feldman heiratete er. Er hat mehrere Kinder, leistete Wehrdienst (in Deutschland) und kann akademische Auszeichnungen vorweisen, zum Beispiel einen Doktortitel, den er in Harvard erlangte. Während seine Komponistenfreunde, dazu zählte auch Earle Brown, mit finanziellen Schwierigkeiten kämpften, ein Leben am Limit führten, wurde Wolff von seinen Eltern unterstützt. Der Wunsch nach Sicherheit manifestierte sich darüber hinaus auch in seinem späteren Werdegang. Er widmete sich nicht ausschließlich der Musik, sondern wurde Professor für klassische Literatur und alte Sprachen mit dem Schwerpunkt auf griechische Philologie, die der Musikwissenschaftler Michael Hicks als „the foundational literature of the Old World"[15] bezeichnet.

„My initial thought when I was in high school was that I ought to go to a conservatory [...]. And then, thinking realistically, I didn't seem to have any skills, or interest in developing skills, that the conservatory, or that professional musical training would really help much. So I simply decided that I couldn't make a living of music. I could not maintain myself economically by doing the kind of thing that I wanted to be doing with music".[16]

---

[11] Armin Köhler, *Christian Wolff – Disziplin und Freiheit oder vom Kontrapunktunterricht bei John Cage*, SWR 2 Klangraum: JetztMusik, Sendedatum 22.05.2006.
[12] Schonfield, „Risiken eingehen", S. 69.
[13] Ebd.
[14] Ebd.
[15] Michael Hicks, „Our Webern: Cage and Feldman's Devotion to Christian Wolff", in: *Changing the System. The Music of Christian Wolff*, hrsg. von Stephen Chase und Philip Thomas, Burlington u. a. 2010, S. 7ff.
[16] Duckworth, „Interview with Christian Wolff", S. 180.

Im Vergleich zu seinen Komponistenkollegen weist Wolff auch unterschiedliche nationale Identitäten auf. Obwohl er sich als Amerikaner sieht, ist es ihm durchaus bewusst, dass die Flucht[17] seiner deutsch-jüdischen Eltern vor der Nazidiktatur ihn bereits im zarten Kleinkindalter zu einem europäischen Kosmopoliten macht. Die Internationalität schlägt sich auch in den Sprachkenntnissen des Komponisten nieder. Wolff spricht Englisch und Deutsch fließend. Im Deutschen ist sogar kein amerikanischer Akzent zu verzeichnen, wenn überhaupt, so glaubt man im Gespräch mit ihm, eine bayerische Einfärbung zu hören.

„I took three years of German in school and then by the time I got out of school, my parents said now it's time that you should speak proper and so they send me to the relatives in Bavaria and I spent the whole summer there. That's when I learned my German. They actually didn't speak much English. So I had to get by. I spent five, six weeks in Munich by myself. So I had to manage with food and university."[18]

Darüber hinaus weist Wolff auch Französischkenntnisse auf, wobei er angibt, sein Französisch höre sich zwar sehr gut an, sein tatsächlicher Wortschatz sei allerdings nicht besonders umfangreich, obwohl er in Frankreich zwei Jahre zur Schule ging. Wolff, der 1934 in Nizza geboren wird, geht jedoch davon aus, dass Italienisch seine erste Sprache gewesen sein könnte, da seine Eltern, kurz nachdem sie 1933 vor dem Hitler-Regime nach Frankreich flüchteten, temporär nach Italien gingen.

„My first two years in school were in France, in Nice. There are a lot of different things going on. I do have that. It's an accident of history. My parents left Germany in 1933 for obvious reasons, came to France, so I was born in France. [...] But very shortly after I was born they went to Italy. My theory is that the first language I spoke was probably Italian because everybody around me spoke Italian. [...] And then suddenly when Mussolini and Hitler made their agreement, we were out of there over night. We left immediately and came to France [...]. [...] my parents obviously must have spoken German to each other, but I don't think they wanted me... especially at that time in France speaking German was not a good idea. [...] And then we came to America and there, actually, New York is a good place to come because it is already cosmopolitan. There are many [...] immigrants. [...] I learned English in about three months."[19]

Christian Wolff kommt bereits in seiner frühesten Kindheit mit Musik in Berührung. Sein Vater, Kurt Wolff, ist „ein sehr guter Amateurcellist", dessen

---

[17] Es ist nicht nur die jüdische Abstammung seitens Wolffs Vater, die das Ehepaar Wolff zwingt, Deutschland zu verlassen, sondern auch seine verlegerische Profession. Wolff publiziert viele Bücher jüdischer Autoren, unter anderem ist er der erste Verleger, der das Werk Franz Kafkas veröffentlicht.

[18] Christian Wolff im Gespräch mit dem Autor. Aufgezeichnet in Wien im Oktober 2010.

[19] Ebd.

Vater, Leonhard Wolff, ist wiederum als Professor für Musikgeschichte in der Beethovenstadt Bonn tätig und ein Freund des Komponisten Johannes Brahms, dem Kurt Wolff bei der Beerdigung von Clara Schumann begegnet. Viele Konzertbesuche gehören zur Sozialisation des jungen Christian Wolff. Schnell wird ihm klar, dass er Konzertpianist werden möchte. Dann stellt er allerdings fest, dass seine pianistischen Fähigkeiten für eine Ausbildung an einem Musikkonservatorium nicht ausreichen. Er wird Teilzeit-Komponist, nicht zuletzt weil „I had the notion that what I was doing didn't seem like anything else that I knew, and I was interested in going into new directions."[20] Er scheint zu ahnen, dass die Musikakademie sein experimentelles Musikdenken nicht begleiten wird.

> „I have no experience in standard music education. [...] When I was growing up, first I thought I was becoming a pianist. So I hung out with pianists a lot and I noticed that they would have their teachers and they would learn the sonata and they would learn it just in that way and the teacher would say, no, no, no, you have to do it like that. They would give you a fixed model of what you have to do. [...] clearly that seems like not the right way to do it."[21]

Diese Entscheidung mag sein Vater beeinflusst haben, der in seinen Memoiren eine entspannte Haltung gegenüber akademischen Titeln und Institutionen pflegt, aber auch Eigenschaften wie Individualismus und Selbstdisziplin positiv bewertet. In dem Essay *On Publishing in General* erläutert er, wie er den Beruf des Verlegers erlernt hat: gar nicht, behauptet er. Interesse und Enthusiasmus seien seine Lehrer gewesen. Außerdem glaube er nicht an „the importance of a Ph.D."[22] und relativiert auch die mit seiner Tätigkeit einhergehenden Bildungsideale: „To be well read in world literature is of course desirable, just as is knowledge of three or four living languages [...]. But all this is no more than a so-called ‚general education'. And that will not take you far in our profession."[23] – Christian Wolff macht es seinem Vater nach und beginnt „auf eigene Faust, ohne jede formelle Ausbildung, Musik zu schreiben."[24] Daran stört sich besonders die europäische Avantgarde, wie Christian Wolff in einem Interview mit Nicola Walker Smith bemerkt: „We were certainly under attack from all sides including the European avant-garde. Boulez complained that our music was too crude, implying that it didn't have all the technical things that you were supposed to learn – our work couldn't be any good."[25]

---

[20] Duckworth, „Interview with Christian Wolff", S. 181.

[21] Christian Wolff im Gespräch mit dem Autor. Aufgezeichnet in Wien im Oktober 2010.

[22] Wolff (Kurth), „On Publishing", S. 8.

[23] Ebd.

[24] Schonfield, „Risiken eingehen", S. 71.

[25] Nicola Walker Smith, „Feldman on Wolff and Wolff on Feldman: Mutually Speaking", in: *The Musical Times*, Nr. 1876 (2001), S. 27.

In New York lernt Christian Wolff den Komponisten Edgard Varèse kennen, der mit seinen Eltern befreundet ist – „er war unser Nachbar."[26] Der junge Wolff wünscht sich, von ihm Kompositionsunterricht zu erhalten. Seine Klavierlehrerin, Grete Sultan, vermittelt ihn aber an John Cage, der sich an den ersten kompositorischen Versuchen des Jugendlichen sehr interessiert zeigt. Morton Feldman erinnert sich, er sei mit John Cage zum Mittagessen verabredet gewesen – genau an dem Tag, an dem Christian Wolff erwartet wurde. „Later on in the afternoon, John came downstairs and tumbled into my apartment, shaking with excitement. He just couldn't get over the music that he'd brought, especially from someone so young."[27] Seine Begeisterung teilt Cage im April 1950 auch mit dem französischen Komponisten Pierre Boulez: „Ich habe einen phantastischen Schüler. Er ist 16 Jahre alt, und sein Lieblingskomponist ist Webern. Er ist sehr sensibel und intelligent. Und er ist in Frankreich geboren. Er heißt Christian Wolff."[28] Cage unterweist den jungen Schüler zunächst im Kontrapunkt. Da Wolff in diesen Übungen aber nicht besonders gut ist und Cage an ihnen schnell das Interesse verliert, werden sie wieder eingestellt. Wichtiger scheint ihm zu sein, seinem jungen Schüler ein Formgefühl zu geben. „He felt that what I really needed to learn about was form. In other words, how to keep a piece going, because my pieces were basically these little chunks of stuff."[29] Cage, der Wolffs Musik einige Jahre später attestiert, „Barrieren niederzureißen" und ein Gefühl von „Humanität"[30] zu vermitteln, trägt seinem Schüler auf, kurze Stücke mit nur wenigen Noten zu komponieren. Womöglich liegt hier die Blaupause für Wolffs frühe Kompositionen, *Duo for Violins* (1950) und *Trio I* (1951), die beide nur mit wenigen Tönen auskommen. Die Vermutung bestätigt Wolff im Gespräch mit William Ducksworth: „I got the idea of making music with very small numbers of pitches. [...] My first official piece, my Opus 1, is a duet for two violins on D, E-flat, and E-natural. It's called *Duo for Violins*."[31] Inspiriert wird Wolff zu diesen Kompositionen, die er als „protominimalist"[32] bezeichnet, von John Cages Idee der rhythmischen Strukturen, der „rhythmic structures"[33]. Wolff

[26] Christian Wolff im Gespräch mit dem Autor. Aufgezeichnet in Wien im Oktober 2010.

[27] Walker Smith, „Feldman on Wolff", S. 24.

[28] John Cage, „Brief von John Cage (1950)", in: *Dear Pierre, Cher John. Pierre Boulez und John Cage. Der Briefwechsel*, hrsg. von Jean-Jacques Nattiez, Hamburg 1997, S. 64. Interessant ist, dass Cage zu dieser Zeit auch mit einem anderen jungen Komponisten verkehrt, Monod, dessen Vornamen er in der Korrespondenz mit Boulez nicht näher spezifiziert. Seine Arbeiten seien „fleißig gearbeitet", allerdings „unbedeutend". Seine ganze Art erscheine ihm pubertär. In einem Brief vom 5. Juni 1950 erwähnt Cage einen weiteren Schüler, Polin, dem er eine gewisse Begabung zugesteht, sich aber nicht an seinen Vornamen erinnern kann. Beide Anekdoten zeigen, wen Cage wohl am meisten favorisierte: Christian Wolff.

[29] Duckworth, „Interview with Christian Wolff", S. 186.

[30] John Cage, *Für die Vögel: Gespräche mit Daniel Charles*, Berlin 1984, S. 186ff.

[31] Cage, Für die Vögel, S. 186.

[32] Ebd., S. 192.

[33] Cage beginnt Musik unabhängig von konventionellen harmonischen Bindungen und Konstruktionen zu organisieren. Er setzt den Klang der Musik frei. Musik soll nicht mehr

benutzt diese Kompositionstechnik für die „next fifteen or twenty years"[34] und erachtet sie für „the one single technical thing that I learned from John that was completely useful."[35]

Ein wichtiger Teil von Wolffs Ausbildung ist darüber hinaus die Analyse von Weberns *Symphonie Op. 21* (1928), die dem angehenden Komponisten sehr viel Freude bereitet, ein „beautiful piece"[36], das bis zur letzten Note dechiffriert werden kann. Dennoch steht Christian Wolff der seriellen Musik kritisch gegenüber. Er wirft ihr Sterilität vor, sie sei ein mathematisches Spektakel, das etwas Unfehlbarem auf der Spur sei: „This led to a sterile matching of numbers with sounds and their characteristics, in the hope of attaining total unity, the immaculately ‚organic'"[37]. Während die Europäer die serielle Musik für ihre logische Stringenz, ihren durchdachten Aufbau schätzten, in ihr die Möglichkeit sahen, ein musikalisches System zu schaffen, dass bis ins letzte Detail kontrollierbar war, interessierten sich die Amerikaner für die Klanglichkeit der seriellen Musik, ihren Sound. Sie widersetzten sich laut Christian Wolff einer „irrelevant complexity"[38]. Für den Komponisten und Musikwissenschaftler Michael Nyman wird das an der Auseinanderstzung mit Anton Weberns Musik deutlich, die sich weniger in einer Bewunderung der seriellen Komplexität dieser Musik offenbart, als in einer „unique dialectic between sound and silence, that the sounds were heard in silence, that silence was an integral part of the musical fabric."[39] In seinem Essay *History of Experimental Music in the United States* moniert John Cage den unreflektierten europäischen Umgang mit Weberns Erbe. Europäische Komponisten, dazu zählt er unter anderem Boulez, Nono oder Stockhausen, schrieben eine Musik, die Kritiker als „post-Webernian" bezeichneten. Cage nimmt diesen Terminus wörtlich. Die Europäer komponierten Musik nach Webern – „sie haben nur

---

in ein bestimmtes Korsett gezwängt werden. Ihre Entwicklung vollzieht sich zum Beispiel nicht innerhalb von Zwölftonreihen oder Melodien, traditionellen musikalischen Strukturen, sondern nach der Logik des Klangs. Natürlich hat diese Logik auch einen spezifischen Arbeitsmechanismus, dessen Bauplan in dem Gegensatz von Klang und Stille zu finden ist und einen speziellen Umgang mit der musikalischen Zeit aufweist. Für Cage wird Klang von vier Variablen bestimmt: Tonhöhe, Timbre, Dynamik und Dauer. Von diesen vier Variablen korrespondiert ausschließlich die Dauer mit der Stille und dem Geräusch. „Ich erkannte, daß eine auf Rhythmus oder Zeit basierende Struktur auf die Dauer ebenso empfänglich für Geräusche wie für sogenannte musikalische Töne sein könnte." (Vgl. Cage, Für die Vögel, S. 29) Aus diesem Verhältnis wird auch verständlich, warum Cage die traditionelle Orientierung nach harmonischen Zusammenhängen ablehnt. Denn diese Art von Organisationsstruktur orientiert sich unter anderem an der Tonhöhe, die allerdings keinen Bezug zur Stille aufweist. Die Dichotomie von Stille und Klang lässt sich also innerhalb von Längen, zeitlichen Abschnitten, Rhythmen darstellen.

[34] Duckworth, „Interview with Christian Wolff", S. 190.
[35] Ebd. S. 190.
[36] Ebd. S. 185.
[37] Michael Nyman, *Experimental Music. Cage and Beyond*, Cambridge u. a. 2008 (1974), S. 37.
[38] Ebd., S. 38.
[39] Ebd.

das in Webern gesucht, was ihren Machtinteressen entsprach"[40] – und nicht wegen Webern, so wie es die Amerikaner täten. „There is no sign of *klangfarbenmelodie*, no concern for discontinuity – rather a surprising acceptance of even the most banal of continuity devices."[41]

Vor diesem Hintergrund muss auch die von John Cage formulierte Aussage „getting rid of the glue" rezipiert werden, die der Komponist allerdings von Henry Cowell gehört hat. Während die Europäer daran interessiert waren, Klänge zusammenzukleben, Kontinuitäten zu erzeugen, arbeitete die New York School an der Schaffung von Diskontinuitäten, an dem Versuch, den Klebstoff zu lösen und Klänge für sich erklingen zu lassen.

> „In 1952, with Morton Feldman, Christian Wolff, Earle Brown and David Tudor, I had taken steps to make a music that was just sounds, sounds free of judgments about whether ‚musical' or not, sounds free of memory and taste (likes and dislikes), sounds free of fixed relations between two or more of them (musical syntax or glue as Henry Cowell called it)."[42]

Laut Cage war „Christian Wolff [...] the first to do this."[43] In seiner Musik gebe es nichts als Klänge, sagt er Daniel Charles.[44] Cage glaubt, dass Wolff diesen Effekt zum ersten Mal in dem Stück *For Prepared Piano* aus dem Jahre 1951 erreicht, in dem er „geometrical means for freeing his music of intentional continuity"[45] findet. Die Komposition verläuft nicht linear.

> „Zum Beispiel schreitet sie von Takt 1 zu Takt 5 zu Takt 9 zu Takt 13 fort, dann von Takt 14 zu Takt 10 zu Takt 6 zu Takt 2 zu Takt 3, [...] das heißt, indem sie vertikal nach unten und oben anstatt horizontal verläuft, entsteht das gehörte Ergebnis mehr oder weniger ohne Berechnung oder genaue Absicht."[46]

Durch die Sprünge gewinnen die Klänge eine Autonomie. Darüber hinaus werden sie von langen Pausen getrennt. „Ich habe schon erklärt, daß es eine Musik ist, die ich liebe, weil sie so viele Stillen enthält, und daß jeder Klang darin sehr stark das Zentrum seiner eigenen Existenz ist."[47] Um die einzelnen Klangereignisse zusammen zu halten, brauchte man keinen Klebstoff, son-

---

[40] Cage, Für die Vögel, S. 34.
[41] John Cage, *Silence: Lectures and Writings*, Middletown 1973, S. 75.
[42] John Cage, *M: Writings 67–72*, Hanover 1969, S. xiii.
[43] Cage, Silence, S. 71.
[44] „In Stockhausens Musik wird eine besondere Idee verstärkt akzentuiert, bis sie deutlich wird, und zwar so deutlich, bis wir uns ausschließlich mit ihr beschäftigen und die Klänge selbst aus den Augen verlieren. In Wolffs Musik gibt es nichts als Klänge." Cage, Für die Vögel, S. 252.
[45] Cage, Silence, S. 72.
[46] Christian Wolff, „Werknotizen." (Program Notes 1998), in: *Christian Wolff. Cues. Writings and Conversations / Christian Wolff. Hinweise. Schriften und Gespräche*, hrsg. von Gisela Gronemeyer und Reinhard Oehlschlägel, Köln 1998 (Edition MusikTexte 005), S. 485.
[47] Cage, Für die Vögel, S. 186.

dern einfach nur Zeit. Das Ergebnis dieser Arbeitsweise bezeichnet Cage als „unerwartete Kontinuität.“[48] Der Raum, den Webern mit seinen Stücken geöffnet habe, werde von Boulez zugekleistert[49], schreibt der Komponist an Peter Yates. Für Cage spielt Webern eine wichtige Rolle. Der österreichische Zwölftonmusiker führt nicht zuletzt Cage und Feldman zusammen. Beide treffen nach einer Webern-Aufführung aufeinander und verabreden sich für ein weiteres Treffen, das Feldman zum Anlass nimmt, Cage seine Kompositionen zu zeigen.

Da es möglich ist, Weberns Kompositionen, selbst die komplexesten Passagen, ausführlich zu analysieren, sie auf ihren Kernpunkt zurückzuführen, attestiert Cage seiner Musik, die „Denkweisen der Leute [zu] verändern.“[50] Weberns Werk lässt sich „eher intellektuell als durch die eigenen Gefühle erschließen“[51], eine Beobachtung, die er auch in Bezug auf Christian Wolff macht: „Ich glaube, daß diese Qualität von Klassizismus, die Webern hatte, und die seine Musik für Leute nützlich machte, die ihr Denken über Musik ändern wollten, jetzt im Werk von Christian Wolff existiert.“[52] Cage glaubt beim Hören von Wolffs Musik, „einem Denkenden bei der Arbeit zu folgen.“ Unterrichtete Cage seinen Schüler Wolff in der Musik von Webern, so tritt Wolffs Musik auch hinsichtlich ihrer pädagogischen Qualitäten in Cages Augen die Nachfolge von Webern an: „zum gegenwärtigen Zeitpunkt wäre ein recht guter Lehrer, wer Christian Wolff unterrichten würde – nicht ihn unterrichten, sondern einen Studenten in seiner Musik unterrichten.“ Das glaubt auch Morton Feldman, der überzeugt ist, „daß Christian [...] den Platz Weberns hinsichtlich des Denkens einnehmen wird.“[53] Es scheint also, als seien es Wolffs kompositorische Ideen gewesen, die ihn für seine Kollegen den Platz Weberns einnehmen ließen. Für Cage leitete die Auseinandersetzung mit Wolffs Musik offenbar eine neue Art zu Denken ein, während sie für Feldman technische Konsequenzen hinsichtlich der Verfeinerung seiner klanglichen Ideen hatte.

---

[48] Diese Form von Kontinuität rückt die einzelnen Klänge nicht nur in den Fokus, gibt ihnen die Möglichkeit sich frei zu entfalten, sondern vermittelt dem Stück eine immanente Melodie. John Cage fällt das bei den unterschiedlichen Aufführungen seiner Komposition *Winter Music* auf: „When we first played it, the silences seemed very long and the sounds seemed really separated in space, not obstructing one another. In Stockholm, however, when we played it [...] I noticed that it had become melodic.“ Siehe: John Cage, *A year from Monday: New lectures and writings*, Hanover 1969, S. 135. Cage erinnert sich, Christian Wolff habe dies bereits Jahre zuvor vorhergesagt. „He [Wolff] said: No matter what we do it ends by being melodic“ (Ebd., S. 135).

[49] Hicks, „Our Webern“, S. 6.

[50] John Cage und Morton Feldman, „Radio happenings I–V“ (1966/1967), in: *Radio happenings I–V. Recorded at / Aufgenommen im WBAI New York City, July 1966-January 1967*, hrsg. von Gisela Gronemeyer und Reinhard Oehlschlägel, Köln 1993 (Edition MusikTexte 001), S. 102.

[51] Ebd.

[52] Ebd., S. 104. Folgezitate ebd.

[53] Ebd., S. 105.

Wolff geht insgesamt „sechs bis acht Wochen lang"[54] zu Cage in den Unterricht. Cage glaubt, Musikunterricht sei dazu da, Disziplin zu lernen. Da es Wolff daran nicht mangelt, „brauchen wir mit diesem Kram nicht weiterzumachen"[55], stellt Cage fest. Damit wird der Unterricht für beendet erklärt.

Für Cage war sowieso von Anfang an klar, dass die Unterrichtssitzungen mit Wolff für ihn selbst deutlich profitabler waren als für den 16-jährigen Schüler – „Ich habe von ihm mehr gelernt als er von mir."[56] Beide Komponisten entwickeln eine intensive Freundschaft, und Cage sogar väterliche Gefühle für seinen Zögling. In einem Brief an Wolffs Mutter, Helen Wolff, formuliert er: „Ich schreibe diesen Brief [...] aufgrund meiner Zuneigung zu Ihnen und Herrn Wolff (durch meine Beziehung zu Christian), von dem ich nicht frei bin."[57] Christian Wolff bringt Cage oft nach Hause mit, wo der ältere Komponist an zahlreichen Abendessen teilnimmt, zu denen das Verlegerpaar immer berühmte Schriftsteller einlädt. Offenbar ist es Wolff, der Cage inspiriert, mit aleatorischen Kompositionsverfahren zu arbeiten.[58] Sein Vater publizierte nicht nur Romane und Gedichte, sondern auch Sachbücher, unter anderem das *I Ging*[59], das Wolff seinem Lehrer zum Geburtstag als Dankeschön für die nicht in Rechnung gestellten Unterrichtsstunden schenkte, so wie er es

---

[54] Christian Wolff im Gespräch mit Cole Gagne. Cole Gagne, „In einer Art Niemandsland. Gespräch mit Cole Gagne" (In a Kind of No-Man's Land. Conversation with Cole Gagne 1993), in: *Christian Wolff. Cues. Writings and Conversations / Christian Wolff. Hinweise. Schriften und Gespräche*, hrsg. von Gisela Gronemeyer und Reinhard Oehlschlägel, Köln 1998 (Edition MusikTexte 005), S. 239.

[55] Ebd.

[56] Cage, Für die Vögel, S. 40.

[57] John Cage und Helen Wolff, „Es wird niemals Stille geben. Ein bisher unveröffentlichter Briefwechsel zwischen Helen Wolff und John Cage", in: *MusikTexte*, Nr. 106 (2005), S. 50. Der Brief ist eigentlich eine Antwort auf Wolffs Kritik an Cages Komposition *4'33"*, die von ihr als „nicht ‚sérieux'" bezeichnet wird. „Müssen Sie Ihre seriöse Arbeit durch den Streich eines Schuljungen in Frage stellen?", fragt sie betroffen den Lehrer ihres Sohnes.

[58] Interessant ist allerdings zu erwähnen, dass die Entwicklung einer aleatorischen Musik, die auf indeterminierte Muster zurückgreift, zum Teil auch Morton Feldman zu verdanken sein könnte. Die grafischen Kompositionen Feldmans weisen keine determinierten Tonhöhen auf – es liegt am Instrumentalisten, diese frei zu bestimmen. Im Gespräch mit Frank Oteri schließt Wolff nicht die Möglichkeit aus, dass es auch Feldman war, der Cages Idee einer „music of changes" maßgeblich beeinflusste. „[Feldman] was headed in that direction and I think that there were various things happening. Because there was Feldman, and Feldman was doing those graph pieces and in some ways they're not at all indeterminate when you get back far enough because that's the way, he just worked with sonorities, he didn't care about the pitches and, you know, he wanted a high flute, you know, you just make that little square high and that's a high flute. You didn't have to worry if it was an E-flat or an F-sharp. That was secondary. But it was, on the other hand, the notion at the time was very shocking to people. They were like, „What? You're not telling the flute what note to play?" [laughs] And so I think Feldman in that sense was the first person specifically to do something like that." Frank Oteri im Gespräch mit Christian Wolff. Frank Oteri, „A Chance Encounter with Christian Wolff" (2002), www.newmusicbox.org/page.nmbx?id=35fp00, 29.10.2008.

[59] Das *I Ging* wurde von der Familie Wolff immer am Silvesterabend konsultiert.

23

auch mit anderen Büchern tat, die sein Vater bei Pantheon Books publizierte – Cage verlangte nämlich kein Geld von Wolff, so wie es Arnold Schönberg bei ihm getan hatte.

> „He [Wolff] also watched Cage develop his ideas about chance. In fact, Wolff contributed greatly to the process by giving Cage a book his father, the head of Pantheon Books, had just published: the Chinese books of oracles, the *I Ching*. Wolff says he knew Cage would be interested in it."[60]

Wolff relativiert diese Aussage von William Duckworth. Ein wichtiges Charaktermerkmal war schon immer seine Bescheidenheit, die nicht nur in seinem Auftreten zu spüren, sondern auch in seinem Schreibstil zu erkennen ist, der sehr einfach und klar ausfällt. Er könne es sich nicht vorstellen, „daß er [Cage] es nicht schon vorher gesehen hatte."[61] Dennoch ist sich Wolff darüber im Klaren, dass das Buch womöglich einen großen Einfluss auf seinen Lehrer haben könnte. „He was going through some kind of crisis, on various levels"[62], sagt er im Interview mit Duckworth. Im weiteren Verlauf des Gesprächs fügt er hinzu, dass Cage sich sehr für den Zen-Buddhismus interessierte, nachdem er sich mit indischer Philosophie beschäftigt hatte.

> „That whole Zen thing of the moment and the intensity of the moment, without regard to past or future. And clearly the *I Ching* had something to do with that, because the whole point was that the coins that you tossed or the yarrow stalks that you threw at that very moment were what was significant. [...] I think I had some sense of that connection."[63]

Diese Verbindung stößt bei Cage auf fruchtbaren Boden. „Als ich die I Ging-Tabelle sah, ist mir sofort die Ähnlichkeit zum magischen Quadrat aufgefallen. Es war sogar besser! Von dem Augenblick an hat mich das *I Ging* nie verlassen."[64] Selbst im Alltag konsultiert Cage das Orakelbuch. Ohne Christian Wolffs Geschenk wäre das womöglich anders gewesen.

„Christian Wolff has ruined my life, but he has saved my art"[65], sagt Feldman 1973 an der Universität Buffalo im Rahmen einer Einführung in das Werk von Christian Wolff. Der kürzlich zum Varèse Musik Professor berufene Feldman holt in seiner kurzen Rede noch weiter aus: „I think of him as my artistic conscience".[66] Für Feldman ist darüber hinaus klar, dass Cages musikalische Entwicklung ganz anders verlaufen wäre, hätte er nicht „Christian's

---

[60] Duckworth, „Interview with Christian Wolff", S. 179.
[61] Schonfield, „Risiken eingehen", S. 71.
[62] Duckworth, „Interview with Christian Wolff", S. 188.
[63] Ebd., S. 189.
[64] Cage, Für die Vögel, S. 40.
[65] Walker Smith, „Feldman on Wolff", S. 24.
[66] Ebd.

music with him all these years as his North Star."[67] In Konversationen, die Feldmann mit Cage live im Radio führt, gesteht Feldman ein: „Christian ist ein Symbol für mich geworden."[68] Er habe sich gewünscht, so zu sein wie er. In einem weiteren Teil des Gesprächs stellt John Cage fest, Christian Wolff besitze die Freiheit, die wir verloren haben.[69] Diese Aussage verwirrt, wird jedoch verständlich, wenn man den weiteren Verlauf der Diskussion verfolgt. Wolffs Werk ist, im Vergleich zu Cages und Feldmans kompositorischer Arbeit, weitgehend unbekannt geblieben. Das war zum Zeitpunkt der Konversation zwischen Cage und Feldman schon so, also im Jahre 1966, und hat sich bis heute nicht wirklich verändet. Wolff ist eine Randnotiz der New York School geblieben. Sein kompositorisches Schaffen ist nicht kanonisiert, so wie das von Cage, Feldman und Brown. Und genau darin liegt die von Cage angesprochene Freiheit. Wolffs Außenseiterposition gibt ihm genügend Freiräume für neue Experimente, lässt aber auch das Werk frisch und unverbraucht erscheinen – es sei nicht „verdaut", meint Cage. Feldman wiederum bezeichnet seine eigene Arbeit als „ein Knochen auf einem Teller, und du hast vergessen, daß du schon auf ihm gekaut hast, und fängst wieder an, auf ihm herumzukauen, weißt du. Und ich denke nicht, daß meine Stücke so gewesen wären, wenn sie nicht aufgeführt worden wären – wenn sie nicht sozusagen draußen in der Welt gewesen wären."[70] Beide Komponisten scheinen also zu glauben, dass Wolffs Musik unverbraucht sei und voller Ideen stecke. Trotzdem, so Cage, sei es für das gegenwärtige Musikleben am sinnvollsten, ein Konzert zu veranstalten, in dem man die Musik von Christian Wolff hören könne.[71]

Morton Feldman engagierte Christian Wolff auch als Instrumentalisten. „Ich denke, ihm gefiel die Vorstellung, ein Stück zu schreiben, das ich spielen konnte"[72], sagt Wolff. Dieses Stück ist *The Possibility of a New Work for Electric Guitar*, das Feldman 1966 komponierte. Obwohl er bereits in *The Straits of Magellan* (1961) eine elektrische Gitarre einsetzte, ist es Christian Wolff zu verdanken, dass sein Komponistenkollege eine Komposition für Solo-Gitarre konzipiert: „Ich habe nicht wirklich ein Stück vorgeschlagen. Ich habe nur zu ihm gesagt: Ich habe jetzt diese elektrische Gitarre und denke, du möchtest sie vielleicht hören (und vielleicht damit etwas machen). Er sagte: Komm rüber, und dann sehen wir weiter."[73] Diese Reaktion ist sehr erstaunlich, da es scheint, als habe Feldman, im Gegensatz zu Wolff, der sich durchaus auch

[67] Ebd.
[68] Cage und Feldman, „Radio happenings I–V", S. 50.
[69] Ebd., S. 54.
[70] Ebd., S. 52.
[71] Ebd., S. 50.
[72] Christian Wolff im E-Mail-Interview mit Seth Josel. Seth F. Josel, „etwas, das nicht ganz so wie alles andere war. Christian Wolff im E-Mailwechsel", in: *MusikTexte*, Nr. 133 (2012), S. 51.
[73] Ebd., S. 50.

für die Popmusik begeistern konnte[74], ein ambivalentes Verhältnis zu dieser und der Gitarre gehabt.[75] In einem Gespräch mit John Cage echauffierte er sich, die Ruhe seines Strandbesuches sei von all den vielen Taschenradios gestört worden, aus denen laute Rock'n'Roll-Musik dröhnte[76] – ein wichtiges Stilelement dieses Sounds ist bis heute die E-Gitarre. Feldman umgeht aber den typischen Klang des Instruments, indem er Christian Wolff „Verschiedenes ausprobieren" lässt, „sehr Ungewöhnliches und befremdliche Register, und wenn es nicht nach einer elektrischen Gitarre klang, schrieb ich es auf [...]. Er spielt es sehr schön, sehr verhalten."[77] Feldman komponiert das Stück also in Gegenwart von Wolff. „Als wir fertig waren, gab er mir, was er geschrieben hatte."[78] Wolff führt die Komposition dreimal auf. Unglücklicherweise besaß er die einzige Partitur und bewahrte sie in seinem Gitarrenkoffer auf, der ihm 1967 bei einem Einbruch in sein Auto gestohlen wurde. Seitdem wurde das Stück nicht mehr gespielt.

In diversen Interviews führte Wolff immer wieder an, dass Feldmans Musik nicht zu analysieren sei – „Feldman procedes in this completely, totally intuitive way."[79] Feldman gibt diese Feststellung an Wolff zurück. Er glaubt, „daß es viele Dinge gibt, die in Christians Musik einfließen, die absolut geheimnisvoll sind." Man wüsste nicht, warum er sie mache, kontinuiert der Komponist. Feldman fällt es schwer, Wolffs kompositorische Absichten zu dechiffrieren: „I can't figure out what [Wolff's] concerns are – never could figure it out"[80], sagt er an anderer Stelle. Seinen Gedanken schließt er mit folgender Aussage ab: „I never had any conversations with Christian... An early string quartet [Summer, 1961] is dedicated to me for no reason whatsoever."[81] Die Aussage klingt sehr launenhaft und erscheint widersprüchlich. Manifestiert sich aus den vorhergehenden Stellungnahmen doch der Eindruck, Feldman habe mit Wolff einen engen Kontakt gepflegt, der auf gegenseitiger Wertschätzung, wenn nicht sogar Bewunderung beruhte. Diesen Eindruck vermittelt auch die Komposition *Christian Wolff in Cambridge*, die Feldman 1963

---

[74] „Ich bekam eine elektrische Gitarre, weil mir die Klänge gefielen, wie ich sie in Rock'n'Roll-Bands gehört hatte [...]. Und ja, ich interessiere mich für populäre Musik." Ebd., S. 50.

[75] Das bestätigt auch Wolff im Gespräch mit Seth F. Josel. Ebd., S. 50.

[76] Cage und Feldman, „Radio happenings I–V", S. 11.

[77] Ebd., S. 48.

[78] Josel, „etwas, das nicht ganz so wie alles andre war", S. 50.

[79] Christian Wolff im Gespräch mit dem Autor. Nicola Walker Smith erzählt Wolff zudem von der Aufforderung, einen Essay über Morton Feldman für eine von Thomas DeLio zusammengestellte Monografie über Feldman zu schreiben. Wolff kommt zu dem Schluss: „In the essay I suggested that Feldman's music was unanalysable and, as a result, DeLio refused to print it. I seemed to be undermining the whole project!" Siehe: Walker Smith, „Feldman on Wolff", S. 25.

[80] David Nicholls, „Getting Rid of the Glue. The Music of the New York School", in: *The New York Schools of music and visual arts: John Cage, Morton Feldman, Edgard Varèse, Wilhelm de Kooning, Jasper Johns, Robert Rauschenberg*, hrsg. von Steven Johnson, New York 2002, S. 38.

[81] Ebd.

schrieb, womöglich als Antwort auf Wolffs Widmung. In diesem Stück drückt Feldman „Zeit als kompositorischen Gegenstand auf sehr viel direktere Weise aus."[82] Das heißt: Feldman arbeitet mit Klangzusammenstellungen, die im Laufe des Stückes wiederholt werden, jedoch nur minimalen Veränderungen ausgesetzt sind. Der Komponist kommt dadurch zu dem Ergebnis: „time in relation to sound is not unlike a sundial whose enigmatic hands travel imperceptibly throughout its journey."[83] Sebastian Claren ergänzt: Die verstreichende Zeit „geht am Klangmaterial vorüber, ohne es wirklich zu berühren."[84] Diesem Denken liegt ein persönliches Erlebnis zugrunde. Es sind zwei Begegnungen mit Christian Wolff, die beide am selben Ort erfolgen, in Harvard. Zwischen ihnen liegt allerdings eine 15-jährige Pause. Beide Male sitzt Wolff in seinem Zimmer vor seinem Schreibtisch, liest griechische Literatur und macht sich an den Rand des Textes Notizen. „Diese Wiederholung, in der allein Zeit die Veränderung ausmachte, brachte mich auf die Idee zu der vorliegenden Komposition"[85], schreibt Feldman in einem Programmheft des „Warschauer Herbst".

Christian Wolffs 1950 und 1951 komponierte Stücke *Duo for Violins* und *Trio I*, die mit einem reduzierten Klangreservoir aus drei bis vier Tönen arbeiten, scheinen auf Feldman ebenfalls einen großen Einfluss ausgeübt zu haben. „Christian Wolff's early music, his development, the suggestions in all his work, have continually haunted my thinking"[86], schreibt Feldman in seinem Essay *A life without Bach and Beethoven*. Dort bezeichnet er den jungen Wolff auch als „Orpheus in tennis sneakers". Im Gespräch mit Cage memoriert der Komponist außerdem ein Gespräch mit dem Maler Willem de Kooning, in dem er eine Formulierung des Künstlers zum Anlass nimmt, Christian Wolffs frühes Werk zu reflektieren. Es ist davon auszugehen, dass Feldman das *Duo for Violins* meint.

„Ich habe de Kooning am Wochenende gesehen [...]. ‚Nun', sagt er, ‚ich bin ein alter Hut [...].' Und ich nehme ein Stück, daß Christian mit siebzehn Jahren geschrieben hat, 1951. Es gibt sicherlich nichts daran, was ein ‚alter Hut' wäre. Und die ganze Kontinuität der Arbeit, meine ich, ist einfach ganz außergewöhnlich. Es ist nicht verstaubt, man öffnet kein Grab."[87]

---

[82] Sebastian Claren, *Neither. Die Musik Morton Feldmans*, Hofheim 2000, S. 81.
[83] Morton Feldman, „Vertical Thoughts" (1963), in: *Give my regards to Eighth Street – Collected Writings of Morton Feldman*, hrsg. von B.H. Friedman, Cambridge 2000, S. 12.
[84] Claren, Neither, S. 81.
[85] Morton Feldman zitiert nach: Ebd., S. 81.
[86] Morton Feldman, „A life without Bach and Beethoven" (1964), in: *Give my regards to Eighth Street – Collected Writings of Morton Feldman*, hrsg. von B. H. Friedman, Cambridge 2000, S. 16.
[87] Cage und Feldman, „Radio happenings I–V", S. 52.

Sebastian Claren gelingt es, den Einfluss von Wolffs frühen Kompositionen auf Feldmans Musik konkret nachzuweisen. In *Duo for Violins*, das Feldman laut Bunita Marcus sehr geschätzt haben soll[88], verwendet Wolff die Töne d^2, es^2 und e^2. Claren bemerkt, dass Feldman mit einer „Erweiterung des Tonvorrats von Wolffs *Duo for Violins*"[89] in dem Stück *Structures* aus dem Jahre 1951 arbeitet. Er nimmt lediglich den Ton cis^2 hinzu. Feldman baut aus den Tönen unterschiedliche Zusammenstellungen, Einheiten, die er als Muster bezeichnet. Diese Muster tauchen sogar in späteren Stücken wieder auf, etwa in den „großen Streichquartetten aus den Jahren 1979 und 1983."[90] Die Arbeit an seinem zweiten Streichquartet beschreibt Feldman wie folgt: „What I'm doing [...] is essentially using three notes. Like this rug making. I'm using the first three notes of the chromatic scale."[91] Ebenso glaubt Claren, Feldmans Verwendung von verzögerten Triolen, sei von Christian Wolffs frühem Stück *Nine* (1951) inspiriert worden,[92] das Feldman als „masterwork"[93] bezeichnet. Der Musikwissenschaftler Michael Hicks weist zudem auf weitere Stücke hin, in denen Feldman mit dem identischen Tonreservoir arbeitet, unter anderem in *For Bunita Marcus* (1985) oder den *Three Voices* (1982).[94] Wolff bemerkt die Eigenheit. Sie fällt ihm in dem Stück *For Christian Wolff* auf: „He begins this piece with three pitches for the two instruments and for a long time, that's all you get is [sic!] these pitches shifting back and forth. It's a gesture or recollection of the kind of music that I did early on I think."[95]

Für Morton Feldman ist Christian Wolff der europäischste Komponist der New York School. Diese Beobachtung formulierte Cage auch in Bezug auf Earle Brown, allerdings aus einer negativen beziehungsweise kritischen Haltung heraus. Feldman teilte diese Attitüde und distanzierte sich von Brown aufgrund seiner kompositorischen Nähe zu Pierre Boulez. Er brach sogar den Kontakt zu ihm ab und sprach mehrere Jahre nicht mit ihm. Feldmans Verhältnis zu Brown war angespannt und übertrug sich temporär auch auf Cage, der Brown in die New York School aufnahm – eine Integration, die Feldman ihm übel nahm, da er glaubte, sie schade dem eingespielten Trio Wolff, Cage und Feldman. Wolff, dessen Umgang mit allen drei Protagonisten reibungslos ablief, memoriert diese zwischenmenschlichen Interferenzen

[88] „Bunita Marcus recalled that Feldman particularly loved the violin *Duo*." Siehe: Hicks, Our Webern, S. 16.
[89] Claren, Neither, S. 233.
[90] Ebd.
[91] Michael Whiticker, „Morton Feldman: Conversation without Cage" (1989), in: www.cnvill. net/mfwhtckr.htm, 09.05.2012.
[92] Claren, Neither, S. 241ff.
[93] Morton Feldman, „I met Heine on the Rue Fürstenberg" (1973), in: *Give my regards to Eighth Street – Collected Writings of Morton Feldman*, hrsg. von B. H. Friedman, Cambridge 2000, S. 118ff.
[94] Hicks, „Our Webern", S. 16.
[95] Christian Wolff im Gespräch mit Jason Gross. – Jason Gross, „Interview with Christian Wolff" (1998), in: furious.com/perfect/christianwolff.html, 09.05.2012.

nur bruchstückhaft, wie er im Interview mit Patterson erzählt. Er empfand diese Auseinandersetzungen als „silly" und fragte sich: „what the hell is going on here."[96] Wobei er guten Grund dazu gehabt hätte, sich über Browns Ignoranz zu echauffieren, der sich über Wolff nur selten äußerte und ihn sogar stellenweise ignorierte. Brown zählte nur sich, Cage und Feldman zu der New York School und sprach von den „bad boys"[97] der amerikanischen Musikszene.

Wenn Feldman also Wolff als europäischsten Komponisten der New York School bezeichnet, rekurriert das Wort „europäisch" auf die intellektuelle Tradition Europas, die Feldman offenbar höher einschätzt als die seines Heimatlandes:

„Cage was very interested in Europe. He also went to Paris and made friends with Boulez. And then he had people he knew in California in his early years, people who came from, I think, the Neue Brücke. I think he was particularly interested in the fact that I had a European background. He liked my parents. He got along very well with my parents, partly because of this European connection. He liked that. I grew up as an American kid. I played baseball and all this. But at the same time there was this other side and he liked that combination. And Feldman of course famously later would say I'm a European composer."[98]

An Wolff schätzte Feldman „die Verbindung von Konzept und Poesie"[99]. In seiner Musik erkennt er einen starken konzeptuellen Überbau, der allerdings poetische Qualitäten nicht vernachlässigt – eine Qualität, die man der seriellen Musik europäischen Ursprungs nicht unbedingt nahelegen kann, die er als „confined object"[100] charakterisierte.

Der Komponist schätzte auch Wolffs Familienverhältnisse, seinen Vater, Verleger Kurt Wolff – „he came out of a background of intense intellectual cultivation. Like Pasternak, Virginia Wolff, and many other artists born into this kind of atmosphere, he was at home in a terrain other man found uncomfortably abstract."[101] Christian Wolff ist sich Morton Feldmans Verehrung bewusst: „I think I represented for Morty [...] a period which was very special in retrospect. It was like some kind of Garden of Eden". Als paradiesisch hat Feldman, dessen Vater als Vorarbeiter in einer Kleiderfirma tätig war, seine Verhältnisse niemals bezeichnet. Man glaubt, er würde Wolff um diese Atmosphäre der Bildung und geistigen Stimulanz, die er als „monastic", klösterlich, bezeichnet, beneiden. Schließlich ist der zwölf Jahre ältere Feld-

---

[96] Christian Wolff im Gespräch mit David Patterson. – David Patterson, „Cage and Beyond: An annotated interview with Christian Wolff", in: Perspectives of New Music, Nr. 2 (1994), S. 72.
[97] Earle Brown zitiert nach: Hicks, „Our Webern", S. 20.
[98] Christian Wolff im Gespräch mit dem Autor. Aufgezeichnet in Wien im Oktober 2010.
[99] Claren, Neither, S. 514.
[100] Feldman, „A life without Bach", S. 16.
[101] Ebd.

man in einer „„Mittelklasse-Umgebung' in den Vororten von New York in einer ‚sehr konventionellen Wohnung mit konventioneller Einrichtung' groß-geworden."[102] Christian Wolff hingegen, so Pierre Boulez in einem Brief an John Cage, sei der „Sohn eines Deutschen, der früher bei Soiréen mit Paul Klee (Geige und Klavier) zusammengespielt hat."[103]

---

[102] Claren, Neither, S. 521.

[103] Pierre Boulez, „Brief von Pierre Boulez" (1950), in: *Dear Pierre, Cher John. Pierre Boulez und John Cage. Der Briefwechsel*, hrsg. von Jean-Jacques Nattiez, Hamburg 1997, S. 68.

3 Zeit gestalten –
Gedanken zur Formfrage bei Christian Wolff
(mit Ausflügen zu Karlheinz Stockhausen,
Alexander Calder und Merce Cunningham)

„precise actions under variously indeterminate conditions."[104]

Die Auflösung der Tonalität zu Beginn des 20. Jahrhunderts führte zu der Demontage konventioneller Formstrukturen. Es war dem Komponisten nicht mehr möglich, seine Ideen innerhalb der bisher gebräuchlichen Formprinzipien zu realisieren.

> „Einerseits war mit der Preisgabe der Tonalität auch die in ihr entwickelte Formenwelt verlorengegangen. Bestimmte Satzfolgen wirkten verschlissen [...]; bestimmte Satzcharaktere schienen nicht mehr unbefangen komponierbar [...]; und die tiefgreifenden Wandlungen in und nach dem Zweiten Weltkrieg provozierten ein radikales Aufbegehren gegen das große und oft hohle Pathos der 1930er Jahre."[105]

Die Musik des 20. Jahrhunderts ist gekennzeichnet von einer Suche nach neuen Formkonzepten und einer konzeptionellen Auseinandersetzung mit der Vorstellung, was Form überhaupt ist. Christian Wolff gibt in dem Essay *Genaueste Handlungen unter freiesten Bedingungen* eine Antwort auf diese Frage, die für die damalige Zeit sehr provokant gewesen sein muss.

Form ist die „Länge gestalteter Zeit"[106] und somit auch nicht planbar – „sie [entsteht] als Folge der Aktivität"[107] des Spielers. Welche Gestalt sie in der Aufführung annimmt, ist nicht klar definiert. Der historische Kontext dieser Aussage ist nicht zu vernachlässigen. Die Form als Länge der Programmzeit zu beschreiben, bringt das Bestreben zum Ausdruck, die in den 1950er- bzw.

---

[104] Nyman, Experimental Music, S. 68.
[105] Clemens Kühn, „Art. Form", in: *MGG2*, Sachteil 3, Kassel 1998, S. 634.
[106] Christian Wolff, „Genaueste Handlungen unter freiesten Bedingungen. Über Form" (Precise Actions under Variously Indeterminate Conditions. On Form 1960), in: *Christian Wolff. Cues. Writings and Conversations / Christian Wolff. Hinweise. Schriften und Gespräche*, hrsg. von Gisela Gronemeyer und Reinhard Oehlschlägel, Köln 1998 (Edition MusikTexte 005), S. 39.
[107] Peter Niklas Wilson, „Von der Romantik des Jetzt – und ihren Grenzen. Aspekte des Formdenkens in improvisierter Musik", in: *Form – Luxus, Kalkül und Abstinenz. Fragen, Thesen und Beiträge zu Erscheinungsweisen aktueller Musik*, hrsg. von Sabine Sanio und Christian Scheib, Saarbrücken 1999, S. 52.

60er-Jahren virulente Diskussion über die Formfrage endlich zu beenden.[108] Wolff formuliert eine Definition, die um einen Abschluss bemüht ist. „Mit diesem Streich zielte Christian Wolff ins Herz des Problems und wohl auf die Verüberflüssigung aller gängigen Formvorstellungsvarianten."[109] Gleichzeitig eröffnet seine Überlegung zahlreiche Interpretationsmöglichkeiten.

Fasst man Form als Länge gestalteter Zeit auf, so lässt sich daraus ableiten, dass „nichts, was erscheine, ohne Form ist; ein Ding oder ein Vorgang müsse sich, um wahrnehmbar zu sein, in einer Form zeigen. Also sei es widersinnig, von Formlosigkeit zu sprechen."[110] Kunsthistoriker Tayfun Belgin ergänzt diese Ansicht, indem er sich auf „eine grundlegende anthropologische Erfahrung" beruft, nämlich dass der Mensch immer nach Ordnungen und Strukturen strebt, „seine Herkunft in Gänze zu transzendieren nicht in der Lage ist" und sich von daher nicht dem Chaotischen öffnen kann, das Belgin mit dem Formlosen gleichsetzt.[111] Der Musikwissenschaftler Clemens Gadenstätter betrachtet die Diskussion wiederum aus einer anderen Perspektive:

„Die Auflösung von Form hat Form, eine bestimmte Form der Auflösung eben. Ich beobachte die Auflösung der Form als gleichzeitiges Entstehen einer anderen. ‚Nicht-Form' wäre nur möglich bei ‚Nicht-Wahrnehmung'."[112]

Dieser experimentelle Umgang mit der musikalischen Form hat eine neue Begriffsbildung zur Folge. Man spricht von nun an von der offenen Form, es werden gerne werden auch Beschreibungen wie „mehrdeutig, mobil, unbestimmt, aleatorisch, indeterminiert"[113] verwendet. Christian Wolffs Definition von Form integriert diese verschiedenen Bezeichnungen. Sie ist in sich selbst offen. Für ihn ist musikalische Offenheit ein Gefühl „erneuernder Spontaneität."[114] Wolff begreift Form als eine multipolare Entität, die „Geradheit und

---

[108] Für eine ausführliche Diskussion dieses Themas siehe: Andreas Holzer, *Zur Kategorie der Form in neuer Musik*, Wien 2011.

[109] Christian Scheib, „Die Situation der Form und vice versa", in: *Form – Luxus, Kalkül und Abstinenz: Fragen, Thesen und Beiträge zu Erscheinungsweisen aktueller Musik*, hrsg. von Sabine Sanio und Christian Scheib, Saarbrücken 1999, S. 177.

[110] Carl Dahlhaus, „Über Form in der neuen Musik", in: *Form in der neuen Musik*, hrsg. von Thomas Ernst, Mainz 1966 (Darmstädter Beiträge zur Neuen Musik 10), S. 71.

[111] Tayfun Belgin, „Was ist Informel? Eine Annäherung über Bildkategorien", in: Ausst. Kat.: *Kunst des Informel. Malerei und Skulptur nach 1952*, Dortmund, Museum am Ostwall, 1997, S. 35.

[112] Clemens Gadenstätter, „form FORM", in: *Form – Luxus, Kalkül und Abstinenz. Fragen, Thesen und Beiträge zu Erscheinungsweisen aktueller Musik*, hrsg. von Sabine Sanio und Christian Scheib, Saarbrücken 1999, S. 99.

[113] Kühn, „Art. Form", S. 634.

[114] Christian Wolff, „Offen für wen und was. Zur Theorie der offenen Form in der neuen Musik" (Open to Whom and to What. On the theory of open form in new music 1987), in: *Christian Wolff. Cues. Writings and Conversations / Christian Wolff. Hinweise. Schriften und Gespräche*, hrsg. von Gisela Gronemeyer und Reinhard Oehlschlägel, Köln 1998 (Edition Musik-Texte 005), S. 181. Folgezitate ebd.

Direktheit" zelebriert, „die Empfindung, unmittelbar und unwiederholbar zu sein", als etwas, dass in Bewegung ist und sich jederzeit verändern kann, aber auch den Schein „des Geheimnisvollen und Undurchsichtigen" aufweist. Es gibt keine bestimmte Realisation eines Stückes, sondern eine Multiplizität an Interpretationen.

> „From a critical standpoint, on the contrary, it would not be relevant, as the significance [...] lies not in any one of its realizations but in their very multiplicity. [...]. Whatever meaning there is arises exclusively from the immediate, unique, and, unrepeatable context."[115]

Es geht also um die Konfrontation des Rezipienten mit dem Unmittelbaren, mit etwas, das nur im Moment, im Augenblick der Aufführung, wahrzunehmen ist. Indem Wolff in seiner Definition die „Dimension der Zeit"[116] hervorhebt, verweist er auf eine „Prozessualisierung des ästhetischen Objekts"[117] – ein Phänomen, das in den 1960er-Jahren als Performance, Event oder Happening in Erscheinung tritt. Die Musik des Komponisten beschreibt einen Prozess, „der – charakterisiert durch Spontaneität – Überraschungen, Unterbrechungen in sich birgt."[118]

Eco spricht in diesem Zusammenhang von einer „multipolare[n] Welt"[119]. Dem Hörer ist es möglich, seine eigenen Bezugspunkte zu setzen, seine Aufmerksamkeit auf bestimmte Verläufe zu richten und so die Musik immer wieder unter neuen Gesichtspunkten zu erfahren. Es gibt kein „absolutes Zentrum"[120], sondern eine Vielzahl an unterschiedlichen akustischen Wahrnehmungsperspektiven.

Die Flexibilität der Komposition bringt interessante Herausforderungen mit sich. Da unendlich viele Variationen eines Stückes existieren können, ist es schwierig, eine klare Analyse zu formulieren.

> „Der Triumph der Analyse besteht in dem Nachweis, dass ein Werk, mindestens ein geglücktes, nicht anders sein kann, als es ist. Wo ein Komponist Möglichkeiten sieht, realisierte neben unterdrückten, sucht der Analysierende nach Notwendigkeit. Von Zufall und Überschuß spricht er nur widerstrebend."[121]

---

[115] John P Welsh, „Open Form and Earle Brown's Modules I and II", in: *Perspectives of New Music*, Nr. 1 (1994), S. 255.

[116] Sabine Sanio, *1968 und die Avantgarde. Politisch-ästhetische Wechselwirkungen in der westlichen Welt*, Sinzig 2008, S. 41.

[117] Ebd.

[118] Wolff, „Offen für wen und was", S. 181.

[119] Umberto Eco, *Das offene Kunstwerk* (Opera aperta 1962), Frankfurt a. M. 1977, S. 53.

[120] Ebd.

[121] Carl Dahlhaus, *Schönberg und andere. Gesammelte Aufsätze zur Neuen Musik*, Mainz 1978, S. 272.

Der Untersuchungsgegenstand ist allerdings von nun an fluide, er konstituiert sich durch den Kontext seiner Fassung, welche erst während der Aufführung deutlich wird.

„So, criticism is deprived of both the subject of musical creation and the created object, as its points of impact. The two ways it used to approach the artwork are being blocked. Criticism in the traditional sense, as centered on the interpretation of the object as an ‚expression‘ of the subject, has no leg to stand on.“[122]

Da es unmöglich ist, alle unterschiedlichen Fassungen einer offenen Komposition aufzunehmen, muss sich dem Stück angenähert werden – ein Phänomen, das auch Thomas DeLio in seinem Buch *Circumscribing the Open Universe* erkannt hat.[123] Der Titel seiner Arbeit ist buchstäblich zu verstehen. Es ist zu vermuten, dass Dahlhaus von der Idee einer umschreibenden Analyse einer offenen Komposition zurückschreckt, sich persönlich nach einer beschreibenden Kritik sehnt, die das Stück determiniert, wenn er die Schwierigkeit bzw. Unmöglichkeit bemängelt, eine offene Struktur in ihrer Gesamtheit wahrnehmen zu können. Um Dahlhaus' Kritik zu entkräften, ist es nötig, auf die von Eco thematisierte „perzeptive[r] Ambiguität“[124] zu verweisen. Letzen Endes ist es unbedeutend, ob es für den Hörer möglich ist, die Flexibilität eines offenen Kunstwerks zu erfassen, seine unterschiedlichen Ausformungen zu erkennen, da jedes Erlebnis laut Edmund Husserl

„einem im Wandel seines Bewußtseinszusammenhangs und im Wandel seiner eigenen Stromphasen wechselnden Horizont [hat]. Zum Beispiel zu jeder äußeren Wahrnehmung gehört der Verweis von den eigentlich wahrgenommenen Seiten des Wahrnehmungsgegenstandes auf die mitgemeinten, noch nicht wahrgenommenen, sondern nur erwartungsmäßig und zunächst in unschaulicher Leere antizipierten Seiten.“

In der experimentellen Physik ist es zudem die „unvollkommene Erkenntnis eines Systems, die eine essentielle Komponente seiner Formulierung ist.“[125] Die offene Form substituiert die Gleichzeitigkeit von Wesen und Erscheinung mit der dichotomischen Verbindung von endlich und unendlich, aller-

---

[122] Herman Sabbe, „Open Structure and the Problems of Criticism – Reflections on De-Lio's Circumscribing the Open Universe“, in: *Perspectives of New Music*, Nr. 1 (1989), S. 313.
[123] Auch Wolff zeigt sich von DeLios Arbeit begeistert. „Die Diskussion über offene Form wurde in jüngerer Zeit durch Thomas DeLio in seinem Buch *Circumscribing the Open Universe* in interessanter Weise erweitert.“ Siehe: Wolff, „Offen für wen und was“, S. 177.
[124] Eco, Das offene Kunstwerk, S. 50. Das Husserl-Zitat: Ebd.
[125] Ebd., S. 50. Es ist wichtig in diesem Zusammenhang zu erwähnen, dass Eco vielerlei Parallelen zwischen der Poetik des offenen Kunstwerks und der experimentellen Physik erkennt. „Die Freiheit des Interpreten tritt als ein Element jener Diskontinuität auf, die die moderne Physik nicht mehr als mangelndes Wissen, sondern als unausmerzbaren Aspekt jeder wissenschaftlichen Verifikation und als verifizierbares und unbestreitbares Verhalten der subatomaren Welt anerkannt hat.“ Ebd., S. 48ff.

dings mit der Besonderheit, dass „das Unendliche mitten im Endlichen"[126] platziert wird. Hieraus lässt sich schlussfolgern, dass unsere Wahrnehmung einer permanenten Ambiguität ausgesetzt ist. Es ist unmöglich, ein Objekt abgeschlossen wahrzunehmen, da es unerschöpflich ist. Diese These vertritt auch Christian Wolff, wenn er behauptet: „Tatsächlich ist Form – die ein Kunstwerk überhaupt als solches kennzeichnet [...] – unvermeidlich offen, weil sie sich unvermeidlich zufällig, fragil und abhängig, wie wir selbst, zur Zeit und zur umgebenden Welt verhält."[127]

Diese Ambiguität ist laut Ponty nicht eine „Unvollkommenheit des Bewusstseins oder der Existenz, sondern die Definition davon."[128] Somit konfrontiert uns die offene Form eines Kunstwerks mit dem Kern unserer Existenz.[129]

„Schließlich darf die Welt selbst, die in einer ersten Annäherung die Gesamtheit der wahrgenommenen Dinge ist, nicht als ein Gegenstand im Sinne des Mathematikers oder Physikers verstanden werden, d.h. als ein einzigartiges Gesetz, das alle Teilerscheinungen unter sich begreift, oder als eine grundlegende Beziehung, die sich an allen Erscheinungen feststellen lässt, sondern als universaler Stil jeder möglichen Wahrnehmung."[130]

Der Maler Robert Irwin findet für diesen Zusammenhang die folgende Definition: „To be an artist is not a matter of making paintings at all. What we are really dealing with is the state of our consciousness and the shape of our perception."[131] Das Kunstwerk wird vitalisiert, es beginnt zu leben. Laut Charles Ives wird ihm, ganz gleich welcher Disziplin es angehört, der Lebensfunke genommen, wenn man es vollends fixiert: „If I write it down and make it absolutely fixed and accurate, it will take the life out of it."[132] Form als „Länge gestalteter Zeit" zu beschreiben, ist somit auch ein Verweis auf das alltägliche Leben. Zeit zu gestalten, bedeutet zu leben, an gesellschaftlichen Prozessen teilzunehmen, das Leben zu formen. Wolff unterstützt die These, indem er behauptet: „Musik (Kunst) imitiert nicht die Natur, nicht einmal in ihrer Wirkungsweise, sondern das menschliche Leben sowohl in seinem Materialaspekt als auch in seiner Geschichte, seinem privaten, gesellschaftlichen und

---

126 Ebd., S. 51.

127 Wolff, „Offen für wen und was", S. 181.

128 Eco, Das offene Kunstwerk, S. 51.

129 Der Musikwissenschaftler Herman Sabbe unterstützt diese These. „The World is not seen as fixed, or as found; whatever realities may present themselves are considered to be versions of a world of worlds in the making." Zitiert nach: Welsh, „Open Form", S. 255.

130 Maurice Merleau-Ponty, „Das Primat der Wahrnehmung und seine philosophischen Konsequenzen" (1946), in: *Das Primat der Wahrnehmung*, hrsg. von Lambert Wiesing, Frankfurt a. M. 2003, S. 34.

131 Zitiert nach: Thomas DeLio, „Circumscribing the Open Universe", in: *Perspectives of New Music*, Nr. 1/2 (1981), S. 361.

132 Ives zitiert nach: Richard Dufallo, *Trackings – Composers Speak with Richard Dufallo*, New York u. a. 1989, S. 108.

politischen Ablauf.“[133] Die Spontaneität der offenen Form mit all ihren „Überraschungen, Unterbrechungen [und] Unmittelbarkeiten“ reflektiert die Impulsivität des Lebens, die gemachten Erfahrungen des Hörers, die „erlebte[n] Geschichte“, die im „Hören, Aufführen oder Komponieren“ zum Tragen kommt.[134]

> „Dass der Ursprung der Kunst in der menschlichen Erfahrung liegt, wird jedem klar, der beobachtet, wie die Zuschauermenge von den spannungsgeladenen, graziösen Bewegungen des Ballspielers mitgerissen wird; der bemerkt, mit wieviel Freude die Hausfrau ihre Blumen pflegt und mit welcher Hingabe ihr Gatte das kleine Fleckchen Rasen vor dem Haus instand hält.“[135]

Da jeder Mensch auf ein anderes Erfahrungskontingent zugreift, das sich je unterschiedlich „zur Zeit und zur umgebenden Umwelt“[136] verhält, wird die Form, „die ein Kunstwerk überhaupt als solches kennzeichnet [...] unvermeidlich offen“[137], da jeder Rezipient sich einem – in diesem Fall – Musikstück auf seine persönliche Art nähert, es individuell rezipiert. Eco erweitert diese Beobachtung mit einem Beispiel aus der Sprachwissenschaft. Er analysiert den Satz „Dieser Mann kommt aus Mailand“ und stellt fest, dass die Bedeutung dieser Aussage, trotz ihrer Einfachheit und ihrer Eindeutigkeit, ihrer Selbstreferenzialität, von Rezipient zu Rezipient verschieden ausgelegt wird. Schließlich könnte Person A Mailand schon mal besucht haben und sich mit Wohlwollen an diesen Besuch zurück erinnern, während Person B in Mailand ausgeraubt worden ist und nur schlechte Erinnerungen an die Stadt hat. „Auch wenn man annimmt, daß der Empfänger völlig die genaue Bedeutung aller verwendeten Wörter versteht, ist noch nicht gesagt, daß die Summe an Information, die er empfängt, dieselbe ist, die irgendein anderer aufgrund der gleichen Wörter erhält.“[138] Die Bedeutung des Satzes ist also von der Erfahrung des Rezipienten abhängig. Überträgt man das Beispiel auf die Musik, die Malerei oder Literatur, kann man sagen, dass in der Perzeption verschiedener Rezipienten eine Arbeit immer verschiedene Formen annimmt. Die divergierenden Erfahrungshorizonte des Betrachters und des Hörers machen sie zu einem offenen Kunstwerk. Der Philosoph und Pädagoge John Dewey greift in seinem Buch *Kunst als Erfahrung* dieses Argument auf, indem er behauptet, dass die „Ausdruckskraft des [künstlerischen] Objekts [...] Zeichen und Manifestation der vollkommenen Fusion dessen [ist], was wir erleiden, und dessen, was unsere Aktivität aufmerksamer Perzeption zu dem, was wir sinnlich empfangen, hinzutut.“[139]

---

[133] Wolff, „Offen für wen und was“, S. 181.
[134] Ebd.
[135] John Dewey, *Kunst als Erfahrung* (*Art as Experience*, 1934), Frankfurt a. M. 1980, S. 11.
[136] Wolff, „Offen für wen und was“, S. 181.
[137] Ebd.
[138] Eco, Das offene Kunstwerk, S. 71.
[139] John Dewey zitiert nach Eco, Das offene Kunstwerk, S. 64.

Wolff suggeriert in seiner Definition von der Form als Länge gestalteter Zeit, dass Kunst und Leben nicht voneinander trennbar sind. Sie funktionieren als Erfahrungsaustausch, der sich nicht in der Wahrnehmung einer „Gestalt, die als autonome Konfiguration des Realen schon da ist", beschränkt, sondern sich als das „situationsgebundene Resultat unseres prozeßhaften In-der-Welt-Seins" manifestiert, „und die Welt schließlich als Resultat dieses aktiven Darinseins"[140] auftaucht. Was Eco damit illustriert, wird im Gespräch zwischen Wolff und Roland Moser verdeutlicht. Es geht darum, Musik „im Moment des Spielens"[141] entstehen zu lassen. In einem Interview mit dem amerikanischen Komponisten David Behrman ergänzt Wolff: „Music happens when it's played, not when it's composed. For that to really work you have to engage the people playing in something other than just playing the notes they have in front of them. They have to make a desicion."[142] Dass die Spieler während einer Interpretation Entscheidungen treffen müssen, lässt ahnen, dass Wolff die Aufführung von Musik als sozialen Akt begreift. Musik ist nicht bloß eine Ansammlung von Klängen, sondern auch die Darstellung eines Konglomerats an unterschiedlichen Verhaltensweisen und individuellen Erfahrungen, da sie stets eine Interaktion zwischen den Instrumentalisten erfordert. Es ist die Simulation des Sozialen, die ein wichtiges Element von Wolffs kompositorischer Praxis ist:

> „One of the most striking aspects of Wolff's music and the central issue guiding the development of his innovative notation is the tacit recognition that the morphology of form is nothing more, nor less, than a resonance of the structure of human behavior."[143]

Die Strukturen menschlichen Verhaltens beschränken sich hierbei nicht nur auf die Wechselwirkung zwischen Komposition und Komponist, sie schließen auch das Publikum mit ein, überhaupt die gesamte soziale Zone, in der das Stück zur Aufführung kommt, zum Beispiel den Raum oder die gesellschaftliche Atmosphäre. Form als Länge gestalteter Zeit aufzufassen, bedeutet folglich auch, ein reziprokes Verhältnis mit dem Zeitgeist einzugehen. Ein Blick in die Kunstwelt erklärt diese Überlegung. Denn wie bereits aufgeführt, fand in den 1950er- und 1960er-Jahren eine lebendige Auseinandersetzung über die Formfrage statt, die nicht nur in der Musik geführt wurde, sondern auch in der bildenden Kunst auf Resonanz stieß – etwa in der Ausstellung *Signifiants de l'Informel*, die 1951 in Paris zu sehen war.[144] Im Ausstellungskata-

[140] Ebd., S. 65.

[141] Roland Moser, „Man ist in der Leere irgendwie. Christian Wolff im Gespräch mit Roland Moser", in: *Dissonanz*, Nr. 104 (2008), S. 14.

[142] Christian Wolff aus einem Interview mit David Behrman. Behrman, David: Roulette TV. Christian Wolff (2010), http://vimeo.com/10954656, 07.07.2011.

[143] Thomas DeLio, *Circumscribing the Open Universe*, London 1984, S. 53ff.

[144] Die informelle Kunst entsteht 1945 in Paris und repräsentiert einen Sammelbegriff, der diverse abstrakte Kunstgattungen vereint wie zum Beispiel: Abstrakter Expressionismus, Tachismus oder Lyrische Abstraktion. Im Mittelpunkt der unterschiedlichen Strömungen

log schreibt Belgin: „Die Form selbst, der materielle oder geistige Umriss, den sie bestimmt, ist bloß eine Öffnung auf die Erkenntnis, die Identifikation, sie ist der erste Zugang fürs gesellschaftliche Bewusstsein."[145] Wolff dockt an diese Aussage mit seiner Formdefinition an. Denn formbestimmend wirken das Publikum und das jeweilige Setting, die Aufführung, und nicht „metaphysische, [...] musikimmanente oder geschichtsphilosophische Folgerichtigkeit[en] oder Notwendigkeit[en].[146] Form ist immer Resultat einer bestimmten Situation. Das bedeutet, dass auch die klassische Musik womöglich als offen rezipiert werden kann. Für den Komponisten Cage ist in J. S. Bachs *Kunst der Fuge* (1742–49) alles bis auf die Lautstärke und Klangfarbe determiniert. Daraus resultiert, dass jede Aufführung ein genuines Obertonspektrum und eine einmalige Lautstärkenkonfiguration aufweist, je nachdem welcher Interpret sie spielt oder in welchem Raum sie vorgetragen wird. Cage vergleicht den Instrumentalisten mit einem Maler, der eine Skizze ausmalt, Konturen und Flächen mit unterschiedlichen Farben ausfüllt. „The function of the performer [...] is comparable to that of someone filling in color where outlines are given."[147] Wolff sind die Gedanken seines Lehrers nicht unbekannt. Auch er denkt über die mögliche Offenheit klassischer Musik nach:

> „Ich habe mal eine Freundin, eine große Klavierspielerin, gefragt: Wenn du auftrittst, um eine Beethovensonate zu spielen, und gehst auf die Bühne, weißt du genau, was du spielen wirst? Und sie sagte: nein. [...]. So wird die Aufführung wirklich spannend."[148]

Angesprochen auf die obige Anekdote, die Christian Wolff bei vielen unterschiedlichen Anlässen immer wieder gerne erzählt, sagte er, im Rahmen eines Interviews mit dem Autor, rückblickend auf Cages Äußerungen zur *Kunst der Fuge*:[149]

---

steht die Auseinandersetzung mit der Form. Es geht um die Auflösung traditioneller Formprinzipien. So schreibt Umberto Eco: „Informell heißt in diesem Sinne Ablehnung der klassischen, nur in einer Richtung zu verstehenden Formen, nicht aufgeben der Form als Grundbedingung für die Kommunikation. Das Beispiel des Informellen wird uns also, wie das jedes offenen Kunstwerks auch nicht dazu veranlassen, den Tod der Form überhaupt zu dekretieren, sondern dazu, einen artikulierten Formbegriff, den der Form als eines Möglichkeitsfeldes zu bilden." Siehe: Eco, Das offene Kunstwerk, S. 180.
[145] Belgin, „Was ist Informel?", S. 38.
[146] Scheib, „Die Situation der Form und vice versa", S. 177.
[147] Cage, Silence, S. 35.
[148] Moser, „Man ist in der Leere irgendwie", S. 14.
[149] Christian Wolff im Gespräch mit dem Autor. Aufgezeichnet in Wien im Oktober 2010. An anderer Stelle äußert sich Wolff zu diesem Thema wie folgt: „Eine Beethoven-Partitur ist für mich ,geschlossen'. Aber ich kann sie mir in gewisser Weise offen gespielt vorstellen. Oder zumindest habe ich manchmal bei mir entdeckt, daß ich Momente einer solchen Partitur, besonders langsamere Stellen, Fermaten, und besonders ausgehaltene Schlußakkorde, als offen gehört und mir ein Stück gewünscht habe, das nur aus solchen Momenten gemacht ist." Siehe: Wolff, „Offen für wen und was", S. 179.

„I like to play piano, I'm not very good at it. I'm limited. But Bach for instance, generally speaking, I can do. I played the same preludes and fugues over and over. Everytime I play them, there's a different way to do it. It becomes clear that the music can accommodate that. That is to say, it is not that Bach had one thing in mind and I am trying to do what Bach had in mind but he's simply made this and now you do it. And you do it this way or you do it that way, it's okay. In his case he leaves all these things open. If he really wanted it to be fast he'd say ‚schnell‘ or ‚quiet‘ or ‚piano‘ or whatever."

Der Komponist und Kritiker Kyle Gann stellt in einem Essay, in dem er die verschiedenen ideologischen Attitüden von Downtown- und Uptown-Komponisten[150] vergleicht, fest, Christian Wolff glaube nicht an eine Essenz von Musik, die sich über eine detaillierte Notation manifestiere. „Wolff, like Monteverdi, [doesn't] even specify what instruments to use"[151], führt er ergänzend aus. Ferner vergleicht Gann Wolffs Komposition *Snowdrop* (1970) – „you won't see any dynamics, just notes"[152] – mit den Partituren von J. S. Bach, die im nicht bearbeiteten Zustand genauso aussähen. Für viele Interpreten stellt dieses Phänomen ein Problem dar. Ein Stück, das ohne genaue Anweisungen auskommt, ruft Zweifel hervor und signalisiert womöglich eine fehlende Professionalität seitens des Komponisten. Vor diesem Hintergrund wird aus den obigen Zitaten klar, dass es Wolff nicht darum geht, das Notierte im Rahmen einer Performance zwangsläufig so wiederzugeben, wie es in der Partitur verankert ist, sondern sich mit dem Material auseinanderzusetzen, es zu durchdringen und zu verstehen – „they [die Downtown-Komponisten] may play a piece *ff* today and *pp* tomorrow"[153]. Diese Auffassung schließt, so wie die mit Wolff befreundete Klavierspielerin verifiziert, divergierende Interpretationen per se ein. Schließlich liegt der Reiz der klassischen Musik auch in ihren unterschiedlichen spielerischen Auslegungen begründet; es gibt nicht bloß die *eine* richtige Interpretation. „It is just as well, then, that there can be no such thing as an ideal interpretation. For if there were, we might long ago have ceased listening to Mozart and Beethoven. It is the renewed vitality of each performance that keeps them alive."[154]

Wolff entwickelt ein kompositorisches System, dass es ihm ermöglicht, die Vitalität jeder Aufführung zu gewährleisten. Nicht umsonst vergleicht er im Gespräch mit David Behrman seine Partituren mit Theaterstücken, die bei jeder Präsentation Unvorhersehbares mit sich führen und niemals identisch zu der vorhergehenden Aufführung sind.

---

[150] Mit Downtown-Komponisten meint Gann die Fraktion um Christian Wolff. Der Begriff „Uptown" verweist auf Komponisten und Interpreten aus dem Milieu der klassischen Musik.

[151] Kyle Gann, „Berlitz's Downtown for Musicians" (1994), in: Kyle Gann, *Music Downtown. Writings from the Village Voice*, Berkeley u. a. 2006, S. 133.

[152] Ebd.

[153] Ebd.

[154] Edward T. Cone, *Musical Form and Musical Performance*, New York u .a. 1968, S. 56.

„One performance isn't going to be like the other because the actors – one night, who knows, they maybe don't feel so good or the audience is responding differently or they feed of each other in different ways and it changes. And I think that's what makes the thing live."[155]

Die Lebendigkeit einer Komposition liegt dabei nicht in den Händen des Komponisten, sondern in der Verantwortung der Instrumentalisten, die bei Wolff das Stück zu Ende denken beziehungsweise spielen. „Sie nehmen wirklich wieder am Musikmachen teil."[156] Die Musiker müssen Entscheidungen treffen, im richtigen Moment reagieren, den musikalischen Prozess kontinuierlich aufrechterhalten. Die Grundlage für diesen Prozess etabliert Wolff mit der Idee, „genaueste Handlungen unter freiesten Bedingungen"[157] auszuführen. Der Appell, präzise Aktionen innerhalb indeterminierter Koordinaten auszuüben, deutet auch auf eine kritische Auseinandersetzung mit den populären Kompositionsideen seiner Zeit hin. Es ist besonders die serielle Musik, die Wolff kritisiert. Führt man sich seine Formdefintion erneut vor Augen, Form ist die Länge gestalteter Zeit, so verwundert es nicht, dass er es für absurd hält, eine Symbiose zwischen Material- und Werkstruktur zu diagnostizieren. Für ihn leitet sich die Form einer Komposition schließlich nicht aus dem Klangmaterial ab, sondern aus den Reaktionen der Spieler, ihrem Erfahrungshorizont und dem sozialen Ambiente, in dem ein Stück zur Aufführung kommt. Außerdem ist Form auch nicht aus der Partitur eines Stückes herzuleiten, weil das, was in einem Notentext verankert ist, „in einer bestimmten Aufführung niemals genau wiedergegeben werden kann."[158]

„Ich glaube, es ist eine Illusion, daß Form als komponierte Struktur in einer Partitur aus dem Wesen des Klangmaterials abgeleitet werden kann. [...] eine uneingeschränkte Annahme der Äquivalenz von Form und Material [...] würde im Endeffekt bedeuten, daß Musik weder geschrieben noch gespielt würde."[159]

Einen wichtigen Beitrag zu „der Äquivalenz von Form und Material" macht György Ligeti in seinem Essay für die *Darmstädter Beiträge zur Neuen Musik*. Laut dem ungarischen Komponisten gibt es in der Musik „kein eigentliches Material, das im kompositorischen Prozess geformt werden könnte."[160] Die Materialien der Musik – Töne, Klänge, Melodien oder Akkorde – können nicht mit den Objekten verglichen werden, mit denen ein bildender Künstler

---

[155] Behrman, „Roulette TV. Christian Wolff", o. S.

[156] Christian Wolff, „etwas Riskantes, mit dem wir uns selbst auf die Probe stellen können" (something hazardous with which we may try ourselves 1964), in: *Christian Wolff. Cues. Writings and Conversations / Christian Wolff. Hinweise. Schriften und Gespräche*, hrsg. von Gisela Gronemeyer und Reinhard Oehlschlägel, Köln 1998 (Edition MusikTexte 005), S. 53.

[157] Wolff, „Genaueste Handlungen", S. 39ff.

[158] Ebd., S. 51.

[159] Wolff, „Genaueste Handlungen", S. 51.

[160] György Ligeti, „Form in der Neuen Musik", in: *Form in der Neuen Musik*, hrsg. von Thomas Ernst, Mainz 1966 (Darmstädter Beiträge zur Neuen Musik 10), S. 27.

arbeitet, sein Kunstwerk formt, etwa mit „Stein und Holz". Musikalische Formung ist immer auch ein Spiel mit vorhergehenden Formen – „was in Musik geformt wird, ist bereits Form"[161]. In der Musik unterliegt alles einer historischen Kontinuität. Komponisten knüpfen an einem großen Netz, in dem sie neue Motive hineinweben, Altes aufgreifen und mit Neuem weiterspinnen, meint Ligeti. Zukünftige Generationen würden dann diese Baustellen und Experimentierflächen weiter ausbauen. Warum das in der bildenden Kunst nicht so sein sollte, erklärt er nicht. Offenbar geht es ihm um die Idee eines referenzlosen Rohstoffes, den er in der Musik nicht findet. „[D]as musikalische Moment" ist nur dann von kraftvoller Signifikanz, wenn es „auf andere musikalische Momente hinweis[t]."[162] Hier lässt sich erkennen, dass der Begriff von Geschichte, den er im weiteren Verlauf seiner Auseinandersetzung mit der Formfrage aufgreift, ein essenzieller Fixpunkt seines Formverständnisses ist. „Jedes Moment eines Werkes ist auf einer Ebene Element im Bezugssystem der individuellen Form, auf einer höheren Ebene aber Element im umfassenderen Bezugssystem der Geschichte."[163] Mit seiner Definition von Form als Länge gestalteter Zeit unterwirft sich Christian Wolff nicht dieser Historizität. Er durchbricht sie, indem er das „Riesennetz"[164] der Geschichte radikal durchschneidet. Er umgeht so bekannte Formschemata, da sie immer wieder aufs Neue, wie im Rahmen einer Aufführung, erarbeitet werden müssen. Genaueste Handlungen unter freiesten Bedingungen zu vollziehen, fungiert somit auch als Prävention vor bereits etablierten Formstrukturen.

Die Ansage, genaueste Handlungen unter den freiesten Bedingungen auszuführen, lässt sich aber auch als Kritik an John Cage lesen. Seine Kritik konkretisiert Wolff anhand von Cages *Music for Piano*-Serie (1952–62). In *Music for Piano 1* (1952) verwendet er die Unreinheiten auf einem weißen Blatt Papier, die er über das Auflegen eines transparenten Notenpapiers in Tonhöhen und Tonlängen übersetzt.[165] Cage markiert somit willkürlich einzelne Punkte auf dem durchsichtigen Notenpapier, die er zufällig auf der leeren Vorlage entdeckt. Obwohl diese Vorgehensweise auf den ersten Blick von einer starken Zufälligkeit gekennzeichnet ist, stellt sie doch eine „Beschränkung mit eigener Charakteristik"[166] dar. Letzteres bedeutet, dass es nicht möglich ist, eine

---

[161] Ebd.
[162] Ebd., S. 26.
[163] Ebd., S. 27.
[164] Ebd.
[165] Die Idee hierzu kommt aus einem zeitlichen Engpass. Nachdem er 1952 einen Kompositionsauftrag von der Tänzerin Jo Anne Melcher erhält, den er sehr schnell zu realisieren hat, wünscht er sich ein Verfahren, das es ihm ermöglicht, „Musik sehr rasch zu schreiben. Maler zum Beispiel arbeiten langsam mit Öl und schnell mit Wasserfarben. Während ich also über dieses Problem nachdachte, betrachtete ich mein Papier und fand mein Aquarell: auf einmal sah ich, daß die Musik, alle Musik, bereits da war." Cage, Für die Vögel, S. 44.
[166] Wolff, „Genaueste Handlungen", S. 51.

„Eliminierung aller Ausdrucksabsichten"[167] zu erzielen. Das Werk mag aus Zufallsoperationen entstanden sein, trotzdem erkennt man in ihnen die musikalische Handschrift von John Cage wieder. Umberto Eco sieht hierin die „Realisierung einer stark individualisierten *Formativität*, deren Voraussetzungen in den vom Künstler angebotenen ursprünglichen Daten liegen."[168] Eine interessante Perspektive in Bezug auf diese Problematik präsentiert der Musikwissenschaftler und Musiker Brandon LaBelle, indem er Cages musikalisches Denken, inspiriert von der Kunsthistorikerin Ursula Meyer, mit den künstlerischen Strategien der *Conceptual Art* in Verbindung bringt – Kunst ist nicht im Objekt per se zu entdecken. Sie steht in direkter Abhängigkeit zum künstlerischen Konzept, dem wiederum das Objekt unterworfen ist.[169] Überträgt man diesen Gedanken auf John Cages kompositorische Praxis, so wird deutlich, dass es ein Ding der Unmöglichkeit ist, den Einfluss des Autors aus dem Werk zu tilgen. Trotz der Verwendung von Zufall und Unbestimmtheit und der damit einhergehenden Absicht, Klang zu emanzipieren, eine Klang-*erfahrung* zu vermitteln, bedarf es einer speziellen konzeptionellen Ausarbeitung, die zwangsläufig wieder auf den Komponisten verweist. Somit ist das fertige musikalische Resultat, bzw. die Komposition als solche, nach wie vor von Cage abhängig. Hierzu schreibt Wolff:[170]

> „Und doch ist das Ergebnis charakteristisch – nicht so sehr in bezug [sic!] auf das Material [...] als in bezug [sic!] auf Cage, der durch die Erfindung oder die Entscheidung für diese Methode und durch ihre Anwendung auf ein oder mehrere Klaviere erreicht hat, daß nur bestimmte Tonhöhen und Geräusche gewisser Klangfarben entweder vereinzelt oder in Tongestöbern als mehr oder weniger isolierte Punkte auftreten."

Genaueste Handlungen unter den freiesten Bedingungen bedeutet vor dem Hintergrund, den Zufall nicht auszuschließen, ihn aber auch nicht per se zum vermeintlichen Antriebsmotor der Musik zu erklären. Wolff kanalisiert mit dieser Kompositionsmethode ein Konglomerat spielerischer Entscheidungen, die er zum Teil festlegt, dabei aber den Interpreten innerhalb seiner Anweisungen genügend Freiheiten gibt, auch autonome Ideen zu realisieren. Das ist besonders gut am Beispiel des Stückes *Duo for Pianists II* (1958) zu demonstrieren. Die Komposition besteht aus 15 Segmenten, die willkürlich auf einer Partitur verteilt sind, eine bestimmte Länge aufweisen und in jeder Aufführung in unterschiedlicher Reihenfolge wiedergegeben werden. „Ich hatte mir

---

[167] Ebd. Siehe hierzu auch Douglas Kahn: „Cage paradoxically relocates them [the sounds] inside a rubric of preferential silence and subsequently refers back to a musical language governed by taste and aesthetics far from the social, thereby falling short if not contradicting his intended ambition." Douglas Kahn zitiert nach: Brandon LaBelle, *Background Noise. Perspectives on Sound Art*, London 2006, S. 15.

[168] Eco, Das offene Kunstwerk, S. 55.

[169] „Art is not in the objects, but in the artist's conception of art to which the objects are subordinated". Zitiert nach: LaBelle, Background Noise, S. 5.

[170] Wolff, „Genaueste Handlungen", S. 51.

Cages formale Grundidee, die Gliederung nach Zeitlängen, zu eigen gemacht: eine Reihe von Zeitstrecken bestimmte die Struktur, was nichts darüber besagte, wie diese Zeitstrecken ausgefüllt wurden."[171] Jeder einzelne Abschnitt ist mit bestimmten Spielanweisungen versehen, für die Wolff eine eigene Notation entwickelt hat.

„He [Wolff] drew up a kind of ‚shorthand' notation which laid out certain spaces of time and groups of notes from which the players could select, with a wide range of instructions which would bring about situations from nearly fixed to nearly free."[172]

Duo for Pianists II illustriert somit die von Christian Wolff formulierte Definition von Form wortwörtlich. Die Form dieses Stückes ist das Resultat gestalteter Zeit. Die Interpreten müssen buchstäblich Zeiträume mit eigenen Ideen ausfüllen, sie mit Klangereignissen dekorieren. Auf den ersten Blick sieht das sehr einfach aus. Die auf der Partitur festgehaltene Organisation der Klänge ist übersichtlich und leicht zu verstehen, offenbart aber, wie so oft bei Wolff, komplexe Gestaltungsmöglichkeiten. Dargestellt ist hier ein Konglomerat aus Kästen, in die der Komponist Spielanweisungen notiert hat. In jedem Kasten findet sich ein Zahlencode – zwei Ziffern, die von einem Doppelpunkt getrennt werden. 5:4e bedeutet, das innerhalb von fünf Sekunden viermal der Ton e gespielt werden muss, wobei es viermal der gleiche Ton sein kann oder viermal ein e von beliebiger Tonhöhe. Steht eine 0 vor dem Doppelpunkt, so kann der Pianist den Zeitrahmen individuell festlegen, in dem er den Ton e spielt. Eine 0 hinter dem Doppelpunkt bedeutet fünf Sekunden Stille. Alles was rechts von der rechten Zahl folgt, sind weitere Spezifikationen. So bedeutet 3:11 [3 2]³, dass in einem Zeitraum von drei Sekunden elf Töne gespielt werden müssen, die in diesem Fall nicht näher festgelegt sind. Die 3 auf der linken Seite der eckigen Klammer sagt aus, dass drei der elf Töne gleichzeitig erklingen, allerdings nicht gleichzeitig ausklingen müssen. Die 2 auf der rechten Seite wiederum bedeutet, dass zwei der elf Töne gleichzeitig ausklingen, aber nicht gleichzeitg angeschlagen werden müssen. Die 3 außerhalb der Klammer legt fest, wie oft die in der Klammer angegebene Anweisung wiederholt werden muss. Falls Wolff auf die Angaben in den eckigen Klammern verzichtet, spielt es keine Rolle, ob die elf Töne sich überschneiden, zeitgleich oder separat intoniert werden. Die dynamische Interpretation der Töne steht den Instrumentalisten offen, so lange sie nicht näher kenntlich gemacht worden ist, dabei changiert das Spektrum von ppp bis hin zu fff. Außerdem müssen die Spieler auch in den Innenraum des Klaviers greifen und die Saiten des Instruments manuell betätigen, zum Beispiel abdämpfen. Viel entscheidender ist allerdings, wie die Interpreten sich innerhalb der Sektionen fortbewegen. Vor jedem Kasten ist ein Kreis, in dem Wolff einen sogenannten Cuepoint

[171] Schonfield, „Risiken eingehen", S. 71.
[172] Nyman, Experimental Music, S. 67.

notiert hat, einen Einsatzpunkt. Beide Spieler beginnen mit einem Segment in der Partitur, das keinen Einsatzpunkt aufweist und zu dem sie auch immer wieder zurückkehren können, falls sie die Orientierung verlieren. Im Laufe des Stückes springt der Spieler zu dem Cuepoint, den er von seinem Partner akustisch vorgegeben bekommt. Hört er also einen Ton, der in „high ff" gespielt wird, springt er zu dem Einsatzpunkt, der mit „high ff" markiert ist usw. John Cage vergleicht die Instrumentalisten mit Reisenden, „who must constantly be catching trains the departures of which have not been announced but which are in the process of being announced."[173] Die Spieler müssen aufmerksam aufeinander hören und wechselseitig reagieren. Da die Interpreten nicht vorhersehen können, was ihr Partner als nächstes spielen wird, befinden sie sich immer in einem „state of surprise"[174]. Das haben sie mit dem Publikum gemeinsam, das ebenso nicht ahnen kann, welches musikalische Ereignis mit dem Fortschreiten des Stückes eintreten wird – „the interaction of all sounds and activities appears unrelated and sonically extraordinary and unprecedented." Wolff macht das Ohr zum Indikator für einen musikalischen Prozess. Die Spieler folgen einem Reiz-Reaktionsmuster, das ihre Aufmerksamkeit ununterbrochen auf die Probe stellt – „they must be continually ready to go, alert to the situation, and responsible."[175] „Stücke wie mein ‚Duo for Pianists II' von 1975 versetzen ihn [den Interpreten] in eine unerwartete Lage, ohne Vorwarnung, einfach durchs Hinhören: Der eine Pianist spielt etwas, und der andere erkennt darin sein Einsatzzeichen."[176] Die Musiker sind somit bei der Selektion der Abschnitte voneinander abhängig. Ihre Entscheidungen lösen einen musikalischen Prozess aus, dessen Anfang und Ende völlig irrelevant ist, da Beginn und Abschluss der Komposition im Rahmen der Aufführung bestimmt werden. Das Stück kann somit fünf oder 50 Minuten dauern. Es liegt an den Interpreten zu entscheiden, wann sie es beenden möchten.

Der Entschluss, den Interpreten die Möglichkeit zu geben, das Stück fertigzustellen, lässt sich auf einen zeitlichen Engpass zurückverfolgen, dem ökonomische und pragmatische Gesichtspunkte zu Grunde liegen. Wolff musste eine Abgabefrist einhalten. Form als Länge gestalteter Zeit fungiert also auch als Werkzeug, um das „mühselige Ausnotieren von Details, das uns zuvor so beschäftigt hatte"[177], zu umgehen. Es bietet die Möglichkeit einer ökonomischeren Arbeitsweise für den Komponisten. Es war „einfach schneller so zu schreiben, verschiedene Aspekte des Klangs offen zu lassen."[178] Außerdem zeichnet sich in dieser Arbeitsteilung ein Phänomen ab, das Ligeti in seinem

---

[173] Cage, Silence, S. 39.

[174] Clemens Gresser, „Prose Collection. The Performer and Listener as Co-Creator", in: *Changing the System: The Music of Christian Wolff*, hrsg. von Stephen Chase und Philip Thomas, Burlington u. a. 2010, S. 205. Folgezitat: Ebd.

[175] Cage, Silence, S. 39.

[176] Schonfield, „Risiken eingehen", S. 73.

[177] Wolff, „etwas Riskantes", S. 53.

[178] Ebd.

Text über Form als Vorformung bezeichnet. Wolff praktiziert mit *Duo for Pianists II* diese Vorformung, indem er dem Interpreten die endgültige Kontrolle über die eigentliche Form der Komposition überlässt. Der Komponist legt lediglich die Koordinaten fest, er bestimmt die Ausgangssituation. Hiermit wird Form als Länge gestalteter Zeit denkbar. In *Duo for Pianists II* gestaltet der Interpret buchstäblich die Form des Stückes, indem er bestimmte Zeitabschnitte versucht sinnvoll auszufüllen.

Häufig wird Wolffs *Duo for Pianists II* mit Karlheinz Stockhausens *Klavierstück XI* (1956) in Verbindung gebracht. Das ist nicht zuletzt auch Wolff zu verdanken, der Stockhausens Stück als wichtigen Einfluss für sein *Duo* nennt. „Mich regte Stockhausens *Klavierstück XI* an, bei dem das Material in separaten Gruppen auf einem großen Blatt verteilt ist und der Interpret dort zu spielen beginnt, wo sein Blick gerade hinfällt."[179] Das ist aber auch schon die einzige Ähnlichkeit zwischen beiden Werken. Die formale Konzeption beider Stücke mag Gemeinsamkeiten miteinander teilen, das fertige Produkt weist aber grundlegende Differenzen auf. Wolff gestaltet die Funktion des Zufalls anders als Stockhausen – „allerdings habe ich dieses Solostück immer auch ein wenig für einen Schwindel gehalten, weil das, was die unbestimmte Abfolge angeblich bestimmt, der schweifende Blick ist."[180] Stockhausen fordert den Solisten auf, seinen Blick „absichtlos" über ein großes Blatt wandern zu lassen, auf dem insgesamt 19 auskomponierte Abschnitte notiert sind, die in unterschiedlicher Reihenfolge wiedergegeben werden können. Die Reihenfolge wird durch den Blick des Spielers bestimmt. Er spielt das, was er gerade sieht – zunächst „in beliebiger Geschwindigkeit, Grundlautstärke und Anschlagsform"[181]. Jeder Abschnitt endet jedoch mit genauen Spezifikationen dieser Parameter, die dann für die folgende Gruppe übernommen werden müssen. Falls ein Abschnitt zum zweiten Mal wiederholt wird, folgen weitere Anweisungen, die der Spieler zu befolgen hat. Stößt der Blick des Spielers zum dritten Mal auf eine Gruppe, die er schon zweimal gespielt hat, ist das Stück zu Ende.

John Cage, der in Bezug auf das *Klavierstück XI* ausschließlich die Größe der Partitur als ungewöhnlich hervorhebt, stellt in seinem Darmstädter Vortrag *Composition as Process* fest, es sei die Aufgabe des Interpreten die Form des Stückes, „the morphology of the continuity"[182], herzustellen, und das auf eine ganz bestimmte Art und Weise: „He must perform his function of giving form to the music which is not consciously organized [...], either arbitrarily, feeling his way, [...] or more or less unknowingly"[183]. Falls dem Interpreten diese Anweisungen zu esoterisch sind, stellt ihm Cage auch zur Wahl, die Form der Musik „outwards with reference to the structure of his mind to the

---

[179] Schonfield, „Risiken eingehen", S. 73.
[180] Gagne, „In einer Art Niemandsland", S. 245.
[181] Karlheinz Stockhausen, *Klavierstück XI*, Partitur, Wien u. a. 2006.
[182] Cage, Silence, S. 35.
[183] Ebd.

point of sense perception [...] or by exploring some operation exterior to his mind"[184] zu realisieren. Genau das passiert im *Duo for Pianists II* über die Einführung von Wolffs Idee der genauesten Handlungen unter den freiesten Bedingungen. Wolff ist sich darüber im Klaren, dass der schweifende Blick auch choreografiert werden kann. „Tatsache ist, daß man ihn in der Weise lenkt, in der man das Stück gestalten will."[185] Er misstraut der von Stockhausen protegierten Absichtslosigkeit des Blickes. Diese Problematik, dessen Resultat Cage als typisch europäisch klassifiziert[186], umgeht Wolff, indem er mehrere Spieler involviert und den Zufall externalisiert, nämlich abhängig vom Hörsinn der Musiker macht – „ich beschloss den Zufall seiner Kontrolle [der Kontrolle des Spielers] völlig zu entziehen, indem ich sein Ohr zum Medium machte."[187] In Korrespondenz mit der intelligent ausgearbeiteten Partitur versetzt diese Entscheidung die Interpreten in eine genuin unbestimmte Situation. Es ist aber nicht die Absichtlosigkeit der Interpreten, die das Stück bestimmt, sondern ihr kommunikatives Handeln, das nicht vorhersehbar ist – beide Spieler wissen nicht, was als nächstes kommen wird. Diese Situation tritt im *Klavierstück XI* nicht ein. Die Bemühung des Zufalls ist in diesem Fall für Cage sinnlos und uneffektiv[188], da sie nichts Unvorhergesehenes evoziert. Für Wolff entsteht das Unbestimmte aus der Gruppendynamik der Interpreten. „Wenn zwei Menschen beteiligt sind, und die Reaktion auf etwas erfolgen muß, das vom jeweils anderen zu hören ist, ohne vorhersehbar oder kontrollierbar zu sein, dann befindet man sich wirklich in einer unbestimmten Situation."[189]

Kompositionen für Solisten können aber auch unbestimmte Situationen evozieren. In der Zusammenarbeit mit David Tudor entwickelte Christian Wolff im Rahmen seiner Auffassung der genauesten Handlungen unter freiesten Bedingungen Spielanweisungen, die den Pianisten in eine Situation versetzten, deren Ausgang er nicht vorhersehen konnte. Das ist etwa in dem Stück *For Pianist* (1959) zu hören. Es ist davon auszugehen, dass die von Tudor vor einer Aufführung praktizierte akribische Auseinandersetzung mit einer Komposition (manchmal hatte er bereits das gesamte Stück ausgearbeitet) Wolff auf diese Idee brachte. Die Partitur besteht in diesem Fall aus Anweisungen, die den Spieler zu Handlungen zwingen, deren Ausgang nicht vorhersehbar ist. „Zum Beispiel gab ich ihm vor, so schnell wie möglich von einem ganz tiefen zu einem ganz hohen Ton zu springen"[190], sagt Wolff im Gespräch mit

---

[184] Ebd., S. 36.
[185] Gagne, „In einer Art Niemandsland", S. 245.
[186] „Due to the presence in the *Klavierstück XI* of the most essentially conventional aspects of European music – that is to say, the twelve tones of the octave [...] and regularity of the beat [...], the performer [...] will be led to give the form aspects essentially conventional to European music." Cage, Silence, S. 36.
[187] Schonfield, „Risiken eingehen", S. 73.
[188] Cage, Silence, S. 36.
[189] Gagne, „In einer Art Niemandsland", S. 245.
[190] Schonfield, „Risiken eingehen", S. 75.

Victor Schonfield. Der Interpret werde entweder den Ton genau treffen oder einen zu hohen beziehungsweise zu tiefen Ton anschlagen. Eine weitere Anweisung fordert vom Interpreten, so leise wie möglich zu spielen. Hier gibt es wieder drei verschiedene Realisationswege: Es gelingt dem Interpreten, die Anweisung des Komponisten zu befolgen. Der Interpret spielt viel zu laut oder so leise, dass gar nichts mehr zu hören ist – „für jede der drei Möglichkeiten schrieb ich eine andere Fortsetzung vor, so daß er nicht vorher wissen konnte, was er anschließend tun würde."[191] Die spielerische Situation, die dabei entsteht, ist, obwohl nur ein Interpret das Stück aufführt, genuin unbestimmt. Diese Unbestimmtheit liegt aber nicht in einer vermeintlichen Absichtslosigkeit des Interpreten begründet, wie es zum Beispiel in Stockhausen *Klavierstück XI* der Fall ist, einer Absichtslosigkeit, der Wolff zutiefst misstraut, sondern in einer geschickt ausgearbeiteten Partitur. Die in ihr enthaltenen Spielanweisungen verlangen den Musikern die vollste Konzentration ab. Dadurch wird jeglicher Versuch, absichtsvoll zu handeln, umgangen – „you have no chance of emotional self-indulgence", behauptet der britische Pianist John Tilbury in einem Gespräch mit Michael Nyman. „You have a job to do and it takes all you concentration to do it efficiently – i. e. musically."[192]

Interessant ist, dass Wolff im Werkkommentar zu *For Pianist* die unterschiedlichen Realisationswege, die aus den Aktionen des Spielers entstehen können, als Kontinuitäten bezeichnet, „die sich manchmal verzweigen, überschneiden und den Pianisten in labyrinthische Komplikationen verwickeln können."[193] Der Begriff Kontinuität verweist dabei auf Cage und dessen Formauffassung, die er als „Fortdauer" bzw. „continuity" definierte – „what I am calling poetry is often called content. I myself have called it form. It is the continuity of a piece of music."[194] Kontinuität beschreibt bei Cage zwar einen Prozess, der sich, genauso wie bei Wolff, in der Zeit vollzieht; Zeit wird allerdings nicht gestaltet – das behauptet zumindest Cage. Für den Komponisten zählt nur der Moment. Cage geht es um das Erfassen von musikalischen Situationen, um das klingende Jetzt – „each moment presents what happens", schreibt er in seiner *Lecture on Nothing*. Am Ende seines Vortrags bekräftigt er diese Auffassung mit der Aussage: „and when you sing you are where you are."[195] Nur so konstituiert sich Form. Zeitgleich ist die Fokussierung auf den Moment auch dazu geeignet, die Vorherrschaft der Vergangenheit, die Diktatur der Tradition, zu sabotieren, da das Momenthafte, die Augenblicklichkeit, seinen Fluchtpunkt nicht in der Vergangenheit hat. Cages Formdefinition möchte allerdings nicht alles Vergangene auslöschen, sondern appelliert daran, sich einfach nicht mehr dafür zu interessieren. Der Begriff „disinterestedness", den er in demselben Vortrag einführt, bezieht sich auf diesen Wunsch. Den

---

[191] Ebd.
[192] John Tilbury zitiert nach: Nyman, Experimental Music, S. 69.
[193] Wolff, „Werknotizen", S. 491.
[194] Cage, Silence, S. 111.
[195] Ebd., S. 126.

Terminus „disinterestedness" gebraucht auch Tilbury in seinem Kommentar zu Wolffs Komposition *For Pianist* – „with this music you learn the prime qualities needed in performing: discipline, devotion and disinterestedness."[196] Tilbury knüpft mit dieser Aussage an Cage an und impliziert, Wolffs Musik besäße die Fähigkeit, die Fokussierung auf die Vergangenheit, die zwangsläufig zu einem Denken führe, das Referenzpunkte und Relationen dekliniert, zu umgehen. Der Interpret befindet sich im Hier und Jetzt. Dazu noch einmal Cage: „How different this form sense is from that which is bound up with memory: themes and secondary themes; their struggle; their development; the climax; the recapitulation."[197]

Diese Aussage lässt sich auch mit einer philosophischen Strömung in Verbindung bringen, der John Cage sehr nahe stand: dem amerikanischen Transzendentalismus. Diese philosophisch-religiöse Strömung übte einen großen Einfluss auf die Entwicklung einer genuin amerikanischen Kultur- und Geistesgeschichte aus, die sich von den europäischen Traditionen weitestgehend zu emanzipieren versuchte. Der Begriff „disinterestedness" ist ein Destillat transzendentalistischer Reflexionen. In dem 1836 verfassten Aufsatz *Die Natur* (Nature) fordert Ralph Waldo Emerson, „unsere eigenen Werke, Gesetze und Weisen der Verehrung"[198] zu etablieren. Sein Appell wendet sich gegen eine omnipräsente Retrospektivität, die sich offenbar durch das amerikanische Bewusstsein zöge – „unser Zeitalter ist retrospektiv." Emerson fordert seine amerikanischen Landsleute dazu auf, im Hier und Jetzt zu leben: „Warum sollten wir nicht eine Dichtung und Philosophie der Einsicht statt der bloßen Tradition haben". Für ihn steht das amerikanische Denken in einer zu starken Abhängigkeit zu Europa. Nun liegt es an der Kunst, neue Identifikationsebenen zu schaffen, die es ermöglichen, die „neue Welt" zur individuellen und souveränen Nation erstarken zu lassen, die im gelebten Nonkonformismus den Europakomplex endgültig aufzulösen vermag. Dazu passt Christian Wolffs Definition von Form als Länge gestalteter Zeit und die damit intendierte Abspaltung von europäischen Formdiskursen.

Was bedeutet aber Wolffs Definition aus transzendentalistischer Perspektive? Wie bereits beschrieben wurde, beschreibt die Definition einen musikalischen Prozess, der in einem bestimmten zeitlichen Rahmen stattfindet. Innerhalb dieser Temporalität kann ein Werk unterschiedliche Formen annehmen, je nachdem wie sie die Interpreten gestalten. Diese Flexibilität ist ein essenzielles Merkmal von Wolffs kompositorischer Sprache. Der Komponist Henry Cowell, ein Schüler von Charles Ives, benutzt in diesem Zusammenhang den

---

[196] Nyman, Experimental Music, S. 69.

[197] Cage, Silence, S. 111. Wolff sympathisiert mit dieser These. In der *Prose Collection*, einer Kollektion von Kompositionen, die nur auf mündlichen Anweisungen basieren und im Laufe dieser Arbeit noch ausführlich diskutiert werden, spricht er von einem „zeitlosen Gefühl", das der Musik inhärent ist.

[198] Ralph Waldo Emerson, „Die Natur" (Nature 1836), in: *Ralph Waldo Emerson. Die Natur, Ausgewählte Essays*, hrsg. von Manfred Pütz, Stuttgart 2001, S. 85. Folgezitate ebd.

Begriff „elastic form"[199]. Diese Bezeichnung harmoniert zum Beispiel mit *Duo for Pianists II*. Das Stück wird bei jeder Aufführung anders klingen, immer neu realisiert werden. Es beschreibt eine Kontinuität von Entwürfen, einen Fluss von unterschiedlichen Formen, eine Qualität, die der Transzendentalist Henry David Thoreau laut Santiago Torre Lanza auch in der Musik erkennt: „Henry David Thoreau behauptete, die Musik sei als Kontinuität zu verstehen, und die Stille sei eine Sphäre, in der jeder Klang wie eine Luftblase auf ihrer Oberfläche erscheint."[200] Wolff benutzt den Begriff „Kontinuität" im Zusammenhang mit *For Pianist*: „Das Stück gibt auf zehn Seiten solche Wege oder ‚Kontinuitäten' vor, die sich manchmal verzweigen, überschneiden und den Pianisten in labyrinthische Komplikationen verwickeln können."[201]

In *Duo for Pianist II* existieren auch solche Kontinuitäten, deren rhizomatische Struktur Cage, wie oben bereits erwähnt, mit der Situation eines Reisenden verglich, der ständig Züge erwischen müsse, deren Abfahrtszeiten noch nicht bekannt gegeben worden seien. Dieses Netzwerk aus Verzweigungen, Überschneidungen und Knotenpunkten verlangt von dem Interpreten die höchste Konzentration. Um das Stück zu meistern, muss er einerseits auf seinen Mitspieler achten, andererseits aber immer „auf [s]einem eigenen Gleis"[202] bleiben. Thoreau formuliert diesen Appell im Zusammenhang mit seiner Lobpreisung des amerikanischen Schienenverkehrs. Er erkennt, wie Cage, in der Atmosphäre des Bahnhofs „etwas Elektrisierendes [...]. Die Wunder, die er vollbringt, beeindrucken mich."[203] *Duo for Pianists II* fordert von den Instrumentalisten die Fähigkeit, spontan zu reagieren und Entscheidungen in kürzester Zeit treffen zu können. Das Stück animiert zum schnellen Denken, so wie es, laut Thoreau, auch der Bahnhof tut – „sprechen und denken sie [die Menschen] nicht schneller auf dem Bahnhof als früher an den Kutschenposten?"[204] Bahnhof und Eisenbahn signalisieren bei Thoreau eine kulturelle Entwicklung, eine progressive Kontinuität sowie ein Konglomerat an neuen sozialen Formen, unbekannten Konstellationen, die ausgelotet werden müssen – einen Eintritt in das moderne Leben durch Einführung neuer Lebensformen, neuer Kontinuitäten im Sinne von ökonomischen und kulturellen Umformungen. Das reflektiert auch Wolff, wenn er in Bezug auf seine Musik den Begriff Kontinuität gebraucht. Die akustischen Überschneidungen und Vernetzungen in seinen Kompositionen lassen zudem Assoziationen mit der Struktur des von Thoreau beschriebenen Schienenverkehrs zu, dessen strukturelle Dichte einen ähnlichen Aufbau aufweist. Beide Systeme stellen Ver-

[199] Santiago Torre Lanza, „Neuplatonismus und amerikanischer Transzendentalismus", in: *Musikästhetik. Handbuch der Systematischen Musikwissenschaft 1*, hrsg. von Helga La Motte-Haber, Laaber 2004, S. 125.
[200] Lanza, „Neuplatonismus", S. 125.
[201] Wolff, „Werknotizen", S. 491.
[202] David Henry Thoreau, *Walden. Ein Leben mit der Natur* (Walden; or, Life in the Woods, 1854), München 1999, S. 131.
[203] Ebd., S. 130.
[204] Ebd.

netzungen dar, Kontinuitäten, deren Fluchtpunkte ihren Fokus auf die Idee des Fortschritts richten: bei der Eisenbahn in Form einer technischen und bei Wolffs kompositorischer Arbeit in Form einer musikalischen Progression.

Emerson begreift Form als etwas Fließendes, als Instanz, die nicht endgültig zu greifen ist, sondern etwas „Vorläufiges und Schwebendes" aufweist. In seinem Essay *Der Dichter* macht er seine Sichtweise klar. Es sei die Kunst, in dem besonderen Fall der Dichter, der uns „die Welt in Glas" zeige, „Dinge in ihrer wahren Anordnung und Abfolge"[205]. Diese neue Perzeption ermögliche ein transparenteres Sehen, der Künstler „sieht das Fließen oder die Metamorphose; er erkennt, daß das Denken vielgestaltig ist." Und diese Vielgestaltigkeit, die Emerson in der Multiplizität der Form sieht, entdeckt der Dichter im Leben. Dass das Gestalten von Zeit als Leben auffassbar ist, in anderen Worten, als Formen einer Form, ist bereits weiter oben in Christian Wolffs Definition klar geworden. Emerson realisiert diese Verbindung aber schon viel früher als Wolff. Für ihn verwendet „der Dichter [...] Formen in Übereinstimmung mit dem Leben."[206] Es ist jene Kontinuität von Form und Leben, überhaupt von Kunst und Leben, die sich in dem Denken von Emerson und Thoreau widerspiegelt und auch bei Christian Wolff eine prominente Rolle spielt, worauf noch zurückzukommen sein wird.

Als fruchtbar für das Verständnis von Wolffs Formdefinition und seiner Idee genauester Handlungen unter den freiesten Bedingungen erweist sich auch ein Blick auf den russischen Formalismus. Es ist der Komponist Frederic Rzewski, der Šklovskijs Idee der Ostranenie mit Wolffs Musik in Verbindung bringt. Hier gebe es „Ordnung, aber auch ständige Unterbrechung, das Aufdrücken ungeordneter Realität auf Regel- und Gesetzmäßigkeit, vereint, um eine Wirkung sowohl von Vertrautheit als auch Fremdheit hervorzurufen: Šklovskijs ‚ostranenie'"[207]. 1916 appelliert der russische Literatur- und Kunsttheoretiker Viktor Šklovskij an die Kunst, „den Stein wieder steinern [zu machen]"[208] und entwickelt die Technik der Ostranenie – eine Methode, alltägliche Dinge zu verfremden bzw. zu defamiliarisieren.[209] Ausgehend von einem

---

[205] Ralph Waldo Emerson, „Der Dichter" (The Poet 1844), in: *Ralph Waldo Emerson. Die Natur, Ausgewählte Essays*, hrsg. von Manfred Pütz, Stuttgart 2001, S. 245. Folgezitat ebd.

[206] Ebd., S. 246.

[207] Frederic Rzewski, „Die Algebra des Alltagslebens", in: *Christian Wolff. Cues. Writings and Conversations / Christian Wolff. Hinweise. Schriften und Gespräche*, hrsg. von Gisela Gronemeyer und Reinhard Oehlschlägel, Köln 1998 (Edition MusikTexte 005), S. 11.

[208] Viktor Šklovskij, „Kunst als Kunstgriff", in: ders., *Theorie der Prosa*, hrsg. und übersetzt von Gisela Drohla, Frankfurt am Main 1966, S. 14.

[209] Aufgrund der in russischer Sprache verfassten Überlegungen von Šklovskij ist es schwierig, eine passende Übersetzung zu finden, die den Begriff adäquat darzustellen vermag. Trotz der vielen unterschiedlichen Übersetzungen ist es ausreichend, die englische Definition als Orientierungshilfe zu nutzen, die den Vorgang der Ostranenie als *making strange* bezeichnet, so dass dieser Terminus im hiesigen Sprachraum als „Verfremdung" definiert werden kann.

„perzeptiven Automatismus"[210] ist es die Aufgabe der Kunst, den alltäglichen Kreislauf der bloßen Wahrnehmung zu durchbrechen. Denn die uns umgebenden Gegenstände werden einfach nur gesehen, allerdings nicht mehr begriffen. Zur Veranschaulichung referiert er eine Anekdote aus Leo Tolstojs Tagebüchern. Der Schriftsteller kann sich nach dem Säubern seines Mobiliars nicht mehr daran erinnern, ob er das Sofa bereits entstaubt hat oder nicht.[211] Aus dieser amüsanten Erzählung resultiert die Erkenntnis, es sei nur die Verfremdung, die es ermögliche, eine Revision unserer konventionellen Wahrnehmung einzuleiten, denn „mehrere Male wahrgenommene Dinge beginnen wir sehr bald nur noch wiedererkennend wahrzunehmen: wir haben das Ding vor uns [...], aber wir sehen es nicht mehr"[212] – sobald Gegenstände von ihrer Konventionalität befreit werden, können sie wieder aufmerksam rezipiert werden.[213] Das Kunstwerk entfaltet also seine ästhetische Wirkung nur, wenn es vom Gewohnten abweicht und die Norm hinter sich lässt.[214] Interessant ist, dass Šklovskij Terminus „ostranenie" selbst zum Paradebeispiel des von ihm vorgestellten Verfremdungsmechanismus wird. Das Wort wird im Russischen eigentlich mit zwei n geschrieben, Ostrannenie. Der womöglich unbewusste Schreibfehler des russischen Literaturwissenschaftlers wird somit zum programmatischen Prüf- und Kernpunkt seiner Theorie. – Vor dem Hintergrund Wolffs akademischer Bildung ist davon auszugehen, dass er mit dem Denken Šklovskijs vertraut oder ihm zumindest begegnet ist. Šklovskij geht es darum, die Handlungen des Alltags zu erneuern. „Wenn wir die allgemeinen Gesetze der Wahrnehmung genauer studieren, sehen wir, dass gewohnheitsmäßige Handlungen zu automatischen Handlungen werden."[215] Dieses stellt bereits lange vor dem russischen Literaturwissenschaftler auch der romantische Dichter Samuel Taylor Coleridge fest: „By awakening the mind's attention from the lethargy of custom, and directing it to the loveliness and wonders of the world before us; an inexhaustible treasure, but for which, in consequence of the film of familiarity and selfish solicitude we have eyes, yet see not, ears that hear not, and hearts that neither feel nor understand."[216]

---

[210] Frank Kessler, „Ostranenie – Zum Verfremdungsbegriff von Formalismus und Neoformalismus", in: *Montagne/AV Zeitschrift für Theorie & Geschichte audiovisueller Kommunikation*, Nr. 68 (1996), S. 53.

[211] Kessler, „Ostranenie", S. 54.

[212] Šklovskij, „Kunst als Kunstgriff", S. 15.

[213] Kessler, „Ostranenie", S. 53.

[214] Hierzu siehe auch: Broder Christiansen, *Philosophie der Kunst*, Berlin 1912. Christiansen erklärt, dass die ästhetischen Qualitäten eines Kunstwerks nur in der Differenz zum Gewohnten festgestellt werden können. Auf ihn geht der Begriff „Differenzempfindung" zurück. Da jedes Kunstwerk oftmals eine Kanonisierung erfährt, ist die „Differenzqualität stets einer Temporarität unterworfen.

[215] Šklovskij, „Kunst als Kunstgriff", S. 12.

[216] Zitiert nach: Alexei Bogdanov, „Ostranenie, Kenosis, and Dialogue: The Metaphysics of Formalism According to Shklovsky", in: *The Slavic and East European Journal*, Nr. 1 (2005), S. 48.

Diesen Automatismus, diese Wiederholung des Gewohnten, möchte auch Wolff durchbrechen. Für Šklovskij hat Kunst die Fähigkeit, mit den Automatismen des Lebens zu interferieren. Sie ermöglicht dem Rezipienten ein neues Sehen, eine andere Rezeption des Alltags – eine Beibehaltung des Vertrauten, das aber vom Fremden durchtränkt wird. „Um für uns die Wahrnehmung des Lebens wiederherzustellen [... ,] gibt es das, was wir Kunst nennen. Das Ziel der Kunst ist, uns ein Empfinden für das Ding zu geben, ein Empfinden, das Sehen und nicht nur Wiedererkennen ist."[217]

In diesem Spannungsfeld bewegt sich auch Wolffs Musik. Vertraut sind die Umstände, unter denen sie komponiert wird, die eingesetzten Instrumente und die Spielerkonstellationen. Fremd sind ihr Setting, ihre Umsetzung und Konzeption. Das von dem amerikanischen Komponisten anhand von *Duo for Pianists II* diskutierte System der genauesten Handlungen unter den freiesten Bedingungen verhindert ein Wiedererkennen. Die Gestaltung des Stücks umgeht oder „umschreibt" (DeLio) die Möglichkeit, Familiäres zu identifizieren. So wie Šklovskijs Idee der Ostranenie eine neue Perzeption etablieren möchte, geht es Wolff um ein neues Hören, und das ist buchstäblich bei *Duo for Pianists II* der Fall. Die Spieler befinden sich permanent in einer unbestimmten Situation. Sie müssen aufmerksam aufeinander hören, die Situation einschätzen und ihre Ohren immer wieder aufs Neue justieren. Die Instrumentalisten kommunizieren miteinander, sie sprechen. Die Partitur ist dabei so angelegt, dass die Interpreten diese nicht einfach abspielen, einen automatisierten Akt ausüben, sondern immer wieder neue Entscheidungen treffen, deren Konsequenzen sich auf den Verlauf der Komposition auswirken. Sie generieren in Echtzeit eine bestimmte Realisation der Komposition. Diese Vorgehensweise schließt Überraschungen nicht aus. „Die dichterische Sprache [...] – nach Aristoteles soll sie fremdartig und überraschend wirken"[218], schreibt Šklovskij und verweist damit zugleich auf Aristoteles' Konzept der „Admiratio". Diese These unterstützt auch der Germanist Peter Rossbacher: „to break down the barrier of automatic perception is to awaken man's admiratio in the Aristotelian sense."[219] Denn für den griechischen Philosophen war der Zustand des Sich-Verwunderns essenziell für jegliche philosophische Auseinandersetzung, für den kritischen und aufmerksamen Umgang mit der Welt. Wolffs musikalischer Duktus erfüllt die Voraussetzung. Seine Idee genauester Handlungen unter freiesten Bedingungen simuliert das Soziale, das Leben. Sie macht den Prozess des Lebens, des kommunikativen Handelns, bewusst, indem sie seine Mechanismen als musikalische Struktur offenlegt, – und entschärft Šklovskijs Sorge, dass „das ganze komplexe Leben vieler Menschen unbewußt verläuft, dann ist es, als wäre dieses Leben nicht gewesen."[220]

---

[217] Šklovskij, „Kunst als Kunstgriff", S. 14.
[218] Ebd., S. 25.
[219] Peter Rossbacher, „Šklovskij's Concept of Ostranenie and Aristotle's Admiratio", in: *MLN*, Nr. 5 (1977), S. 1043.
[220] Šklovskij, „Kunst als Kunstgriff", S. 14.

In der Idee der Verfremdung spiegelt sich auch in Šklovskijs Formvorstellung wider, die sich auf die Gleichung „das Alte weicht dem Neuen" bringen lässt und damit den prozessualen Charakter der Formbildung betont, der sich im Stück *Duo for Pianists II* wiederfindet. „Die Kunst ist ein Mittel, das Werden eines Dings zu erleben; das schon Gewordene ist für die Kunst unwichtig"[221], schreibt Šklovskij. Für ihn hat die Form die Funktion eines Aktualisierungsorgans. Ihre Morphologie muss immer das Alte durch das Neue ersetzen. Das Gewordene oder Gemachte verweist vor diesem Hintergrund auf eine alte Vorstellung von Form, etwas, das es schon gibt; während das Machen immer den Verlauf einer Gestaltung innerhalb eines zeitlichen Rahmens illustriert. Wolffs Definition von Form als Länge gestalteter Zeit passt in diesen Kontext. Sie bringt, analog zu Šklovskij, „dem Rezipienten das ‚Gemachtsein' des Werkes [näher]."[222] Im Falle des *Duo* ist es dem Hörer möglich, die Herstellung der Form des Stückes mitzuerleben, an ihr zu partizipieren und sie als „‚elastisches', funktionales und strukturales System zu begreifen."[223]

Form als Länge gestalteter Zeit beschreibt also einen Prozess. Die Komposition entsteht im Moment. Vor diesem Hintergrund könnte man von einem „Kunstwerk in Bewegung" (Eco) sprechen, dem Werk und seiner Form eine Mobilität beimessen, wobei es wichtig ist, eine differenzierte Betrachtung des Vergleichs vorzunehmen. Ist die Form als solche mobil? Oder vielmehr ihre Konstruktion? Dafür ist es notwendig, die bildende Kunst zu betrachten, wie die Mobiles des amerikanischen Künstlers Alexander Calder, von denen der Komponist und Kollege Christian Wolffs, Earle Brown, stark inspiriert war. „Für mich mußte die Beweglichkeit eines Werkes während der Aufführung dieses Werkes aktiviert werden (ebenso wie in einem Mobile von Calder) und intensiv durch den Ausführenden ausgedrückt werden"[224], schreibt Brown. Calders bewegliche Skulpturen scheinen eine musikalische Qualität zu haben, die auch dem Philosophen Jean-Paul Sartre nicht entgeht. Er vergleicht die Mobiles mit „im Wind erzitternden Äolsharfen"[225] und spricht davon, dass der Künstler „nichts bestimmtes abbilden wolle, außer vielleicht Tonfolgen und Akkorde unbekannter Bewegungen."[226] In einem anderen Essay liest man, womöglich in Anlehnung an Sartres Überlegungen, dass Calder mit den Mobiles eine „Komposition von Bewegungen inszeniert", einen Ablauf von Gestalten, die „wie eine musikalische Komposition in der Zeit [ablaufen]."[227] Dabei sind der Ablauf und der Ausgang dieser skulpturalen Komposition offen, eine These, die, wie später noch gezeigt wird, von Ligeti hinterfragt wird.

[221] Ebd.
[222] Holzer, Zur Kategorie der Form in neuer Musik, S. 77.
[223] Ebd.
[224] Josek, The New York School, S. 91.
[225] Jean Paul Sartre, „Die Mobiles von Calder", in: Ausst. Kat.: *Alexander Calder*, Berlin, Akademie der Künste, 1967, S. 22.
[226] Ebd., S. 23.
[227] Maurice Besset, „Entstehung des Mobile", in: Ausst. Kat.: *Calder*, München, Haus der Kunst, 1975, S. 29.

Ist es möglich das Stück *Duo for Pianists II* im Kontext von Calders mobilen Skulpturen zu lesen, von einer mobilen Form zu sprechen? Das *Duo* lässt sich mit dem Terminus „Mobilität" charakterisieren, da es möglich ist, die einzelnen Segmente miteinander auszutauschen. Die Komposition misslingt nicht, wenn die Teile in verschiedener Reihenfolge wiedergegeben werden. Im Gegenteil, das ist sogar ausdrücklich erwünscht und in der Partitur angelegt. Die Segmente sind somit mobil. Sie haben einen Ereignischarakter, der das Zusammenspiel der Instrumentalisten wiedergibt, ihre Reaktionen temporär dokumentiert, bis sie wieder von neuen Entscheidungen ersetzt werden. Es ist die Partitur, die in diesem Fall beweglich ist, sie fungiert als flexible Vorlage. Die Form als solche präsentiert nur eine ganz bestimmte Realisation dieser Vorlage. – „Sie ist eine eindeutige Variante der mehrdeutigen Vorlage."[228] Das Verhältnis von Form und Raum ist darüber hinaus in Musik und Skulptur grundverschieden.

Form und Raum sind für György Ligeti untrennbar miteinander verbunden. Denn „den in der Zeit sich entfaltenden Formen [haftet] Räumliches an."[229] Zeit und Raum sind zwei Begriffe, die voneinander abhängig sind. Sie ergänzen sich gegenseitig. Wenn eine Abfolge von Klängen in einem bestimmten Zeitabschnitt auftritt, so wird sie verräumlicht. Dass Musik räumliche Qualitäten aufweist, zeichnet sich für Ligeti bereits in den Termini ab, mit denen sie beschrieben wird. Man spricht zum Beispiel von horizontalen oder vertikalen Klangereignissen – Begriffe, die der Musik einen architektonischen Charakter vermitteln, sie als Bau begreifen. Jenes akustische Bauwerk erkundet der Hörer. Er durchstreift es, entdeckt Referenzen, knüpft Verbindungen zu anderen Werken, vergleicht das Stück mit seinem persönlichen Reservat an Gehörtem und versucht hierdurch, den weiteren Verlauf der Musik vorherzusehen. Musikalische Form stellt also einen imaginären Raum dar, der nur in der Vorstellung des Hörers existiert und in dem die sich in der Zeit entfaltende Musik architektonisch abgebildet wird. Die Mobiles von Calder funktionieren nach einem anderen Prinzip. Sie kehren die traditionelle Idee von Skulptur als statisches Objekt um, das fixiert im Raum steht. Die Beweglichkeit von Calders Skulpturen suggeriert die Darstellung eines räumlichen Objekts im Laufe der Zeit, seine Verzeitlichung beziehungsweise die Präsentation seiner Veränderungen in einer bestimmten zeitlichen Periode. Zwei diametral zueinander stehende Darstellungen, deren Unterschiedlichkeit noch weiter hervorgehoben werden kann, wenn man bedenkt, dass die Musik „als primär zeitlicher Vorgang an sich bereits in Bewegung ist."[230] Es ist also nicht die Form einer offenen Komposition, die einen mobilen Charakter aufweist, sondern die Musik, da sie per se beweglich ist. Unterschiedliche Realisationen einer Komposition, die auf einer offenen Form beruht, entsprechen somit „Momentfotos eines Calderschen Mobile".

---

[228] Ligeti, „Form in der neuen Musik", S. 34.
[229] Ebd., S. 24.
[230] Ebd., S. 34. Folgezitat ebd.

Form als Länge gestalteter Zeit verweist nicht nur auf die Herstellung einer Komposition im Moment ihrer Aufführung, sondern auch auf die Irrelevanz der Frage, ob die Komposition das Resultat einer offenen oder geschlossenen Partitur ist, der Hörer es mit einer offenen oder geschlossenen Form zu tun hat, da der Rezipient immer nur das hört, was im Augenblick, im Moment zur Entstehung und Entfaltung kommt – er hört die gestaltete Zeit und nicht die Mehrdeutigkeit der Vorlage, während der Betrachter eines Calder'schen Mobiles immer auch mit der Mehrdeutigkeit der Skulptur konfrontiert wird. Patrick Heron definiert in seinem Buch *The Changing Forms of Art* das von Calder entwickelte Mobile wie folgt:

„an abstract configuration of articulated parts in which each part, or segment, is free to describe a movement of its own; but it is a motion, conditioned by, yet distinct from, the movements of all the other articulated segments of which the total construction is made up."[231]

Diese Definition lässt sich auf Wolffs *Duo for Pianists II* übertragen. Das Stück besteht aus Segmenten, die, um bei der obigen Definition zu bleiben, von den Spielern in Bewegung versetzt werden. Die Gestaltung dieser Bewegung übernimmt der Interpret, bleibt allerdings im Rahmen der vom Komponisten vorgegebenen Möglichkeiten. Der Instrumentalist macht also nicht, was er will – er verhält sich analog zu den im Mobile installierten beweglichen Segmenten, die auch nicht willkürlich schwingen, sondern nach den Gesetzen der Physik funktionieren. Man könnte also im Fall von *Duo for Pianists II* und den Calder'schen Mobiles von einem Setting sprechen, das eine ähnliche experimentelle Versuchsanordnung teilt.

Ein Stück von Christian Wolff, das mit der obigen Definition ebenso korrespondiert, ist *Edges* aus dem Jahre 1968. Es basiert auf einer Partitur, auf der unterschiedliche Symbole zu sehen sind, die jeweils eine bestimmte Spielanweisung darstellen, die frei vom Spieler interpretiert werden kann. Die Partitur enthält auch eine Legende, die jedes Symbol erklärt. Ein schwarzer Tintenklecks bedeutet etwa „dirty" und verlangt von den Spielern, ein dreckiges Geräusch zu spielen. Ein abwärts gerichteter Pfeil steht für „low, very low" und verweist auf sehr tiefes Klangmaterial. Die Instrumentalisten wählen sich ein Symbol aus und müssen es über die Dauer des gesamten Stückes spielen, wobei sie mehrere Symbole auch miteinander kombinieren können. Sie gestalten individuell ein Ereignis, das für sich autonom betrachtet werden kann, aber auch zum großen Ganzen des Stückes, zur vollständigen Konstruktion beiträgt, sie stabilisiert und in Bewegung hält. Wolff gibt sich allerdings nicht mit der Aufforderung zufrieden, die Instrumentalisten sollen sich ein Symbol aussuchen und es anschließend spielen. Er begreift die Symbole als Objekte im Raum, als Oberflächen, Routen oder Eingrenzungen. Die Spieler müssen sich in dieser imaginären Architektur bewegen, sich zum Beispiel vorstellen,

---

[231] Patrick Heron, *The Changing Forms of Art*, London 1955, S. 222.

sie näherten sich dem Objekt oder entfernten sich von ihm. Nähe und Ferne werden zu Indikatoren für die Modulation des Klanges, die unterschiedliche Parameter umfassen kann, je nachdem, was der Interpret sich hier vorstellt.

„One image I have of this is to imagine a dance situation, modern dance […], where there are objects on the stage where the dancers are dancing which are visible to the dancers but not to the audience. So the dancers are doing their dance but are avoiding the objects. The audience doesn't see the objects but eventually will notice that there is a pattern in what the dancers are doing which must mean that there is something there."[232]

Wolff vergleicht in *Edges* die Musiker mit Tänzern, eine interessante Analogie, die auch mit Calders Interesse für das Theater und Ballett harmoniert. Der Künstler baute das Bühnenbild für diverse Ballettaufführungen und tauschte bei Produktionen die Tänzer gleich mit seinen Mobiles aus. Seine beweglichen Skulpturen haben choreografische Qualitäten – „Calder's conceptualization of the mobile could be taken as a conceptualization of dance. In other words, for Calder, the mobile involved the act of moving form through space."[233] Genaueste Handlungen unter freiesten Bedingungen kann auch als eine Choreografie gelesen werden, als Anweisungskompendium, das dem Interpreten Bewegungsvorschläge unterbreitet, die er teilweise befolgen muss, teilweise aber auch mit eigenen Ideen vervollständigen kann.

„Der Tanz von Merce Cunningham hat, glaube ich, einen ungeheuren Einfluß auf meine Musik gehabt. Man kann das schlecht im einzelnen beschreiben, aber allein, wie er die Stücke strukturiert, die Kombination der Bewegungen, ist bestimmend – die formale Eigenschaft der Tänze, die Kombination der Abstraktion mit sehr stark beschwörenden Elementen."[234]

„Musik ist viel eher mit Tanz [...] vergleichbar"[235], behauptet Christian Wolff an anderer Stelle. Seine Sympathie für Cunningham, dessen Dance Company er für mehrere Jahrzehnte als Instrumentalist begleitete, dort hauptsächlich als Improvisateur tätig war und diese Möglichkeit dazu nutzte, Ideen für neue Stücke im Rahmen der Livesituation zu testen[236], äußert der Komponist auch in einer Widmung des Stückes *Burdocks* (1970–71) an den Tänzer, nachdem er

[232] Christian Wolff, „Christian Wolff Rehearsal on Edges Transcript" (2010), in: mattsmiley.blogspot.com/2010/04/christian-wolff-rehearsal-on-edges.html, 19.12.2014.
[233] Roann Barris, „Calder's Biomorphic Machines" (o. J.), in: www.radford.edu/rbarris/ art428/Alexander%20Calder.html, 19.12.2014.
[234] Gagne, „In einer Art Niemandsland", S. 261.
[235] Christian Wolff, „Veränderung und Dauerhaftes. Versuch einer Selbstdarstellung" (Changes and Continuities. Sketch of a Statement 1993), in: *Christian Wolff. Cues. Writings and Conversations / Christian Wolff. Hinweise. Schriften und Gespräche*, hrsg. von Gisela Gronemeyer und Reinhard Oehlschlägel, Köln 1998 (Edition MusikTexte 005), S. 315.
[236] Philip Thomas, „For Pianist: The Solo Piano Music", in: *Changing the System – The Music of Christian Wolff*, hrsg. von Stephen Chase und Philip Thomas, Burlington u. a. 2010, S. 52.

erfahren hatte, Cunningham habe es als musikalische Begleitung zur Choreografie von *Borst Park* (1972) verwendet. *Burdocks* heißt auf Deutsch „Kletten". Es ist ein Stück, das Wolff mit dem Adjektiv „messy" beschrieben hat, was so viel wie „chaotisch" beziehungsweise „unordentlich" bedeutet. Es besteht aus zehn heterogenen Teilen, die eine „lose Aneinanderreihung"[237] darstellen, ihre Reihenfolge ist frei wählbar. Das Stück ist für eine große Gruppe von Spielern komponiert – bei einer Aufführung waren es einmal insgesamt 40 Instrumentalisten – oder für mehrere kleine Gruppen, die unabhängig voneinander, ohne sich abzusprechen, auf das Tonmaterial zugreifen können. Die Verbindung unterschiedlicher, disparater Elemente könnte an die aus der bildenden Kunst bekannte Praxis der Collage erinnern, die aber nicht nur dort, sondern auch im Film und eben in der Musik zum Einsatz kommt.[238] Die Collage ist gleichzeitig auch der Verbindungspunkt zu Cunninghams tänzerischer Praxis. Bereits 1952 vermengt Cunningham in einem Stück, das er dann programmatisch *Collage* nennen wird, unterschiedliche Choreografien miteinander. Dazu gehören zum Beispiel traditionelle Bewegungsmuster aus dem Ballett. Es ist aber auch die Mobilität des Alltäglichen, die in seinem Tanz zum Einsatz kommt – „utterly pedestrian movements (hair combing, nail filing) as well as steps drawn from ballroom and social dance."[239] Für Cunningham ermöglicht diese Arbeitsweise „as many movement possibilities as possible."[240] Ein ähnliches Phänomen beobachtet man auch in Wolffs Partituren – kein Klang ist ihm fremd, zu banal oder nicht verwendbar. Es geht ihm nicht um ein homogenes Amalgam, sondern um disjunktive Verknüpfungen, die bei *Burdocks* durch die Zusammenführung von autonomen Ereignissen realisiert werden – „alle zehn Teile können gleichzeitig oder überlappend gespielt werden."[241] Am Ende des Stückes arbeitet Wolff sogar mit mündlichen Anweisungen. Die Interpreten sollen „fliegen" – „Man kann Geräusche machen, die das Fliegen andeuten. In dieser Aufführung von *Burdocks* hatte ein Musiker sich ein kleines Paar Flügel an die Schultern geschnallt – das war seine Vorstellung vom Fliegen, rein illustrativ. Während der Aufführung gab es auch einen kurzen Vortrag über die Geschichte des Fliegens. [...]. Da kann man natürlich alles machen"[242].

---

[237] Wolff, „Werknotizen", S. 497.

[238] „The collage refers first of all to the Dada technique of pasting together unrelated fragments of photographs, sections of newsprint, parts of old catalogues and other kinds of printed materials. The fragments were joined together by the application of colour, charcoal, pencil or other media for the purpose of creating a new relationship between basically disparate materials." Andre Verlon, „Montage-Painting", in: *Leonardo*, Nr. 4 (1968), S. 385.

[239] Roger Copeland, „Merce Cunningham and the Aesthetic of Collage", in: *TDR, The Drama Review*, Nr. 1 (2002), S. 12.

[240] Merce Cunningham zitiert nach: Gail Kirkpatrick, *Tanztheater und bildende Kunst nach 1945.* [...] , Würzburg 1996, S. 17.

[241] Wolff, „Werknotizen", S. 497.

[242] Christian Wolff im Gespräch mit Walter Zimmermann. Walter Zimmermann, „Nichts gibt es nicht. Gespräch mit Walter Zimmermann" (1998), in: *Christian Wolff. Cues. Writings*

Dass jeder Spieler diese Aufforderung unterschiedlich inszenieren wird, festigt den Gedanken der Collage, die der Kritiker Clement Greenberg als „a[n] art form with multiple layers and signposts pointing to a variety of forms and realities, and to the possibility or suggestion of countless new realities"[243] bezeichnete. Diese Aussage verweist aber auch auf die Relativität und Unvollständigkeit der Collage, die jener inhärent ist. Der Kunsthistoriker Donald B. Kuspit spricht von einem Zusammenschluss von Elementen, die in potenzieller Abhängigkeit zueinander stehen – „this is the relativistic message of collage: the keeping in play of the possibility of the entry of the many into the one [...]. Man fühlt sich an das transzendentalistische Credo des „il più nell' uno"[244] – der Einheit in der Vielheit – erinnert. Wolff unterstützt die Vermutung, wenn er in Bezug auf Cunninghams Tanz schreibt und gleichzeitig jene Qualitäten in seinem Sound wiedererkennen möchte, dass

> „viele verschiedene Prozesse, Aktivitäten, Zustände den Eindruck [erwecken], sie kämen – wirbelnd, abbrechend, dahintreibend, wandernd, einfach sich fortbewegend – aus einer Quelle, die magnetisch da war und sich doch nicht erfassen ließ, und jedes Element dieser Vielfalt konnte gleichwohl für sich bestehen."[245]

Diese Gleichzeitigkeit ist allerdings nie vollständig, wie Kuspit weiter ausführt. Man hat es mit einer „illusion of completeness"[246] zu tun, die Wolff im Kontext von *Burdocks* bestätigt, wenn er behauptet, die Instruktion „Fliegen" könne man „auf vielerlei Weise"[247] realisieren. Dabei ist es dem Komponisten bewusst, dass er manche Ideen in Betracht gezogen hat, andere wiederum nicht – „an so manches hatte ich gedacht, an anderes nicht."[248] Wolff behauptet, es sei ihm wichtig gewesen, im Zusammenhang mit *Burdocks* „verschiedene Dinge gleichzeitig geschehen zu lassen und wirklich eine Art Tohuwabohu zu schaffen."[249] Er fordert den Zusammenprall unterschiedlicher Konzeptionen heraus und simuliert letztendlich die Bedingungen des alltäglichen Lebens, die Mechanismen des Sozialen, die Cunningham folgendermaßen in Worte fasst: „Being able to take fragments, long and short, and put them together in different ways – we have to, in a sense, do that in our lives

---

and Conversations / Christian Wolff. Hinweise. Schriften und Gespräche, hrsg. von Gisela Gronemeyer und Reinhard Oehlschlägel, Köln 1998 (Edition MusikTexte 005), S. 107.
[243] Katherine Hoffman, „Collage in the Twentieth Century: An Overview", in: *Collage Critical Views*, hrsg. von Katherine Hoffman, London u. a. 1988, S. 1.
[244] Emerson, „Die Natur", S. 99.
[245] Christian Wolff, „Kletten. Für Merce" (Burdocks. For Merce 1975), in: *Christian Wolff. Cues. Writings and Conversations / Christian Wolff. Hinweise. Schriften und Gespräche*, hrsg. von Gisela Gronemeyer und Reinhard Oehlschlägel, Köln 1998 (Edition MusikTexte 005), S. 359.
[246] Donald B. Kuspit, „Collage: The Organizing Principle of Art", in: *Collage Critical Views*, hrsg. von Katherine Hoffman, London u. a. 1988, S. 42.
[247] Zimmermann, „Nichts gibt es nicht", S. 107.
[248] Ebd.
[249] Ebd.

all the time, although we don't think about it."[250] Der Maler Pablo Picasso schrieb in einem Essay, dass das *papier collé*, eine frühe Form der Collage, es ermögliche, unterschiedliche Elemente innerhalb einer Komposition zusammenzuführen, die dann die Realität des Bildes konstituierten, das wiederum mit der Realität der Natur konkurriere.[251] Das trifft auch auf Wolffs musikalische „Kletten" zu, die ein klingendes Äquivalent zum lästigen Unkraut darstellen – „jeder der einen Garten hat, haßt sie [die Kletten], weil sie sich einfach überall ausbreiten."[252] Der Ausbreitungsprozess unterliegt nicht einem hierarchischen System und bildet zeitgleich, abseits seiner humorvollen Antipathie gegen das Gestrüpp, einen Ansatzpunkt für Christian Wolffs kompositorische Überlegungen. Kletten wachsen, sie verzahnen sich miteinander, sie breiten sich aus. „Kletten können wie Klänge widerspenstig und verfilzt sein"[253]. Ihre organische Architektur ist ständig in Bewegung – sie wuchert. In einer Collage versucht das Auge eine intelligible Struktur in das Objekt zu bringen, das ein Konvolut disparater Elemente darstellt. Der Betrachter sucht nach Zusammenhängen, Anknüpfungspunkten und nach Hilfestellungen. Bei *Burdocks* ist es das Ohr, das die einzelnen Klangereignisse aufnimmt und verarbeitet, sie vergrößert oder verkleinert, Klangereignisse, die einen „eigenen, klar ausgeprägten Charakter"[254] haben müssen. *Burdocks* ermöglicht aber auch die Sabotage dieser Klarheit, da jederzeit etwas Unvorhersehbares passieren kann. „Diese Art von Klarheit blieb. Und doch konnten sich zur gleichen Zeit, in irgendeinem Augenblick, auch zehn verschiedene Dinge, völlig verschiedene Dinge, ereignen."[255] Es ist die Idee der Integration, die hier ebenso wie in dem Konzept der Collage zum Tragen kommt. Es gibt keine unerwünschten Elemente, jede Art der Klangerzeugung ist erlaubt, beliebig viele und aus unterschiedlichen Fachrichtungen kommende Musiker können das Stück spielen.[256]

Pablo Picasso präludiert in Hinblick auf seine Collagenarbeit Wolffs Idee, wenn er behauptet, „daß es für den Künstler keine würdigen und unwürdigen Ausdrucksmittel gäbe, sondern daß er sich jedes Mittels bedienen dürfe"[257]. Vor diesem Hintergrund erkennt Wolff nicht nur die negativen Eigenschaf-

[250] Zitiert nach: Copeland, „Merce Cunningham and the Aesthetic of Collage", S. 13.
[251] „The purpose of the papier collé was to give the idea that different textures can enter into a composition to become the reality in the paintings that competes with the reality in nature." Hoffmann, „Collage in the Twentieth Century", S. 7.
[252] Zimmermann, „Nichts gibt es nicht", S. 107.
[253] Wolff, „Kletten", S. 359.
[254] Zimmermann, „Nichts gibt es nicht", S. 107.
[255] Ebd.
[256] Inspiriert wurde das Stück auch von Cornelius Cardews „Scratch Orchestra". Wolff ist fasziniert von der Heterogenität des Kollektivs, „einer Gemeinschaft unterschiedlicher Musiker (aus Klassik, Folk, experimenteller Musik, Jazz, und so weiter)". Siehe: Wolff, „Werknotizen", S. 497.
[257] Herta Wescher, *Die Geschichte der Collage: Vom Kubismus bis zur Gegenwart*, Köln 1974, S. 21.

ten des Unkrauts, sondern auch seine positiven bzw. heilsamen Merkmale –
„man kann Tee und anderes draus machen."[258]

Dass Wolff sein Stück *Burdocks* in die Nähe des Tanzes rückt, spiegelt sich
nicht nur in seiner Bewunderung für Cunningham wieder. – „Vieles, was ich
ihn tun sah, hat mir Mut gemacht"[259]. Er begreift seine Instrumentalisten, wie
auch in *Edges*, als Tänzer, vermisst dabei allerdings die Gefahr des Tanzes,
das Risiko auch körperlich zu Schaden kommen zu können.[260] Wolff assoziiert die musikalischen Abläufe mit „Bewegungen, die im Baß oder Violinschlüssel" lesbar sind. Tanz und Musik stellen für ihn die Möglichkeit dar,
Ereignisse in ihrer Vielfalt und gleichzeitig auch in ihrer Individualität zu beobachten – „jedes Element dieser Vielfalt konnte gleichwohl für sich bestehen."[261] Tänzer und Musiker können für sich betrachtet oder als Teil eines
Ensembles begriffen werden, ihre Bewegungen und Töne als Part eines großen Ganzen oder als singuläre Einheit aufgefasst werden. Wahrscheinlich ist
für Wolff der Tanz auch deswegen so reizvoll, weil es nicht möglich ist, eine
Bewegung zweimal hintereinander identisch zu wiederholen. Kein Bewe-
gungsablauf gleicht dem anderen. Das Stück ist also immer unabgeschlossen
und bildet erneut einen Verweis zu Kuspits Collagendefinition sowie eine
Analogie zu Wolffs Auffassung seiner kompositorischen Arbeit – „niemals
würde ich eine Partitur, wie viele unbestimmte Elemente sie auch enthalten
mag, als ein fertiges Objekt ansehen."[262]

In dieser Aussage manifestiert sich erneut die von Christian Wolff vertretene
Auffassung von Form als Länge gestalteter Zeit – eine Feststellung, die auch
auf den Tanz zutrifft. Es ist darüber hinaus davon auszugehen, dass seine
Formdefinition, die er 1960 im Alter von 26 Jahren publik machte, vielleicht
sogar von Cunningham beeinflusst war. Schließlich lernte er den Tänzer und
Lebenspartner John Cages bereits mit 16 Jahren kennen. Falls man von Cunningham beauftragt wurde, Musik für seine Tanzperformances zu schreiben,
so erfuhr man nichts über die Konzeption des Stückes, dessen mögliche Gestaltung und Choreografie, sondern ausschließlich „the piece's desired length
– no themes, tempos or other musical direction"[263] – eben Form als Länge
gestalteter Zeit.

---

[258] Zimmermann, „Nichts gibt es nicht", S. 107.

[259] Wolff, „Kletten", S. 359.

[260] „sie können aneinander nicht körperlich schaden, anders als beim Tanzen, und ich glaube, sie spüren, daß ihnen diese Möglichkeit fehlt." Ebd.

[261] Beide Zitate ebd.

[262] Wolff, „Veränderung und Dauerhaftes", S. 315.

[263] Becky Bailey, „Dartmouth to Host Final New England Appearance By Renowned
Dance Troupe", in: now.dartmouth.edu/2011/06/dartmouth-to-host-final-new-england-
appearance-by-renowned-dance-troupe/, 15.08.2011.

4 Politische Netzwerke: Dimensionen des Politischen in Christian Wolffs kompositorischer Arbeit

„Lehren heißt hauptsächlich zu überzeugen ohne Zwang
auszuüben, so daß die Menschen sich öffnen,
anstatt sich zu verschließen.“[264]

Christian Wolffs kompositorische Praxis weist bereits im Frühwerk einen Bezug zu politischen Fragestellungen und Ideen auf. Das bestätigt der Pianist John Tilbury:

„Wolff's early scores are a projection into the future, a utopian paradigm; they *are* political. The musicmaking they generate is collaborative, self-consciously giving and taking, non-judgmental, respectful, attentive, sharing, cherishing the quotidian, where *individuality*, not ‚individualism‘ is nurtured. In short, it is strongly anti-authoritarian, ‚democratic‘.“[265]

Eine Definition, die Wolff während seines zweiten Besuchs der Darmstädter Ferienkurse im Jahre 1974 formuliert und die verdeutlicht, auf welcher Ebene der Komponist die Triebkräfte des Politischen in seine Musik integriert und in ihr wirken lässt. Wolff wird von einem Kursteilnehmer gebeten zu erklären, was er denn unter politischer Musik verstehe. „It's a music which is not primarily concerned with the individual or with the idea of individualism or of competitive self-expression“[266], antwortet er. Dann fügt er auf Französisch hinzu: „Ça ce une definition qui est n'a pas politique mais plus social.“[267] Er denkt das Politische als soziale Praxis, die in seiner Musik als Simulation sozialer Dynamiken zum Ausdruck kommt. – „Ich glaube, ich habe eines gelernt

---

[264] Gagne, „In einer Art Niemandsland“, S. 277.

[265] John Tilbury, „Christian Wolff and the Politics of Music“ (o. J.), www.newworldrecords.org/uploads/file9CQrs.pdf, 18.06.2013. Wolff akzeptiert die Einschätzung seines Kollegen und formuliert in einem Interview: „Das Erstaunliche ist, daß man in den späten sechziger Jahren über meine Musik zu schreiben begann, sie marxistisch interpretierte und entdeckte, daß sie wirklich sehr politisch war. Diese Dimension der Wechselwirkung machte sie zu einem Mini-Modell für irgendetwas Demokratisch-Sozialistisches. Das ist natürlich nicht in meinem Kopf gewesen, als ich diese Musik schrieb, aber ich war angetan – mir sollte es recht sein.“ Gagne, „In einer Art Niemandsland“, S. 265.

[266] Christian Wolff, „Politische Musik“ (Vortrag Christian Wolff mit Fragen und Kommentaren der Kursteilnehmer). 27. Internationale Ferienkurse für Neue Musik. Darmstadt 23.07.1974. Transkription des Autors. Mit freundlicher Genehmigung des Internationalen Musikinstituts Darmstadt (IMD).

[267] Ebd., o. S. An dieser Stelle sei auch die Musikwissenschaftlerin Beate Kutschke erwähnt, die Christian Wolffs Musik als „soziokreative Praxis“ bezeichnet. Beate Kutschke, *Neue Linke / Neue Musik. Kulturtheorien und künstlerische Avantgarde in den 1960er und 70er Jahren*, Köln u. a. 2007, S. 136.

– wie man Musik schreibt, die vielen Spielern zugänglich ist und ihnen aktive Teilnahme und Verantwortung erlaubt, sie aber nicht völlig sich selbst überläßt."[268] Das politische Moment kommt in der Freiheit der Spieler zum Ausdruck, die Komposition in Eigenregie zu gestalten, sie aus einer sozialen Interaktion entstehen zu lassen, aus „sozialkommunikative[n] Akt[en]"[269], für die die Partitur das nötige Koordinatensystem bereitstellt. Die dort notierten, manchmal auch ausformulierten Anweisungen ermöglichen Freiräume, Leerstellen, die bei jeder Aufführung mit neuen Verbindungen überbrückt werden müssen, „eine Gemeinschaft [...] bilden"[270]. Eigenschaften, die Wolff auch in seiner Musik per se eingeschrieben sieht, „wobei die Musik selbst mitunter diese fließenden und präzisen, durchsichtigen Linien oder Vorstellungen von Verbindungen in ihrem Inneren abbildet"[271] – ein Netzwerk, das in Echtzeit komponiert wird. Den Gedanken des Netzwerks im Fokus des Politischen greift Wolff auch in Bezug auf Aristoteles' Definition des Menschen auf, den der Philosoph als politisches Wesen klassifiziert, eine Eigenschaft, die diesen überhaupt erst menschlich macht – „politisch sein, heißt ausgerichtet sein, heißt auf der einen oder anderen Seite stehen in unserem vernetzten, gesellschaftlichen Leben wechselseitiger Abhängigkeiten"[272], Abhängigkeiten, die bei Wolff über eine spezielle Notation versinnbildlicht werden, die spontane Gestaltungen ermöglicht – die Ausführung von genauesten Handlungen unter den freiesten Bedingungen.[273]

„Manchmal geht es dabei um die einfachste Form der Koordination: Spieler eins spielt einen Klang, und sobald er fertig ist, fängt Spieler zwei an. Jetzt ist aber die Dauer des Klangs von Spieler eins unbestimmt – er kann so lang oder so kurz spielen, wie er will. Und sobald Spieler eins angefangen hat, weiß Spieler zwei, daß er jetzt in jeder Minute oder Sekunde oder in jedem Bruchteil einer Sekunde dran sein kann – nur weiß er nicht genau, wann. Und der Rhythmus, der durch diese Situation entsteht, ist absolut neuartig."[274]

---

[268] Christian Wolff im Gespräch mit Ildi Ivanji. Ildi Ivanji, „Was tun wir eigentlich? Gespräch mit Christian Wolff" (What are We Doing? Conversation with Ildi Ivanji 1972), in: *Christian Wolff. Cues. Writings and Conversations / Christian Wolff. Hinweise. Schriften und Gespräche*, hrsg. von Gisela Gronemeyer und Reinhard Oehlschlägel, Köln 1998 (Edition Musik-Texte 005), S. 99.

[269] Kutschke, Neue Linke, S. 136.

[270] Christian Wolff, „Vor der Ausführung. Über Notation" (Before the Fact. On notation 1984), in: *Christian Wolff. Cues. Writings and Conversations / Christian Wolff. Hinweise. Schriften und Gespräche*, hrsg. von Gisela Gronemeyer und Reinhard Oehlschlägel, Köln 1998 (Edition MusikTexte 005), S. 155.

[271] Ebd.

[272] Christian Wolff, „Die eigene Identität entfalten. Musik–Arbeit–Experiment–Politik" (Free to Exercise Identity. Music-Work-Experiment-Politics 1995), in: *Christian Wolff. Cues. Writings and Conversations / Christian Wolff. Hinweise. Schriften und Gespräche*, hrsg. von Gisela Gronemeyer und Reinhard Oehlschlägel, Köln 1998 (Edition MusikTexte 005), S. 323.

[273] Für eine genauere Analyse dieser Anweisung siehe das dritte Kapitel dieser Arbeit.

[274] Zimmermann, „Nichts gibt es nicht", S. 105.

Die Neuartigkeit der aus dieser Praxis resultierenden Rhythmen ist im Augenblick allerdings nicht von Bedeutung. Viel signifikanter ist die Tatsache, dass diese Rhythmen „von Menschen bestimmt [werden] und nicht von einer Vorstellung über Rhythmus."[275] Die rhythmische Gestaltung ist also das Resultat gesellschaftlicher Interaktionen – ein politisch-sozialer Beat.[276]

Gesten der „Machtausübung"[277] sind Christian Wolff fremd. Allerdings fügt er hinzu, es beschäftige ihn noch eine weitere, damit einhergehende Frage, nämlich die nach der Einbindung und Thematisierung gesellschaftlicher Probleme. „Ich würde gern viel mehr darüber erfahren und worum es dabei eigentlich geht. Ich möchte meine Musik gern unmittelbar darauf beziehen."[278] Mit diesem Wunsch ist auch eine Kritik verknüpft. Denn Wolff beobachtet diesen unmittelbaren Bezug nicht bei den Vertretern der Avantgarde, den Protagonisten des europäischen Erbes – „führende Vertreter sind [...] Komponisten wie Pierre Boulez und Karlheinz Stockhausen."[279] In ihren Arbeiten sieht Wolff einen „extremen Individualismus" und ein daraus resultierendes „Risiko der Isolation", eine elitäre Elfenbeinturm-Mentalität, die auch in die Unfähigkeit mündet, politische Inhalte zu reflektieren und zu kommunizieren. Die Komponisten seien hauptsächlich mit sich selbst beschäftigt. In der Introspektion verfolgten sie zwar die „ständige Weiterentwicklung formaler und technischer Mittel"[280], allerdings ist Wolff nicht ganz klar für wen:

„Nach zwanzig Jahren Avantgardemusik, die keinen überwältigenden Erfolgt hatte, auch wenn sie bis zu einem Grad akzeptiert wurde, fragt man sich, worum es eigentlich geht. Was tun wir eigentlich? Das ist kein technisches oder formales Problem, denn es gibt inzwischen verschiedene Techniken und die Komponisten wissen, wie sie ihre Musik zusammenfügen können. Das Problem ist vielmehr, was Musik in der Gesellschaft vermag, und wer ihr zuhört."[281]

---

[275] Ebd., S. 105.
[276] Dem hinzuzufügen ist, dass Wolff „das Neue" nicht nur auf klanglicher oder struktureller Ebene verortet, sondern, wie er in einem Vortrag formuliert, „mit ‚neu' meine ich etwas, das durchaus sozialisiert und demokratisiert ist." Siehe: Christian Wolff, „Zur Situation", in: *Ferienkurse 74. Mainz 1974*, hrsg. von Wolfgang Steinecke, Mainz 1975 (Darmstädter Beiträge zur Neuen Musik 14), S. 10.
[277] Christian Wolff, „Ganz neue Bereiche der Unvorhersehbarkeit. Elektrizität und Musik" (Whole New Areas of Unpredictability. Electricity and Music 1968), in: *Christian Wolff. Cues. Writings and Conversations / Christian Wolff. Hinweise. Schriften und Gespräche*, hrsg. von Gisela Gronemeyer und Reinhard Oehlschlägel, Köln 1998 (Edition MusikTexte 005), S. 65.
[278] Ivanji, „Was tun wir eigentlich?", S. 99.
[279] Christian Wolff, „Die Vergangenheit benutzen, um der Gegenwart zu dienen. Über politische Texte und neue Musik" (Using the Past to Serve the Present. On political texts and new music 1980), in: *Christian Wolff. Cues. Writings and Conversations / Christian Wolff. Hinweise. Schriften und Gespräche*, hrsg. von Gisela Gronemeyer und Reinhard Oehlschlägel, Köln 1998 (Edition MusikTexte 005), S. 127.
[280] Alle Zitate ebd., S. 129.
[281] Ivanji, „Was tun wir eigentlich?", S. 93.

Für Wolff ist Musik immer „gesellschaftlich bedingt."[282] Sie steht „wohl oder übel in dialektischer Spannung mit den gesellschaftlichen Gegebenheiten"[283] und den Spannungen, die der britische Komponist Cornelius Cardew in sein Werk integrierte. Cardew, der gleichzeitig auch ein enger Freund Wolffs gewesen war, versinnbildlicht für ihn die Verschmelzung von politischem Aktivismus und kompositorischer Tätigkeit. Wolff hebt hervor, dass der Gründer des Scratch Orchestra, einer musizierenden Gruppe, die an eine Kommune erinnert und in der auch nicht ausgebildete Spieler tätig waren, sich von seinem experimentellen Frühwerk getrennt habe, um in seinem Werk „hochexpressive[n] Elemente[n] romantischer Kunstmusik" sowie Versatzstücke aus „einer Folk- und Populär-Tradition"[284] zu verarbeiten. Ihm ist diese Arbeitsweise zu plakativ. Er interessiert sich zwar für Musik mit politischen Inhalten und begeistert sich für die Folk-Sänger Woody Guthrie und Pete Seeger[285], bildet sie aber in seinen Stücken nicht eins zu eins ab. Er adaptiert ihre Melodien, transformiert sie durch kompositorische Techniken, montiert sie auseinander und setzt sie wieder zusammen.[286] Melodie wird bei ihm nicht zum „Träger einer symbolischen Nachricht."[287] So bezeichnet Frederic Rzewski etwa die Melodie der Internationale. „Wenn Sie diese Melodie hören, denken Sie an einen Gesamtkontext, einen sozialen und historischen Kontext, in dem diese Melodie Bedeutung hat."[288] Wolff geht subtiler vor. Die Lieder der amerikanischen Arbeiterbewegung werden für ihn eine wichtige Inspirationsquelle, die sozialen Probleme des Industriezeitalters zur Basis mancher seiner musikalischen Arbeiten.[289] Obwohl Christian Wolff darauf verzichtet, musikalische Quellen in seinen Kompositionen offenzulegen, befürwortet er die Präsentation der Originale vor der Aufführung der eigentlichen Stücke, eine Entscheidung, die zu einem temporären Zerwürfnis mit seinem Freund und Lehrer John Cage führte.

---

[282] Wolff, „Die eigene Identität entfalten", S. 319.
[283] Ebd.
[284] Wolff, „Die Vergangenheit benutzen", S. 129
[285] Zimmermann, „Nichts gibt es nicht", S. 117.
[286] David Bernstein erinnern sie an Techniken, die Cage in Stücken wie *Cheap Imitation* oder *Apartment House* verwendet hat. Siehe: Christian Asplund und Michael Hicks (Hg.), *Christian Wolff (American Composers)*, Urbana u. a. 2012, S. 105.
[287] Frederic Rzewski, „Musik und politische Ideale. Vorlesung an der University of Wisconsin, River Falls" (Music and Political Ideals. Lecture at the University of Wisconsin, River Falls 1984), in: *Nonsequiturs. Writings and Lectures on Improvisation, Composition, and Interpretation/Unlogische Folgerungen. Schriften und Vorträge zu Improvisation, Komposition und Interpretation*, hrsg. von Gisela Gronemeyer und Reinhard Oehlschlägel, Köln 2007 (Edition MusikTexte 009), S. 201.
[288] Ebd.
[289] Christian Wolff bedient sich dreier Liedsammlungen: Edith Flowkes und Joe Glazers 1960 veröffentlichter Anthologie *Songs of Work and Protest*, Pete Seegers *The Incomplete Folksinger* und John und Alan Lomax' Kompilation *Folk Song U.S.A.* Siehe: Asplund und Hicks, Christian Wolff, S. 60.

Merce Cunningham organisierte seit 1964 Veranstaltungen, die er einfach *event* zu nennen pflegte. Dabei handelte es sich um Tanzaufführungen, in denen alte Choreografien mit neuer Musik aktualisiert wurden. 1975 lud dieser Wolff ein, ein Event mit Musik zu bespielen. Wolff schrieb anlässlich der Einladung vier neue *Exercises*, Nr. 15–18 (1975). Den ersten zwei Übungen liegt Material von *Union Maid* zu Grunde, während Nr. 18 aus *Hallelujah, I'm a Bum* entstanden ist.[290]

> „Wir Musiker (vier wirkten insgesamt mit) hatten beschlossen, während der Vorstellung auch dieses Lied zu singen [...]. ‚Union Maid' erklang ziemlich rau intoniert, weil wir alle keine ausgebildeten Sänger waren bei der Aufführung [...], als Merce Cunningham gerade eines seiner herrlichen Soli tanzte, und es wirkte schockierend. Ich erinnere mich, daß das Publikum hörbar nach Luft rang"[291].

Laut Michael Hicks und Christian Asplund: „Cage turned away from Wolff, visibly disturbed."[292] Diese scharfe Reaktion ist womöglich auch einer Situation geschuldet, die drei Jahre zuvor passierte. In seiner Biografie über Cornelius Cardew berichtet John Tilbury von einer Aufführung der Komposition *Burdocks* im Jahre 1972 in München. Das Stück wurde vom Scratch Orchestra aufgeführt. Im Publikum waren John Cage, David Tudor und Morton Feldman, die allesamt die Interpretation der Komposition stark kritisierten. Sie entspreche nicht dem „spirit of Wolff's music"[293], sie sei eine „travesty"[294] und ein Verrat an der speziellen und freundschaftlichen Beziehung, die Cornelius Cardew zu Christian Wolff pflege, schrieb Tilbury, der selber an der Aufführung teilgenommen hatte. Auslöser der Kritik war die Integration von Folk-Liedern in den fünften Teil der Komposition, eine Entscheidung, die Morton Feldman während der Aufführung dazu bewog, die Präsentation des Stückes zu stören: „This is not the music of Christian Wolff"[295], soll er erbost gerufen haben. Christian Wolff teilt die Meinung seiner Kollegen in Bezug auf diese Interpretation hingegen nicht.

---

[290] Die Melodie des Stückes *Union Maid* basiert auf dem Lied *Red Wing*, das 1907 von Kerry Mills komponiert wurde. Der Singer-Songwriter Woody Guthrie adaptierte 1940 das Lied und versah es mit einem neuen, politischen Liedtext. Die Entstehung von *Hallelujah, I'm a Bum* ist schwieriger zurückzuverfolgen. Komponist und Texter sind nicht klar zuzuordnen.
[291] Christian Wolff, „Was ist unsere Arbeit? Über experimentelle Musik heute" (What is Our Work? On experimental music now 1990), in: *Christian Wolff. Cues. Writings and Conversations / Christian Wolff. Hinweise. Schriften und Gespräche*, hrsg. von Gisela Gronemeyer und Reinhard Oehlschlägel, Köln 1998 (Edition MusikTexte 005), S. 221.
[292] Siehe: Asplund und Hicks, Christian Wolff, S. 61. Das Erlebnis veränderte Wolffs Verhältnis zur experimentellen Musik. Im Ambiente, in dem das Publikum an experimentelle Klänge gewöhnt war, wirkte diese einfache Musik offenbar schockierend. Ein ähnliches Erlebnis machte Wolff einige Jahre später in Darmstadt. Die Konfrontation des Publikums mit tonalem Material (Wolff diskutiert unter anderem die amerikanische Minimal Music) befremdete seine Zuhörer zutiefst.
[293] John Tilbury, *Cornelius Cardew. A life unfinished*, Matching Tye u. a. 2008, S. 607.
[294] Ebd., S. 605.
[295] Ebd.

„Ich dachte darüber nach und fand heraus, an welcher Stelle das hatte passieren können. Eine Aufnahme gab es nicht, ich habe es also nicht gehört und kann Ihnen nichts Genaues sagen, aber ich vermute, daß es ganz in Ordnung war; und wenn man gerade an diese Musiker denkt, war es sicher sehr schön. In ‚Burdocks' gibt es sogar eine Melodie, die ich selbst geschrieben habe! Wenn also jemand gern ein Lied spielen möchte, sollte das den Rahmen des Stücks überhaupt nicht sprengen."[296]

Burdocks, eine Komposition, die auf der Schwelle zu Wolffs Politisierung entstanden ist, hat allerdings auch starke Kritik seitens des Scratch Orchestra erfahren. Der Gitarrist Keith Rowe schrieb dem Stück reaktionäre politische Qualitäten zu, „[it] overwhelmingly supports imperialism"[297], wohingegen das Orchester das Stück als ein „avant-garde work of art"[298] diskreditierte. Es ist Cardew zu verdanken, dass *Burdocks* trotzdem in das Programm des Scratch Orchestra aufgenommen wurde. Cardew hebt positiv hervor, dass das Stück ein „divided leadership (autonomous groups working coextensively)" aufweise und auch „the needs of the masses" erfüllen könne, wenn man es denn adäquat aufführe. Wie Letzteres im Sinne einer „revolutionary, consciousness raising"[299]-Aktion aussehen könnte, spezifiziert er leider nicht. Seine Befürwortung des Stückes und seine Nachsichtigkeit leitet John Tilbury auf ein mangelndes politisches Selbstbewusstsein zurück: „Cardew was still not politically self-confident enough to risk rupturing his relations with composers such as Wolff and Rzewski who were, broadly speaking, political comrades with whom he was on close personal terms."[300] Dass er nur ein Jahr später eine deutlich radikalere politische Kritik an der Musik seines Freundes Christian Wolff übt, zeigt seine Kritik an der Komposition *Accompaniments*, die Wolff 1972 fertigstellte.

4.1 Accompaniments (1972)

Dass Cardew seinen Freund Christian Wolff trotz aller Kritik nach wie vor respektierte, lässt sich seinem Buch *Stockhausen serves Imperialism* entnehmen, in dem er Wolff zu einer Gemeinschaft von Komponisten zählt, die sich in ihrem Werk bewusst mit der gesellschaftlichen und politischen Situation ihrer Zeit beschäftigen. Wolff sei ein „conscious composer"[301], sagt er, der erkannt habe, dass ein „change in society"[302] unabdingbar sei. Diese Erkenntnis ist für den britischen Komponisten bereits der erste Schritt in eine revolutionäre Richtung, die mit dem Sieg der Arbeiterklasse über die herrschende Klasse

---

[296] Gagne, „In einer Art Niemandsland", S. 257.
[297] Tilbury, Cornelius Cardew, S. 574.
[298] Ebd., S. 573.
[299] Alle Zitate ebd., S. 574.
[300] Ebd., S. 573.
[301] Cornelius Cardew, „Stockhausen Serves Imperialism" (1974), www.ubu.com/historical/cardew/cardew_stockhausen.pdf, S. 69, 29.10.2014.
[302] Ebd., S. 68.

bzw. bürgerliche Schicht enden wird. Erstaunlich ist, dass Cardew, der Wolffs Kompositionen auch für ihren „educational value"[303] lobte, seine bürgerliche Karriere als Universitätsprofessor in diesem Kontext weitestgehend ignorierte. Schließlich steht im Zentrum von Wolffs Arbeit als Altphilologe die Beschäftigung mit einem literarischen Kanon, und laut dem Kulturwissenschaftler Harold Bloom sind diese immer elitär.[304] An anderer Stelle formuliert er: „literary criticism, as an art, always was and always will be an elitist phenomenon. It was a mistake to believe that literary criticism could become a basis for democratic education or for societal improvement."[305] Wolff scheint sich darüber bewusst zu sein: Politische Musik entsteht im günstigsten Fall

„aus der eigenen politischen Erfahrung in einer bestimmten Situation – das Beste, das ich mir vorstellen kann. Nur, das gibt es nicht so oft – die meiste Zeit unseres Lebens verbringen wir ja nicht auf der Straße. [...] Ich sollte wirklich nur für mich selbst und meine ziemlich sichere bürgerliche Situation sprechen."[306]

Als Gegenbeispiel führt Christian Wolff Cornelius Cardew auf. Seine Musik sei das Resultat politischer Erfahrung[307], schreibt er und berichtet von einer Demonstration, der sich Cardew während seines einjährigen Aufenthalts in Berlin angeschlossen hatte. Cardew nahm an den Aktionen einer kommunistischen Gruppe teil, die irgendwann herausfand, dass er Komponist war und ihn bat, ein Lied für sie zu schreiben. Cardew ging der Bitte nach, schrieb das Stück, die Gruppe verfasste den Text, und anschließend wurde es auf weiteren Demonstrationen gesungen. Laut Wolff war das Stück ein Erfolg. Damit er allerdings eine solche Musik schreiben könnte, müsste er dazu bereit sein, „alles aufzugeben"[308], und das könne er, im Gegensatz zu Cardew, „im Augenblick nicht tun."[309] Wie ernst es Cardew mit der politisierten Musik war, illustriert ein Auszug aus seinem Notizbuch, den John Tilbury in seiner Biografie über den Komponisten zitiert. Er verdeutlicht, dass für Cardew Musik nicht nur ein Werkzeug für politische Interventionen war, sondern auch ein kriegerisches Medium:

„Music as organized violence (Shouting (singing), hitting, scratching). A music whose function is to arouse the masses. Lessons of bagpipes, and early Chinese military sonic diviners. Our music must be understood by our own people, it must arouse the masses, our friends, strike terror into our enemy, the bourgeoisie (that is because they can't understand it)."[310]

---

[303] Tilbury, Cornelius Cardew, S. 353.
[304] Harold Bloom, *The Western Canon: The books and school of the ages*, London u. a. 1994, S. 37.
[305] Ebd., S. 17.
[306] Zimmermann, „Nichts gibt es nicht", S. 113.
[307] Ebd., S. 117.
[308] Ebd., S. 113.
[309] Ebd., S. 117.
[310] Cornelius Cardew zitiert nach: Tilbury, Cornelius Cardew, S. 561.

1973 verbrachte Cornelius Cardew ein Jahr in Berlin im Rahmen eines Austauschprogramms des DAAD. Unzufrieden mit der dortigen Situation, dem Umgang mit den Künstlern und der politischen Ausrichtung des Austauschdienstes, entschließt er sich dazu, drei Musiken zur Aufführung zu bringen. Dazu gehören Frederic Rzewskis *Coming Together* (1971) und *Attica* (1972) sowie Christian Wolffs *Accompaniments*. Cardew möchte die politische Zündkraft der Stücke dechiffrieren. Er fragt nach der Intention der Komponisten, an wen sie ihre Botschaft richten und wer schließlich davon profitiert. Cardew erhofft sich von den Stücken, einen Bezug zur echten Welt. „Does the literal, superficial content of their work conceal a deeper, essential content and, if so, what aspects of the real world are reflected in this deeper content?"[311]

Es scheint kein Zufall zu sein, dass Cardew als Begleitung von Wolffs Komposition zwei Werke von Rzewski auswählt, da Wolff das Stück *Accompaniments* ursprünglich für Frederic Rzewski schrieb. Wolff wusste, dass dieser ein großartiger Pianist ist, und so liegt dem Stück ein Klavierteil zu Grunde, der durchaus virtuose Fähigkeiten vom Interpreten einfordert. „The piano part was written with the idea of virtuosity in mind. It's not a flashy piece but it makes demands on the performer, it also makes demands with which you are unfamiliar."[312] Diese unvertrauten Bestandteile des Stückes sind spezielle Anforderungen an den Instrumentalisten. Der Pianist muss zusätzlich zu der anspruchsvollen Klavierpassage Perkussionsinstrumente spielen – „he plays a drum and a high-hat cymbal, two instruments you can play with a pedal."[313] Zwei Instrumente, die Wolff mit einem „demokratischen Aspekt"[314] assoziiert, mit „öffentlichen Feiern in China"[315], wo offensichtlich Basstrommeln und Becken zum Einsatz kommen.[316] Den Interpreten stellt die Anforderung vor eine große Herausforderung, da sie von ihm die Koordination mehrerer

---

[311] Cardew, „Stockhausen Serves Imperialism" S. 69.

[312] Christian Wolff, „Über das Manifest der ‚Initiative zur Gründung eine Vereinigung sozialistischer Kulturschaffender'" (Vortrag mit Musikbeispielen). 27. Internationale Ferienkurse für Neue Musik. Darmstadt 22.07.1974. Transkription des Autors. Mit freundlicher Genehmigung des Internationalen Musikinstituts Darmstadt (IMD).

[313] Ebd., o. S.

[314] Christian Wolff, „Revolutionäres Geräusch. Schwebender Rhythmus und experimentelles Schlagzeug" (Revolutionary Noise. Floating rhythm and experimental percussion 1991), in: *Christian Wolff. Cues. Writings and Conversations / Christian Wolff. Hinweise. Schriften und Gespräche*, hrsg. von Gisela Gronemeyer und Reinhard Oehlschlägel, Köln 1998 (Edition MusikTexte 005), S. 205.

[315] Ebd.

[316] An anderer Stelle spricht Wolff experimenteller Schlagzeugmusik politische Qualitäten zu sowie ein revolutionäres Geräusch zu sein. Er erinnert aber gleichzeitig daran „daß experimentelle Schlagzeugmusik ihren Ursprung auch im italienischen Futurismus hatte [...] und daß diese Bewegung in die Entwicklung der faschistischen Ideologie tief verstrickt war." Wolff, „Revolutionäres Geräusch", S. 201. Was genau Wolff unter einem „revolutionären Geräusch" versteht, spezifiziert er leider nicht. Womöglich sind es die dem Schlagzeugklang eingeschriebene Unbestimmtheit und sein historischer Kontext und Einsatz, der ihm politische Eigenschaften vermittelt. Andererseits gilt das auch für andere Instrumente.

unterschiedlicher Bewegungsabläufe verlangt. Einen Bruch in die anspruchs-vollen Bedingungen integriert Wolff, indem er einen Gesangsteil in die Komposition einbaut. Der Interpret wird aufgefordert zu singen, und die Wahrscheinlichkeit ist sehr hoch, dass seine Ausbildung zum Instrumentalisten keine professionelle Gesangsausbildung umfasste. Die Integration des Gesangteils offenbart also die „nicht professionellen Fähigkeiten des Spielers – die wir alle haben". Die Aussage transportiert die politisch-soziale Idee von Gleichheit.[317] Jedes Individuum hat Mängel, die allerdings in diesem Fall nicht als Negativum aufgefasst werden, sondern als verbindende Eigenschaft, die ein künstlerisches Potenzial haben kann. Zudem fasst Wolff das in vier Teile gegliederte Stück als „Bruch mit der Vergangenheit" auf, als eine Überwindung „der scheinbar übertriebenen Introvertiertheit [...] meiner früheren Musik."[318] Die Integration von Perkussion und Gesang legt tatsächlich diese Überlegung nahe. Nicht zuletzt wurden *Accompaniments* auch seitens des Publikums ein gewisser Showeffekt, unterhaltende, womöglich sogar humoristische Qualitäten, zugesprochen – eine Perzeption, die Wolff allerdings als negativ empfindet.

„The text might be regarded, or people might regard my treatment of the text as being a parody or as being a way ridiculing the content of the text. It was said there was a contradiction between the simplicity and the directness of the text and a certain new music sophistication in the music itself. If you heard that piece with no notion of the context, I suppose it is conceivable, as all this talk about contraceptives and latrines and stuff it might be a big joke, it's possible, maybe"[319].

Der Textausschnitt, den der Instrumentalist im ersten Teil der Komposition vortragen muss, stammt aus dem Buch *China: the Revolution Continued*, das von Jan Myrdal und Gun Kessle geschrieben wurde. Der Text besteht aus zwei Monologen. Es sprechen ein Tierarzt und eine Hebamme aus dem Dorf Liu Ling über ihre Arbeitsbedingungen nach der Kulturrevolution. Cardew fällt auf, dass der Text einfach und klar strukturiert und von praktischer Natur ist.

---

[317] Diese Idee klingt beispielsweise auch in dem Titel des Stückes *For 1, 2 or 3 people* an. Während der Ostrava Days im Jahre 2007 wird Wolff gefragt, warum er „people" und nicht „Instrumentalisten" oder „Spieler" sage. Wolff: „So it's available to anybody. That's what interests me, and that's one read on the word ‚people'. If I have a larger view of things, I think it's what's generally called ‚humanist'. So that's where the word comes in." Die Idee der Gleichheit zeigt sich auch in Wolffs Unverständnis gegenüber hierarchischen Strukturen in der Bezeichnung von unterschiedlichen Stimmen. Im selben Seminar sagt er: „this thing that you get in Schoenberg of *hauptstimme* and *nebenstimme*, [...]. I've never understood it. Because we're hearing everything at once, so what is this primary and secondary? It's a kind of intellectual notion that doesn't appeal to me. And incidentally one could say, metaphorically, that there's a sort of political implication too. One is hierarchical and one is democratic; all lines are equal. So that's another way of thinking about polyphony." Christian Wolff, „Transkription von Christian Wolffs Seminar am Ostrava Center for New Music aus dem Jahre 2007", in: *Ostrava Days Report 2007*, S. 127 und S. 131.
[318] Wolff, „Werknotizen", S. 499.
[319] Wolff, „Politische Musik", o. S.

Die beiden Protagonisten thematisieren wichtige Belange, nämlich Hygiene und Empfängnisverhütung. Im Gegensatz zu anderen Texten, die einen politischen Inhalt kommunizieren, hat die von Christian Wolff gewählte Passage keine propagandistischen Qualitäten. Sie präsentiert die Aufzählung von Dingen, die einen direkten Bezug zum Leben haben. Angelegenheiten, die grundlegend für einen guten Lebensstandard sind und deren Verwirklichung sowie Befolgung das Potenzial für größere gesellschaftliche Veränderungen mit sich führt. Wolff scheint der Meinung zu sein, dass Umbildungen und Erneuerungen im Detail beginnen, bevor sie großflächig wirken können.

In einer Vorlesung während der Darmstädter Ferienkurse wird Wolff von seinen Studenten gefragt, warum er sich für diesen Text entschieden habe. Seine Antwort bestätigt Cardews Beobachtung. Der amerikanische Komponist befürwortet die Einfachheit der Ausführungen – „it mostly consists of simply direct accounts of what people say."[320] Es sei der ästhetische Charakter des Textes gewesen, der ihn so fasziniert habe, sein „lyrical character."[321] Allerdings möchte Wolff es nicht ausschließlich dabei belassen. Die politischen Implikationen des Textes seien auch von Bedeutung gewesen. Er entdeckt in den Ausführungen der beiden Chinesen eine politische Ubiquität des Lebens.

„What it seemed to express was the notion that very ordinary activities of one's daily life can be subjected to or can be affected by a political orientation. In fact perhaps even you can carry it out further, more abstractly, that there's nothing that you do that is not affected in one way or another by political orientation, explicit or implicit." [322]

Wichtig ist für Wolff dabei, den Text in einer intelligiblen Weise zu präsentieren. Die einzelnen Worte und Sätze müssen immer zu verstehen sein. Der Text muss zum Teil der Musik werden, ansonsten könne man ihn schließlich auch vor dem Konzert vorlesen, um dadurch eine politische Atmosphäre zu erzeugen. Wolff teilt die einzelnen Wörter des Textes in Silben auf und lässt jede Textsilbe von einem Akkord begleiten. Damit umgeht er die Konzeption eines traditionellen Liedes, lässt sich aber auch nicht auf ein traditionelles Rezitativ ein, in dem „es einen Akkord und dann einen Satz gibt."[323] Spezifische Angaben, was die Interpretation des Textes angeht, kommuniziert der Komponist nicht. Der Text solle frei dargestellt werden, schreibt Wolff, während die rhythmische Gestaltung auch nicht fixiert sei, sondern sich aus der Deklamation der Wörter ergebe. Der Interpret darf einen beliebigen Ausschnitt aus dem Text auswählen, da eine vollständige Präsentation eine halbe Stunde dauern würde und somit zu lang sei. Er muss aber immer darauf achten, dass

---

[320] Wolff, „Über das Manifest", o. S.
[321] Ebd.
[322] Ebd.
[323] Zimmermann, „Nichts gibt es nicht", S. 109.

seine Auswahl sinnvoll ist und nicht die Verständlichkeit des Textes behindert. Allerdings ist es ihm erlaubt, bestimmte Worte immer wieder zu wiederholen. Darin sieht er einerseits ein wichtiges Element seiner kompositorischen Praxis begründet, nämlich dem Interpreten die Freiheit zu überlassen, eigene Entscheidungen zu treffen, „Überlegung als auch unabhängige Entscheidung"[324] zu fordern, andererseits erkennt der Komponist darin auch die Gefahr des Missbrauchs – der Spieler könne das Stück womöglich auf eine „politisch unverantwortliche Weise"[325] spielen, etwa ins Lächerliche ziehen. Der Interpret muss also mit dem nötigen Ernst an das Werk treten, aber auch eine politische Sensibilität aufweisen, mit der politischen Attitüde des Komponisten sympathisieren: „Wenn der Mann [der Interpret] für Kissinger ist, gehe ich davon aus, daß er das Stück nicht spielt. Das ist jedenfalls meine naive Vorstellung."[326] Er fordert vom Interpreten ein ideologisches Interesse und nicht nur die Präsentation technischen Könnens, eine Haltung, die auch im Text deutlich wird. Sanitäre Fragen und Empfängnisverhütung sind hier nicht ausschließlich ein technisches Problem, das eine technische Lösung verlangt, sondern auch ein ideologisches.

Interessant ist darüber hinaus das Arrangement der Akkorde, die in dem Stück eine harmonische Aufwärtsbewegung beschreiben und durch eine elaborierte Ausarbeitung sich auch nicht wiederholen. „in fact there are no two sounds that are ever repeated in that accompaniment, there are not two identical chords in the entire accompaniment and there must be hundreds of them."[327] Wolff verbindet damit eine progressive Triebkraft, den politischen Fortschritt, der durch die musikalische Architektur der *Accompaniments* versinnbildlicht wird. Die Notendichte der Komposition deklariert er außerdem als neuartig für seine Verhältnisse. Es sei das erste Stück, in dem er so viele Noten verwendet habe. „In diesem einen Satz des Stücks gibt es mehr Töne als in all meinen früheren Stücken zusammen"[328], schreibt er, eine Beobachtung, die er auf die Menschendichte in China überträgt, sie aber gleichzeitig als „trivial und nicht ernst gemeint"[329] negiert.

Cornelius Cardews Urteil über die *Accompaniments* fällt sehr negativ aus. „It became apparent that we had presented this music in order to criticise it"[330], schreibt er und gesteht gleichzeitig ein, dass diese Einsicht ein Schock für ihn ist. Er bezeichnet das Stück als „superficial". Es stünde im Einklang mit einer ganzen Reihe von Werken, die ein Teil dieser Oberflächlichkeit seien. Einfachheit, ein wichtiges konstitutives Moment in Christian Wolffs kompositorischem Denken, wird von Cardew attackiert. „Wolff's mistake is in thinking

[324] Wolff, „Die Vergangenheit benutzen", S. 137.
[325] Zimmermann, „Nichts gibt es nicht", S. 111.
[326] Ebd., S. 113.
[327] Wolff, „Über das Manifest", o. S.
[328] Zimmermann, „Nichts gibt es nicht", S. 111.
[329] Ebd.
[330] Cardew, „Stockhausen Serves Imperialism", S. 77.

that if something is simple it can be easily understood."[331] Damit beleidige er seine Zuhörer und Interpreten. Schließlich unterstelle er ihnen, einfach gestrickt zu sein, obwohl sie doch jeden Tag mit der „complexity of the real world"[332] konfrontiert seien. Der eigentliche Fokus seiner Kritik richtet sich aber auf den von Wolff ausgewählten Text, der die Themen Hygiene beziehungsweise Sauberkeit und Empfängnisverhütung adressiert – zwei Felder, die auch in der amerikanischen Gegenkultur der späten 1960er-Jahre von Bedeutung waren und dort in Form des Umweltschutzes und der Pille diskutiert wurden. Letztere ermöglichte, die Vorstellung von Sex als bloße Fortpflanzungspraktik zu überwinden, während der Fokus auf Umweltfragen, besonders angestoßen durch die Publikation *Silent Spring* der Meeresbiologin Rachel Carlson, das Gefühl einer „existential malaise"[333] aufzulösen versuchte, hervorgerufen durch die „synthetic revolution"[334], die den Einsatz von Pestiziden in der Agrikultur befürwortete und der damit parallel einhergehenden voranschreitenden Technologisierung, deren Effekte teilweise als bedrohlich für die menschliche Gesundheit und Umwelt empfunden wurden. Cardew bezeichnet diese Themenspektren als „two [...] great red herrings", die von der Bourgeoisie instrumentalisiert werden, um von Wichtigerem abzulenken, nämlich der Aufmerksamkeit „from the principal contradiction, capital and labour"[335]. In Cardews Augen ist Wolff ein bürgerlicher Komponist, ein Akademiker, der elitäres Denken höher gewichtet als proletarisches Handeln.

> „His [Wolff's] bourgeois way of working is quite clear. He had some chords lying around, somebody asked him to write a piece, he took what was to hand, combined it with an exotic literary text and Bob's your uncle. Instead, the thought uppermost in the mind of a proletarian artist is ‚serve the people'. He will look at the situation of the proletariat in his country and reflect their demands and aspirations. Their most burning objective need in the capitalist countries today is for a genuinely revolutionary party. Now is it a coincidence that the text chosen by Wolff makes no mention of a communist party?"[336]

Laut dem Pianisten John Tilbury habe Cardew alles auf dem Altar der Revolution geopfert – „for Cardew music was a handmaiden of the revolution"[337]. Wolff hingegen habe immer „good music"[338] komponiert.

Christian Wolff übt allerdings auch Selbstkritik. Im Nachhinein ist er sich darüber im Klaren, dass das maoistische Regime in China nicht nur positive

---

[331] Ebd.
[332] Ebd.
[333] Jean-Daniel Collomb, „New Beginning: The Counter Culture in American Environmental History", in: *Cercles*, Nr. 22 (2012), S. 58.
[334] Ebd., S. 60.
[335] Cardew, „Stockhausen Serves Imperialism", S. 76.
[336] Cornelius Cardew zitiert nach: Tilbury, Cornelius Cardew, S. 752.
[337] Tilbury, „Christian Wolff and the Politics of Music", o. S.
[338] Ebd.

Aspekte hatte, sondern auch eine Diktatur war, die Millionen von Menschen das Leben kostete. Heutzutage müsse man das Stück zurückziehen, behauptet Wolff, es sei mittlerweile politisch diskreditiert.[339] Trotzdem meint er, dass der von ihm ausgewählte Text bestimmte Inhalte und Prinzipien vermittelt, an die es sich noch immer zu glauben lohnt. Seine Unwissenheit bezüglich der politisch motivierten Verbrechen erklärt er mit einer allgemeinen Unwissenheit während der Konzeption des Stücks. Es scheint, als sei es nicht nur ihm so ergangen – „was sich in jenen Jahren wirklich abspielte, finden wir jetzt endlich heraus, und es war grauenhaft."[340] Wolff gibt zu, aus einer „privilegierten" Position heraus gehandelt zu haben. Interessant findet er trotzdem die Ablehnung der chinesischen Kulturrevolution von Komponisten wie Beethoven oder Schubert. Schubert war den revolutionären Agitatoren zu reaktionär, eskapistische Musik, die sich abseits sozialer Realität positionierte. Beethoven und Mozart waren verboten. Dahinter stand die Absicht, sich von westlichen Einflüssen und intellektuellem Denken abzugrenzen – eine Haltung, unter der viele chinesische Musiker sehr leiden mussten. Wolff ist sich dieser schrecklichen Ereignisse bewusst. Außerdem ist es schwer vorstellbar, dass der Komponist eine Attitüde teilen würde, die sich gegen intellektuelle Reflexion ausspricht. Vielmehr findet Wolff die Ablehnung der klassischen Komponisten „als Idee" interessant – womöglich als Chance auf einen Neubeginn.

4.2 Changing the System (1972–73)

Einen Neubeginn suggeriert auch der Titel des Stücks *Changing the System*, das Tilbury als „explicitly political piece"[341] bezeichnet. Es wurde für mindestens acht Spieler konzipiert, die jeweils in zwei Quartette aufgeteilt werden. Falls mehr Spieler involviert sein sollen, müssen mehrere Gruppen zu jeweils vier Spielern gebildet werden. Davon abweichende Aufteilungen sind auch möglich. Ein wichtiges Element des Stückes ist ein politischer Text, ein Interview, das das Magazin *Rolling Stone* 1972 mit dem Aktivisten Tom Hayden führte. Darin heißt es unter anderem: „It's the system itself that sets the priorities that we have, that distorts the facts, that twists our brains and therefore the system would have to be changed in order to change priorities and to make it possible for to really see what's happening."[342] Hayden rekurriert auf eine Rhetorik, die zur damaligen Zeit en vogue war. Die politische Organisation gesellschaftlicher Dynamiken wurde in den 1960er- und 1970er-Jahren als Produkt des Systems bezeichnet, eines Systems, das politische Ungleichheiten produzierte, von kapitalistischer Raffgier gekennzeichnet war und einen sinn-

---

[339] Gagne, „In einer Art Niemandsland", S. 271.

[340] Ebd., S. 271. Folgezitate ebd.

[341] Tilbury, „Christian Wolff and the Politics of Music", o. S.

[342] Tom Hayden zitiert nach: Paul Muller, „Review: Christian Wolff's ‚Changing the System'. Performed in Los Angeles" (2013), http://www.sequenza21.com/2013/08/review-christian-wolffs-changing-the-system-performed-in-los-angeles, 03.04.2014.

losen Krieg aufrechterhielt. Das Wort „System" in Wolffs *Changing the System* legt gleich mehrere Assoziationen frei. Der Komponist präsentiert ein musikalisches System, das, so gibt er an, auf einem politischen Modell basiere, eine Anmerkung, die ihm nicht leicht von den Lippen geht. In seinen Darmstädter Vorträgen spricht er sogar von einer Schüchternheit, die ihn bei dieser Einordnung befalle. Die politischen Qualitäten des Stückes verortet er in der gemeinschaftlichen Aktivität der Spieler – in sogenannten „miniature models of collaborative activity."[343]

Eine gesunde Gruppendynamik bzw. ein funktionierendes Gemeinschaftsgefühl sabotiert karrieristisches Wettbewerbsdenken und etabliert ein demokratisches Zusammenspiel. Kanonpflege und Personenkulte um Starinterpreten existieren nicht in Wolffs musikalischer Welt. Laut Jacques Attali ist die Repräsentation von Musik immer an soziale und symbolische Funktionen[344] gebunden. Am eindringlichsten werde dies am Orchester deutlich, das eine „essential figure of power"[345] darstelle. Für den Komponisten Frederic Rzewski ist das Orchester „so demokratisch wie Preußen unter Bismarck."[346] Er fragt sich, warum es keine neuen Orchester geben könne und plädiert für eine Beseitigung ihrer „Spezialisierungen und rigiden, starren Strukturen."[347] Es ist vor diesem Hintergrund möglich, *Changing the System* als Appell zu lesen, das System des Orchesters oder musikalischer Konstellationen mit einer Vielzahl von Instrumentalisten einer Revision zu unterziehen, Kräfteverhältnisse aufzubrechen, die Attali im Einklang mit den Mechanismen industrieller Produktion sieht.

„The musicians – who are anonymous and hierarchally ranked, and in general salaried, productive workers – execute an external algorithm, a ‚score' [*partition*] [...]. They are the image of programmed labor in our society. Each of them produces only a part of the whole having no value in itself."[348]

Die Aufmerksamkeit des Publikums ist ausschließlich auf den Dirigenten gerichtet, der das musikalische Gefüge unter seiner Kontrolle hat, es davor bewahrt, außer Kontrolle zu geraten. Wolff umgeht diese Struktur, indem er den Spielern ihre Souveränität zurückgibt, sie selber das musikalische System gestalten lässt. In Darmstadt wird er mit dem Einwand konfrontiert, Musik

[343] Wolff, „Politische Musik", o. S.

[344] Jacques Attali, *Noise. The Political Economy of Music*, Minneapolis u. a. ⁹2006 (1985), S. 65.

[345] Ebd.

[346] Frederic Rzewski, „Privat oder kollektiv? Grundlagen für die revolutionäre Musik einer zukünftigen Welt" (Private or Collective? The Foundations of a Future World Revolutionary Music 1974), in: *Nonsequiturs. Writings and Lectures on Improvisation, Composition, and Interpretation / Unlogische Folgerungen. Schriften und Vorträge zu Improvisation, Komposition und Interpretation*, hrsg. von Gisela Gronemeyer und Reinhard Oehlschlägel, Köln 2007 (Edition MusikTexte 009), S. 253.

[347] Ebd.

[348] Attali, Noise, S. 66.

basiere doch immer auf der gemeinschaftlichen Arbeit von Instrumentalisten. Wolff gibt seinem Kritiker recht, stellt aber fest, dass es einen beträchtlichen Unterschied gebe. „What I tried to do here is to make a situation in which a fairly normal musical gesture is made, a melody say, but it canot be made except by the cooperation of four people."[349]

Wie diese Zusammenarbeit aussieht, sei an dieser Stelle am ersten Teil der zweiteiligen Komposition verdeutlicht. Erneut wendet Wolff die Hoquetus-Technik an, die es ermöglicht, eine Melodie zwischen mehreren Spielern aufzuteilen, indem sie Note für Note von Spieler zu Spieler weitergetragen wird. Er stellt den Instrumentalisten eine Zusammenstellung aus acht Tönen zur Verfügung, die im Bass- und Violinschlüssel lesbar ist. Insgesamt stehen den Spielern somit 16 Töne zur Verfügung. Die einzelnen Gruppen müssen aber vorher festlegen, ob sie das Notensystem im Bass- oder im Violinenschlüssel lesen. Die Instrumente spezifiziert der Komponist im ersten Teil nicht. Im zweiten Teil müssen allerdings Schlagwerk und Stimme eingesetzt werden. Über einen Ablaufplan oder eine Partitur gibt Wolff den Spielern an, in welcher Reihenfolge sie zu spielen haben: 1234, 42134, 312434, 2314241, wobei die Zahlen für die jeweiligen Spieler stehen. Insgesamt sind es vier Sequenzen, die so oft wiederholt werden können, bis einer der Spieler sich dazu entscheidet, in die nächste Sequenz hinüberzuwechseln. Der Wechsel von Sequenz 1 zu Sequenz 2 würde dann durch Spieler 2 erfolgen, da sonst Spieler 4 zweimal hintereinander spielen müsste. Die dritte Sequenz wird von Spieler 3 und die vierte Sequenz erneut von Spieler 2 eingeleitet. Auffällig ist darüber hinaus, dass die einzelnen Melodien immer komplexer werden. Sind es zu Beginn nur vier Töne, die überblickt werden müssen, weist das Ende eine Abfolge von sieben Tönen auf. Die Töne müssen den Noten in der Partitur entsprechen. Wie lange sie ausgehalten und mit welcher Klangfarbe und Dynamik sie intoniert werden, ist allerdings den Instrumentalisten freigestellt. Sobald ein Spieler aufhört zu spielen, muss der nächste Spieler weitermachen.

Der zweite Abschnitt des zweiten Teils kontinuiert diese Melodiegenerierung und fügt ihr die Präsentation von Tom Haydens Text zu, der auch durch die Hoquetus-Technik von den Sängern in Einzelteile zerlegt wird, in Phrasen, Wörter und Silben. Wie schon bereits in *Accompaniments* müssen die einzelnen Fragmente verständlich bleiben. – „The general instruction is that the text should be presented in such a way, though it may be distorted or repeated that it may become temporarily unintelligible, it should – before a performance is finished – come out in way that all of the text is understood."[350]

Damit diese Aktionen gelingen, müssen die Musiker, wie schon in Christian Wolffs vorhergehenden Stücken, aufmerksam aufeinander hören, zusammenarbeiten, spielerisch Problemlösungen entwickeln, das Material immer wieder

---

[349] Wolff, „Politische Musik", o. S.
[350] Ebd.

neu variieren, „Arten der Veränderung"[351] erschließen, ihre Herausarbeitung und Erprobung praktizieren. „There seems to be in this music an element of play or game [...] some kind of game where there are rules and the game has a very specific character to it but no two games are alike. And some games are little better, some games are not so good."[352] Es ist interessant, dass Wolff *Changing the System* während seiner Darmstädter Vorträge mit einem Spiel assoziiert. Schließlich lässt sich im Spielen auch ein politisches Moment diagnostizieren. Nach Johan Huizinga ist Spielen Kulturbildung[353] und für Friedrich Schiller kommt der Mensch nur im Akt des Spielens zu sich selbst: „Denn, um es endlich auf einmal herauszusagen, der Mensch spielt nur, wo er in voller Bedeutung des Worts Mensch ist, und er ist nur da ganz Mensch, wo er spielt."[354] Durch das Spielen erschließt man sich die Welt. Spielen heißt lernen, das Sammeln von Erfahrungen, Freiheit. Im Spiel werden die Akteure nicht zu passiven Protagonisten. Sie handeln und treten mit ihrer Umgebung in Interaktion. Dahinter lassen sich politische Triebkräfte entdecken, ein Moment autonomer Selbstbestimmung, das bei Wolff im Zeichen gruppendynamischer Praxis situiert ist und demokratische Prinzipien in den Prozess des Musizierens integriert. Der Komponist „gibt den Interpreten in Form von Spielregeln, die nicht auf ein bestimmtes Spielziel ausgerichtet sind, die Möglichkeit, im Spielen selbst den Gegenstand des Spiels zu konstituieren."[355] Der Gegenstand des Politischen wird bei Christian Wolff das musikalische Handeln, die musikalische Situation. Politische Erfahrungen werden im Spielen bzw. Musizieren gesammelt und nicht durch Verweise auf Außermusikalisches, etwa in Form von Agitationen oder klaren Anweisungen, wie man sich politisch zu positionieren habe, wie es bei Cardew der Fall war.[356] Das gilt auch, wenn Wolff mit politischen Texten operiert, wie im Falle von *Changing the System*. Die Musikwissenschaftlerin Dörte Schmidt spricht in ihren Reflexionen über Wolff von einem Moment der Befreiung des Menschen, der in seiner Beschäftigung mit der Musik des Komponisten aus seinen „Lebensbedingungen heraus[gehoben]"[357] wird – eine Befreiung, die auch nicht an einen

---

[351] Wolff, „Veränderung und Dauerhaftes", S. 313.

[352] Wolff, „Politische Musik", o. S.

[353] Johan Huizinga, *Homo ludens. Vom Ursprung der Kultur im Spiel*, Reinbek [22]2011 (1955).

[354] Friedrich Schiller, „Über die ästhetische Erziehung des Menschen" (1795), www2.ibw.uni-heidelberg.de/~gerstner/Schiller_Aesthetische_Erziehung.pdf, 16.07.2013

[355] Michael Rebhahn, *„We must arrange everything": Erfahrung, Rahmung und Spiel bei John Cage*, Saarbrücken 2012, S. 119.

[356] Hicks und Asplund bemerken in diesem Zusammenhang, dass Wolff seinen Zuhörern nicht obstruieren wollte, was sie zu denken haben, sondern sie zum Denken zu animieren beabsichtigte, indem er sie dazu ermunterte, sich Dinge anzuhören und darüber nachzudenken. Im Gegensatz dazu schien Cardew eine agitatorische Auffassung zu teilen, wenn es um die politische Botschaft seiner Musik ging. Er sagte seinen Mitmenschen, was sie zu denken haben. Siehe: Asplund und Hicks, Christian Wolff, S. 58.

[357] Dörte Schmidt, „Music before Revolution. Zu Christian Wolff", in: *Von Kranichstein bis zur Gegenwart: 50 Jahre Darmstädter Beiträge zur Neuen Musik*, hrsg. von Stephan Rudolf u. a., Stuttgart 1996, S. 428.

Preis gebunden ist. Wolff verlangt vom Interpreten nicht bestimmte Resultate, das Erreichen des High-Scores oder eines Ziels, wie es etwa in klassischen Spielsituationen der Fall ist (wo Rivalitäten an der Tagesordnung sind und teleologische Strukturen beobachtet werden können). Im Gegenteil, „um zufrieden sein, muß man nicht gewinnen; es bedeutet, daß eine ganze Gruppe von Menschen – erst die Musiker, und dann Musiker und das Publikum eine Gemeinschaft bilden, die sich gut versteht. Darum geht es auch in *Changing the System*"[358], schreibt er.

4.3 Wobbly Music (1975–76)

Zwischen den Jahren 1975 und 1976 komponiert Christian Wolff das Stück *Wobbly Music*. Die Komposition hat eine Länge von etwa 35 Minuten und wurde für „ein Chor-Ensemble aus Studenten und Gemeindemitgliedern"[359] geschrieben. Es ist seine erste Komposition für einen Chor, die Rzewski als „masterpiece of modern choral literature"[360] bezeichnete. Ergänzt wird das Ensemble von einer kleinen Instrumentengruppe, deren Zusammensetzung offen ist, wobei Wolff allerdings angibt, den Chor gerne von zwei Melodieinstrumenten begleitet zu hören, zum Beispiel von einem Klavier und einer Gitarre. Die Liedtexte kreisen um die politischen Belange der „Wobblies", der „Industrial Workers of the World, [...] einer höchst fortschrittlichen und revolutionären Kraft von großer Ausstrahlung in der Arbeiterbewegung der Vereinigten Staaten."[361] Das Stück besteht aus acht Teilen. Der erste greift den *Bread and Roses*-Streik und das gleichnamige Lied auf, der 1912 Weberfabriken in Aufruhr versetzte. Wolff bezeichnet es als „ein schönes Lied, das die Entschlossenheit und Zielstrebigkeit der Frauen ausdrückt, deren Rolle im Streik ausschlaggebend war"[362], und das heute zu seinem Symbol der proletarisch-sozialistischen Frauenbewegung geworden ist. „Gebt uns Brot, aber auch Rosen", sangen die Weberinnen – ein Appell, der nicht nur auf ihre Funktion als billige Arbeitskräfte aufmerksam machen wollte, sondern auch auf ihre Rolle als Frau verwies, der in Zukunft respektvoll zu begegnen sei. Grund für den mehrwöchigen Streik war eine Gehaltskürzung, die am 12. Januar 1912 in Kraft getreten war. Die Frauen protestierten für bessere Arbeitsbedingungen, für eine höhere Bezahlung und für die finanzielle Erstattung von Überstunden. Zudem sollten Streikende nicht diskriminiert werden. Diese Forderungen sollten ihnen erst nach mehrmonatigem Ausharren zugesprochen werden. Das zweite Stück der *Wobbly Music* heißt *John Golden and the Lawrence Strike*. Es bezieht sich auf ein Lied des Folksängers Joe Hill, der eine wichtige Figur der Wobbly-Proteste war und später für einen Mord, den er

---

358 Zimmermann, „Nichts gibt es nicht", S. 121.
359 Wolff, „Die Vergangenheit benutzen", S. 139.
360 Asplund und Hicks, Christian Wolff, S. 62.
361 Wolff, „Die Vergangenheit benutzen", S. 139.
362 Ebd., S. 141.

offenbar nie begangen hatte, zum Tode verurteilt wurde. Bei John Golden handelte es sich um einen Fabrikeigentümer, der mit unehrlichen Mitteln versuchte, den genannten Streik zu beenden. „He'll settle any strike, if there's a coin in sight", singt Hill über Golden. Das dritte Lied der *Wobbly Music* greift auch ein Stück von Joe Hill auf, *The Preacher and the Slave*. Ein Stück, das Hill als Antwort auf die Störungen der Heilsarmee schrieb, die von den Fabrikbesitzern engagiert wurde, um Unruhen und prominente Agitatoren mit friedlichen Mitteln zum Schweigen zu bringen, etwa indem ihre Mitglieder während politischer Reden sangen. *The Preacher...* ist eine Parodie auf das Lied *Sweet bye and bye*, das eines der Stücke war, das von den Heilssoldaten aufgeführt wurde und in dem die Salutisten eine bessere Zukunft versprachen. Hills Antwort: „You'll get pie in the sky when you die."[363] Christian Wolff lässt auf die drei Stücke eine Ouvertüre folgen, die weitere vier Teile präludiert. Es folgt eine Vertonung der Einleitung der Verfassung der *Industrial Workers of the World (IWW)*. Der nächste Teil basiert auf einer neuen Adaption von *John Golden and the Lawrence Strike*. Schließlich kommt das Stück *If there was any violence*, dem eine Rede von Arturo Giovannitti zu Grunde liegt. Dieser war Anführer der italienischen Fraktion des Streiks. Er erlangte eine so wichtige Position, dass er, genauso wie Joe Hill, des Mordes beschuldigt wurde. Während eines zweimonatigen Verfahrens wurde er von diesen Anschuldigungen allerdings freigesprochen. Es heißt, seine Rede im Gerichtssaal habe die dort anwesenden Menschen zu Tränen gerührt. Den Abschluss der *Wobbly Music* bildet das Stück *It was a wonderful strike*. Wolff vertont eine Rede von Bill Haywood, einem Gewerkschafter und Gründungsmitglied der *IWW*, der sich 1918 aufgrund von verschiedenen gerichtlichen Beschuldigungen in die Sowjetunion absetzen musste und dort zum Berater der Bolschewisten wurde.

Es scheint, als wolle Wolff mit der *Wobbly Music* ein Gruppenerlebnis konstituieren, da er konsequent auf Soli verzichtet und die einzelnen Singstimmen nicht in Sopran-, Alt-, Tenor- und Bassstimmen unterteilt. Womöglich geht es ihm um eine musikalische Versinnbildlichung des Gemeinschaftserlebnisses, das die streikenden Weberinnen erfahren haben und das letztendlich ausschlaggebend für den Erfolg des Streiks war. Er konstruiert eine heterophone Architektur, eine einstimmige Melodieführung, die ausschließlich im Violinschlüssel notiert ist. Jeder Sänger hat die Freiheit, die Oktavlage auszuwählen, die für ihn am komfortabelsten zu singen ist. Der Komponist setzt die aus dem Mittelalter stammende Hoquetus-Technik ein, die es erlaubt, eine Melodielinie unter zwei oder mehreren Spielern aufzuteilen. In diesem Fall wendet er das Konzept auf die Singstimmen an und ermöglicht so die Aufteilung des Textes in unterschiedliche vokale Abschnitte, texturale Qualitäten und räumliche Dimensionen, zum Beispiel von einer Untergruppe zur nächsten. Einerseits möchte er „die Individualität der Untergruppen in Erscheinung"[364] tre-

---

[363] Auszug aus dem Refrain von *The Preacher and the Slave*. Siehe: Joe Hill, „The Preacher and the Slave" (1911), http://www.folkarchive.de/pie.html, 03.04.2014.
[364] Wolff, „Die Vergangenheit benutzen", S. 141.

ten lassen. Andererseits erlaubt ihm diese Technik eine musikalische Weiterentwicklung des Textes ohne dabei seine inhaltliche, in diesem Fall politische Intelligibilität zu verschleiern. Außerdem animiert diese Technik die Sänger dazu, die Bedeutung des Textes herauszuarbeiten, eine Dramaturgie zu erzeugen. Ihr „Wille zur Zusammenarbeit" ist gefragt, um eine „klare und faßliche"[365] Artikulation des Textes zu erarbeiten.

Wolff ist daran interessiert, das Zusammengehörigkeitsgefühl der Streikenden auf musikalischer Ebene zu reflektieren, einen politischen Impetus durch die Musik zu kommunizieren. „Die Tonhöhenorganisation der Musik leitet sich von den ersten drei Liedern ab, deren Melodien mit der politischen Handlung des Textes verknüpft sind"[366], schreibt er. Die Tonhöhen dieser Melodien manipuliert er mit unterschiedlichen transformativen Eingriffen – Veränderungen, die das Stück „harmonisch vorwärtsbringen"[367], Manipulationen, die durchaus symbolisch gedeutet werden können. Das harmonische Vorwärtsschreiten widersetzt sich einem Status Quo. Es versinnbildlicht Fortschritt, den Wolff auch mit der politischen Attitüde der Streikenden verbindet.

„*Wobbly Music* vertont ihren Text und entnimmt das musikalische Material (soweit es auf Tonhöhen festgelegt ist) der Musik, die ursprünglich mit dem Text verbunden war. Durch diesen historischen Querverweis wird gleichsam eine engere Beziehung zwischen dem Text und seiner Gestaltung ermöglicht."[368]

Auch die Form des Stückes weist für Christian Wolff politische Qualitäten auf. Das Eröffnungsstück *Bread and Roses* steht an erster Stelle, „weil dieses Lied mit anderen, durchaus verwandten politischen Assoziationen wieder bekannt geworden ist."[369] Wolff geht es um eine Bindung der Vergangenheit an die Gegenwart: „In jedem Fall sind Musik und Text Anlaß die Vergangenheit zu benutzen, um der Gegenwart zu dienen."[370] Die Platzierung von *It was a wonderful strike* an das Ende der Komposition wirkt abschließend, aber gleichzeitig als Verstärkung der politischen Botschaft, „drückt damit die Zuversicht und die Notwendigkeit eines fortgesetzten, vereinten Kampfes aus."[371] Perkussionsinstrumente, die von den Sängern gespielt werden, verstärken diese kämpferische Attitüde. Darüber hinaus hat Wolff alle Partien der *Wobbly Music* so komponiert, dass sie sich gegenseitig aufeinander beziehen. „Dadurch soll der wechselseitige Zusammenhang der einzelnen Teile des Stücks gezeigt und in ihrem Fortschreiten eine wachsende Kraft erkennbar werden."[372] Um eine maximale Wirkung zu erzeugen, die keine Ambivalenzen zulässt, arbeitet

---

[365] Ebd., S. 141.
[366] Ebd., S. 143.
[367] Ebd.
[368] Ebd.
[369] Ebd.
[370] Ebd., S. 145.
[371] Ebd., S. 143.
[372] Ebd., S. 145.

Wolff diesmal mit einer fixierten Notation. Die Partitur erlaubt Veränderungen, die allerdings weniger als interpretatorische Eingriffe aufgefasst werden sollten, sondern als eine Anpassung an die vokalen Kapazitäten der Sänger. Der Umfang der Flexibilität sei geringer, schreibt Wolff, einerseits weil eine größere Anzahl von Sängern benötigt werde, andererseits da nur so eine klare und direkte Kommunikation des Textes möglich sei, die in einem offenen Kontext nicht mehr gewährleistet sei.

4.4 Wobbly Music als Lehrstück

Für Wolff transportiert *Wobbly Music* auch didaktische Qualitäten, er nimmt es als „eine Lehrübung" [373] wahr. Die der Komposition inhärente politische Botschaft soll nicht nur die Interpreten zum Nachdenken anregen, sondern auch die Hörer. Wolff beabsichtigt, mit dem Stück einen Lehreffekt zu vermitteln. „In *Wobbly Music* gibt es durch den Einbezug traditionellen Materials in die drei Eröffnungslieder eine erste Bemühung, ein Publikum zu finden oder wenigstens zu informieren", schreibt er. Die Musik kanalisiert Inhalte, die außerhalb klanglicher Parameter liegen und bietet Interpret und Audienz die Möglichkeit, sich beim Musikhören intellektuell zu betätigen und etwas zu lernen. Damit lässt sich, wie auch Wolff in einer Fußnote bestätigt[374], *Wobbly Music* mit Bertolt Brechts *Lehrstücken* vergleichen. Die amerikanische Germanistin Joy Calico glaubt, dass die Lehrstücke ein eigenständiges musikalisches Genre konstituieren und nicht ausschließlich innerhalb literaturwissenschaftlicher Parameter zu rezipieren sind.[375] Andrzej Wirth bezeichnet sie als „therapeutic sound poems."[376] Wirth behauptet, die Germanistik habe übersehen, dass die Lehrstücke eigentlich Libretti seien, die ein performatives Moment konstituieren, das vokale, musikalische und choreografische Aspekte beinhaltet, dessen Ausgang allerdings nicht vorhersehbar ist – „[it] depends upon the composition of the actual target group."[377] Die Musik muss sich der Situation anpassen. So spricht Paul Hindemith, der die Musik für das *Badener Lehrstück vom Einverständnis* (1930) schrieb, seiner Komposition eine Flexibilität zu, wie sie auch in den Stücken von Wolff nicht deplatziert wäre. „The order given in the score is more a suggestion than a set of instructions. Cuts, additions, and re-orderings are possible."[378]

Bertolt Brecht konzipierte die Lehrstücke für Laien, die durch ihr Studium und die damit einhergehende Aufführung ein Bewusstsein für die Probleme ihrer Zeit entwickeln sollten. Es sind nicht zwangsläufig die Zuschauer, die

---

[373] Gagne, „In einer Art Niemandsland", S. 277.
[374] Wolff, „Die Vergangenheit benutzen", S. 145.
[375] Joy Haslam Calico, *Brecht at the Opera*, Berkeley, Calif. u. a. 2008.
[376] Andrzej Wirth, „The Lehrstück as Performance", in: *TDR, The Drama Review*, Nr. 4 (1999), S. 113.
[377] Ebd.
[378] Paul Hindemith zitiert nach: Calico, Brecht at the Opera, S. 20.

belehrt werden sollen, sondern die Ausführenden selbst. Die Lehrstücke stellen eine Form von Theater ohne Publikum dar. Allerdings ist das nicht buchstäblich zu verstehen. Brecht beabsichtigt, das Publikum in die Aufführung mit einzubinden, das für gewöhnlich passiv ist und das Stück einfach nur aufnimmt, ohne daran mitzuwirken. Das Theater wird zu einem didaktischen Werkzeug. Der Dramaturg beabsichtigt die Aufhebung der Grenze zwischen Musikern, Schauspielern und gewöhnlichen Zuschauern. „Lehrstücke could effectively render attendees a nonaudience by transforming them into participants or, at the very least, prospective participants", schreibt Calico. In dem *Badener Lehrstück vom Einverständnis,* dessen originaler Titel nur *Lehrstück* lautet, wird das Publikum aufgefordert mitzusingen – „participants were thereby activated and transformed into performing audience members."[379] Es geht also darum, Erfahrungen zu sammeln, anstatt ein bloßes Erlebnistheater zu zelebrieren. Im Mittelpunkt steht eine „renegotiation of the audience's pact with the theater and, by extension, the citizen's contract with society."[380] Insgesamt sind das Gedanken, die sich auch bei Wolff wiederfinden lassen, nicht nur in Bezug auf die *Wobbly Music.* In der *Prose Collection* (1968–71) verortet er einen politischen Impetus, welcher in der „Musik innewohnende[n] Hoffnung [situiert ist], daß die Zuhörer selbst zu Ausführenden werden möchten."[381] Hieran ist wiederum ein pädagogisches Moment geknüpft, nämlich der Wunsch, „daß eine Musik, die jedem, der eine Aufführung versuchen möchte, zugänglich ist, auch erzieherisch wirken kann."[382] Im Gegensatz zu Brecht versteht Wolff seine *Prose Collection* nicht als politisches Werk. „Diese Stücke enthalten keine offenkundige politische Aussage"[383], schreibt er.[384] Die Substitution einer konventionellen Notenschrift durch verbale Anweisungen lässt sich allerdings als politische Absicht verstehen. Es ist ein Ereignis von politischer Bedeutung, das konventionelle Aufführungspraktiken negiert, Laien ermöglicht, experimentelle Musik aufzuführen, Flexibilität und Spontaneität einfordert und letztlich auch dazu animiert, die Stücke in Gruppenkonstellationen statt in solistischer Isolation zu erarbeiten. Wolff subsu-

---

[379] Calico, Brecht at the Opera, S. 29.

[380] Ebd., S. 16.

[381] Wolff, „Die Vergangenheit benutzen", S. 133.

[382] Ebd. Weitere Hinweise, dass Wolff seine Musik unter pädagogischen Prämissen begreift, finden sich in diversen Essays und Interviews. „Da meine musikalischen Verfahren von den Interpreten neue Weisen musikalischen Reagierens, Interpendenzen und Entscheidungen verlangen, die sowohl unabhängig als auch durch Entscheidungen anderer (des Komponisten und der Mitspieler) bedingt sind, hat der Prozeß der Einstudierung und Aufführung eines Stückes an sich pädagogischen Charakter." Außerdem spricht Wolff „vielen [seiner] Stücke eine Lerndimension" zu, als sie meist neue Notationen oder ältere Notationen auf neuartige Weise verwenden, was auch erfahrene Berufsmusiker von Grund auf neu lernen müssen." Beide Zitate aus: Wolff, „Die eigene Identität entfalten", S. 331.

[383] Wolff, „Die Vergangenheit benutzen", S. 131.

[384] Wobei hinzugefügt werden muss, dass eine Komposition der *Prose Collection, You blew it,* durchaus aus einer politischen Frustration heraus entstand. Wolff hörte eine Rede des amerikanischen Präsidenten Richard Nixon zu, der darin seine Vietnampolitik erörterte.

miert diese Punkte als eine „Art demokratischen Freiheitsgedanken."[385] Die *Prose Collection* lässt sich als eine Art Hoffnungsträger verstehen. Der Komponist kritisiert die Ignoranz seiner Kollegen, ihre „Geringschätzung des Publikums und der Möglichkeit, soziale Elemente umfassender darzustellen."[386] Seine verbale Kompositionssammlung beinhaltet den Wunsch, das Publikum könne jederzeit zum Instrumentalisten werden, „daß die Zuhörer selbst zu Ausführenden werden."[387]

4.5 Ausblick

In seiner letzten Sitzung bei den Darmstädter Ferienkursen im Jahre 1974 wird Christian Wolff gefragt, ob es nicht einen Bauplan für die Komposition politischer Musik gebe? Im Gespräch mit den anwesenden Studenten und Komponisten fällt auch immer wieder der Name Hanns Eisler. Der österreichische Komponist studierte bei Arnold Schönberg und war somit mit dem musikalischen Denken der Avantgarde vertraut. Als er sich für politische Aspekte zu interessieren begann, änderte er seine musikalische Sprache, die von da an mit den Belangen der Arbeiterklasse und seiner kommunistischen Philosophie harmonieren sollte. Eisler scheint die Rolle des Vorbilds einzunehmen, das die Transition von avantgardistischer Praxis zu einer genuin politischen Musik erfolgreich absolviert hat. Wolff gibt sich skeptisch: „I don't think it will do us much good to write music in the style of Eisler"[388]. Dessen Musik sei veraltet. Modelle für die Komposition einer politischen Musik mag es in den 1930er-Jahren gegeben haben, kontinuiert Wolff, heutzutage würden sie aber nicht mehr greifen. Die Frage oder der Wunsch der Studenten, politische Musik nach einer schematischen Struktur schreiben zu können, stellt sich vor diesem Hintergrund als naiv und für Christian Wolff sogar als „apolitical" heraus. „It is politically naive because in fact this music does not exist yet. You're asking for something we don't have yet."[389]

Bis heute scheint es diesen Bauplan nicht zu geben, und bis heute sind die Antworten auf die Frage, was eine politische Musik sei, von Ambivalenzen geprägt. Für Christian Wolff steht fest: Eislers Schritt in die Richtung einer politischen Musik war kein musikalischer, sondern ein politischer –

---

[385] Wolff, „Die Vergangenheit benutzen", S. 131.
[386] Ebd., S. 133.
[387] Ebd.
[388] Christian Wolff, „Anmerkungen zum Manifest der ‚Initiative zur Gründung eine Vereinigung sozialistischer Kulturschaffender'" (Vortrag mit Musikbeispielen und Diskussion mit den Kursteilnehmern). 27. Internationale Ferienkurse für Neue Musik. Darmstadt 26.07.1974. Transkription des Autors. Mit freundlicher Genehmigung des Internationalen Musikinstituts Darmstadt (IMD).
[389] Ebd.

„in that sense it is quite clear. If you were concerned about political and social questions it seems to me the obvious thing to do is to give up music and to attempt to them in the best way that you can [...] which is what Eisler did, he joined the party and did party work. Then he went to his music and saw what he can do with music in relation to that step. Strictly speaking, that is only the logical way to do it."[390]

Allerdings ist Wolff der Ansicht, es gebe noch immer die Möglichkeit zu wählen, zumindest für Menschen, die in der westlichen Hemisphäre dieses Planeten leben würden, nicht von Kriegen geplagt seien, ein konventionelles Leben führten – „life is not so critical at the moment, it is relatively gentle to us in spite of all kinds of annoyances", eine Antwort, die auch politisch interpretiert werden kann. Jeder Mensch hat die Freiheit, eigene Entscheidungen zu treffen, frei zu wählen, zum Handelnden zu werden, so wie es auch die Interpreten in Wolffs Kompositionen machen können. Die Verknüpfung von musikalischen und politischen Triebkräften muss nicht zu einer spaltenden Entscheidung werden, so wie es bei Cornelius Cardew der Fall war, der seine Musik auf dem Altar der Revolution opferte. Musik muss nicht der Politik zum Opfer fallen. Es ist lediglich eine Frage der Gewichtung, wie der Komponist beide Elemente in seiner Arbeit verteilen möchte. Das muss allerdings jeder für sich selbst entscheiden: „The questions now becomes, all I can say it is your choice or my choice what you're going to do in this circumstance."

---

[390] Ebd. Folgezitate ebd.

5 Let's have some sound – Christian Wolffs (politisches) Interesse an der Minimal Music

„Ich interessiere mich für Reich, Riley und La Monte Young."[391]

*„I was caught up with what Cardew was doing, what Rzewski was doing
and at the same time also from another point of view it was also the
period in which people were beginning to get away from serialism, to get
away from high modernism into something that was more like,
I don't know, maybe popular music? Minimalists came along and
it was exactly that period... And something about what they were doing,
I liked early minimalism, was very refreshing."*[392]

Auf den ersten Blick erscheint Christian Wolffs Beziehung zur amerikanischen Minimal Music ohne solide Grundlage, nicht mehr als ein „unschuldige[r] Zauber"[393] zu sein. Seine kompositorische Sprache weist nicht die musikalischen Eigenschaften auf, wie sie im Sound von Steve Reich, Terry Riley, Philip Glass oder La Monte Young zu hören sind. Wolff geht es weniger um die Adaption minimalistischer Kompositionsverfahren, auch wenn er bestätigt, sie in manchen Stücken verwendet zu haben, sondern um die Klanglichkeit der Minimal Music, um ihre akustische Unmittelbarkeit, die er als Sinnbild für die Kommunikation von politischen Botschaften versteht. Politische Musik soll sich an der musikalischen Direktheit der Minimal Music ein Beispiel nehmen. Klang und Wort müssen sich gegenseitig amplifizieren.

Er hört die Experimente der Minimalisten als progressive Versuchsanordnungen, während sein Lehrer Cage sich mit ihnen nicht anfreunden kann, sie sogar als faschistisch disqualifiziert: „My feelings were disturbed [...]. I found in myself a willingness to connect the music with evil and with power. I don't want such a power in my life. If it was something political it would resemble fascism."[394] Wolff dockt nicht an diese Einschätzung an. Musikalischer Minimalismus stellt für ihn eine Befreiung dar:

---

[391] Christian Wolff, „... die Hörer so frei wie die Spieler lassen. Fragmente für ein Interview" (... let the listeners be just as free as the players. Fragments to make up an interview 1985/86), in: *Christian Wolff. Cues. Writings and Conversations / Christian Wolff. Hinweise. Schriften und Gespräche*, hrsg. von Gisela Gronemeyer und Reinhard Oehlschlägel, Köln 1998 (Edition MusikTexte 005), S. 85.
[392] Christian Wolff im Gespräch mit dem Autor. Aufgezeichnet in Wien im Oktober 2010.
[393] „Ich interessiere mich für Reich, Riley und La Monte Young. Diese Noten: sie haben den Anschein von etwas Magischem oder Verzaubertem; ein formelhaftes Muster ist so klar. Kann man unschuldigen Zauber haben?" Siehe: Wolff, „die Hörer so frei wie die Spieler lassen", S. 85.
[394] John Cage zitiert nach: Brian Duguid, „Glen Branca Interview" (o. J.), media.hyperreal.org/zines/est/intervs/branca.html, 17.07.2012.

„Enough of these extended techniques and all these formalisms and this non-rhythms and the rest of it. Let's have some sound. I couldn't do it directly. They were doing that, I didn't mean to do that, I didn't really want to do that. But it was definitely an important moment. And at the same time this political thing happened and we wanted to make a music which had a kind of immediacy that was like the immediacy that you got from the minimalists."[395]

Christian Wolff hört genau zu und entdeckt, dass die „verschiedenen Spielarten" der Minimal Music

„hauptsächlich durch das Interesse an der Unmittelbarkeit des musikalischen Klangs miteinander verbunden [werden], durch grundsätzliches Achten auf Klanglichkeit in ihrer ganzen Komplexität und durch eine musikalische Kontinuität, die als Prozess gesehen wird (mehr oder minder analog zu natürlichen Prozessen) und nicht als rhetorische oder narrative Geste."[396]

Während die Musik der Minimalisten auf Prozessen beruht, deren Entstehung man in Echtzeit mitverfolgen kann, orientiert sich Wolff an dem Cage'schen Motto: „Composing's one thing, performing's another, listening's a third."[397] Steve Reich erkennt, dass der kompositorische Prozess vom Hörerlebnis separiert ist. „Mich interessieren Kompositionsprozesse, die mit der klingenden Musik identisch sind. Ich kenne keine Strukturgeheimnisse, die man nicht hören kann."[398] Philip Glass glaubt, dass durch die Hervorhebung des Prozesses Musik „als von jeder Struktur befreite Gegenwart, [...] als reines Medium des Klangs"[399] wahrgenommen werden kann, ein tönendes hic et nunc, das laut Wolff in der „Verknüpfung mit politischen Texten [...] eine besondere Dringlichkeit [artikuliert]."[400] Die Beobachtung teilt er mit Reich, der seine ersten minimalistischen Kompositionen, Experimente mit elektronisch hergestellten Phasenverschiebungen, die er hier mit Kassettenbändern erzielt, eindeutig im politischen Milieu situiert. Er greift Anliegen der afro-

Siehe auch: Keith Potter, *Four Musical Minimalists: La Monte Young, Terry Riley, Steve Reich, Philip Glass*, Cambridge u. a. 2001, S. 4.

[395] Christian Wolff im Gespräch mit dem Autor. Aufgezeichnet in Wien im Oktober 2010.

[396] Christian Wolff, „Genaues Zuhören. Für Ernstalbrecht Stiebler" (Closely Listened To. For Ernstalbrecht Stiebler 1995), in: *Christian Wolff. Cues. Writings and Conversations / Christian Wolff. Hinweise. Schriften und Gespräche*, hrsg. von Gisela Gronemeyer und Reinhard Oehlschlägel, Köln 1998 (Edition MusikTexte 005), S. 417.

[397] John Cage zitiert nach: Kyle Gann, *No such thing as Silence: John Cage's 4'33"*, New Haven u. a. 2010, S. 199ff.

[398] Steve Reich, „Musik als gradueller Prozeß" (Music as a Gradual Process 1968), in: Hans Emons, *Komplizenschaften – Zur Beziehung von Musik und Kunst in der amerikanischen Moderne*, Berlin 2006, S. 185.

[399] Philip Glass zitiert nach ebd., S. 182.

[400] Christian Wolff, „Zu einer neuen Einheit. Über Frederic Rzewskis ‚The People United Will Never Be Defeated'" (Towards a New Unity. Rzewski's ‚The People United will Never Be Defeated" 1978), in: *Christian Wolff. Cues. Writings and Conversations / Christian Wolff. Hinweise. Schriften und Gespräche*, hrsg. von Gisela Gronemeyer und Reinhard Oehlschlägel, Köln 1998 (Edition MusikTexte 005), S. 387.

amerikanischen Bürgerrechtsbewegung auf. Wolff mag dies als inspirierend empfunden haben. Zu diesen Stücken zählt *Come Out* (1966), das Reich selbst als „politisch"[401] bezeichnet. Er arbeitet mit einer Aufnahme der Stimme des Afroamerikaners Daniel Hamm, den die Polizei beschuldigte, zusammen mit fünf weiteren Afroamerikanern, eine weiße Frau in Harlem erstochen zu haben. Die Gruppe machte als „Harlem Six" Schlagzeilen, nicht zuletzt, weil ein paar ihrer Mitglieder, darunter auch Hamm, bereits einige Tage zuvor auf einem Polizeirevier zum Opfer brutaler Misshandlungen geworden waren. „I had to like open the bruise up and let some of the bruise blood come out to show them", lässt Reich den jungen Schwarzen wiederholen.

„*Come out* is composed of a single loop recorded on both channels. First the loop is in unison with itself. As it begins to go out of phase, a slowly increasing reverbation is heard. This gradually passes into a canon or round for two voices, then four voices and finally eight."[402]

Sumanth Gopinath glaubt, dass die von Reich verwendete Phrase nicht nur wegen ihrer politischen Aussage die Aufmerksamkeit des Komponisten erregte, sondern auch wegen ihrer melodischen, also klanglichen Wirkung.[403] Reich verwirklicht also das, was Christian Wolff als Qualitätsmerkmal der Minimal Music erkennt – die Möglichkeit, Klang und politische Inhalte in Interaktion miteinander treten zu lassen und sie dadurch direkt zu kommunizieren. Für Reich ist klar, dass die der Komposition zu Grunde liegende Strukturierung die Bedeutung von Hamms Aussage verstärkt.[404] Außerdem läuft in Reichs Experimenten das Alltägliche mit dem Musikalischen zusammen, eine Verbindung, die Christian Wolff persönlich sehr schätzte und in vielen seiner Vorträge und Essays politische Qualitäten zusprach. Steve Reichs Phasenverschiebungen basieren auf Rohmaterialien, auf Tonband festgehaltenen urbanen Impressionen.

Ein „perfect example" für die Verbindung minimalistischer Klangwirkung und politischer Botschaft ist das von Frederic Rzewski komponierte Stück *Coming Together*, das Wolff im Gespräch mit dem Autor als „very powerful

---

[401] Steve Reich zitiert nach: Sumanth Gopinath, „The Problem of the Political in Steve Reich's Come out", in: *Sound Commitments: Avant-Garde Music and the Sixties*, hrsg. von Robert Adlington, Oxford u. a. 2009, S. 123.

[402] Steve Reich, „Come Out-Melodica-Piano Phase" (1966/67), in: *Steve Reich. Writings on Music 1965-2000*, hrsg. von Paul Hilier, New York u. a. 2002, S. 22.

[403] „Reich's selection of this opening phrase had as much to do with what he perceived to be its melodic and tonal aspects as its political and social content." Siehe: Gopinath, „The Problem of the Political", S. 128.

[404] Wobei in diesem Zusammenhang angemerkt werden muss, dass die vokalen Transformationen der Komposition auch negativ ausgelegt werden können, eine Auslöschung von Hamms Persönlichkeit herbeiführen, indem sie seine Stimme in puren Klang überführen, in ein Meer aus unverständlichen Lauten, in dem man unterschiedliche Dinge verstehen kann. Reich selbst sprach in diesem Zusammenhang von einem akustischen Rorschachtest. Ebd., S. 135ff.

piece" bezeichnet. Die dem Stück zu Grunde liegenden minimalistischen Techniken seien „very dynamic", was nicht zuletzt auch aus dem Text resultiere, der von einem Sprecher vorgetragen wird. Rzewski schrieb die Musik „als Reaktion auf ein historisches Ereignis."[405] Insassen des Attica Staatsgefängnisses in New York provozierten im September 1971 einen Aufstand, um die Behandlung im Inneren des Hochsicherheitstrakts anzuprangern. Der Aufstand wurde brutal niedergeschlagen. Bei den Unruhen starb der Häftling Sam Melville, der einem Freund zuvor einen Brief über dessen Leben hinter Gittern geschickt hatte. Einen Auszug aus diesem Schreiben, das nach den Tumulten in einer amerikanischen Zeitschrift abgedruckt wurde, verwendete Rzewski als Text für *Coming Together*. Diesen legt er über ein musikalisches Arrangement, das auf „dem Prinzip des Quadrierens" beruht. Damit ist eine kompositorische Technik gemeint, die eine musikalische Reihe durch einfache mathematische Verkettungen konstituiert. „Dabei wird eine melodische Folge allmählich aufgebaut, indem ihr jedes Mal ein Ton hinzugefügt wird. Nachdem sie vollständig ist, wird sie durch Substraktion der Töne in einer langsamen, riesigen Welle fortgeschwemmt."[406] Dadurch bekommt das Stück eine kraftvolle Wirkung. Der Klang entfaltet sich unaufhaltsam im Raum, nimmt ihn ein, so wie die Häftlinge das Gefängnis eingenommen haben. Den kurzen Text gliedert Rzewski auch in einzelne Sequenzen, die konstant wiederholt werden und im Gegensatz zu Reichs *Come Out* dem Protagonisten nicht seine Identität nehmen. Der Text bleibt immer klar und verständlich.

„Early minimalism was more about contemplation and spacing out whereas this is... and it is because of the text, but the text is also treated to a certain extent minimalistically. It has repetitive loops, it's not simply a text but it uses the same techniques. Nevertheless, you can still understand it. And again, that's something I was interested in doing and treated text that way."[407]

Wolff sieht in der Wiederholung ein progressives Moment. Er spricht sich gegen die Vorstellung aus, eine kompositorische Arbeit sei nur dann als seriös zu bewerten, wenn sie nicht Wiederholungen utilisiere. Es sei die Crux der experimentellen Musik zu glauben, Musik mit Wiederholungen käme „kommerzieller Pop-Musik"[408] gleich. Repetition konstituiert für den Komponisten nicht zwangsläufig eine Musik, „die im Kern als degeneriert oder zumin-

---

[405] Frederic Rzewski, „Werknotizen: Coming Together/Attica" (Coming Together/Attica 1994), in: *Nonsequiturs. Writings and Lectures on Improvisation, Composition, and Interpretation / Unlogische Folgerungen. Schriften und Vorträge zu Improvisation, Komposition und Interpretation*, hrsg. von Gisela Gronemeyer und Reinhard Oehlschlägel, Köln 2007 (Edition MusikTexte 009), S. 449.

[406] Frederic Rzewski, „Werknotizen: Jefferson" (Jefferson 1997), in: in: *Nonsequiturs. Writings and Lectures on Improvisation, Composition, and Interpretation / Unlogische Folgerungen. Schriften und Vorträge zu Improvisation, Komposition und Interpretation*, hrsg. von Gisela Gronemeyer und Reinhard Oehlschlägel, Köln 2007 (Edition MusikTexte 009), S. 447.

[407] Christian Wolff im Gespräch mit dem Autor. Aufgezeichnet in Wien im Oktober 2010.

[408] Zimmermann, „Nichts gibt es nicht", S. 119.

dest als manipuliert von kommerziellen Interessen gilt."[409] Für Wolff transportieren Wiederholungen eine politische Energie, weil sie ein wesentlicher Bestandteil der Folk Music sind, die bekanntlich eine „Musik für die Massen ist."[410] Wolff stellt korrekt fest, dass Komponisten wie Terry Riley oder Steve Reich die Qualitäten des Pop erkannt haben und in ihrer Präsentation aufgreifen würden, die „der des Rock'n'Roll"[411] gleich käme. In einem Text für Ernstalbrecht Stiebler, ein Komponist, der selbst mit minimalistischen Kompositionsverfahren experimentiert, spricht Wolff der Wiederholung unter Berufung auf den Maler Ad Reinhard die Fähigkeit zu, „die Wahrnehmung von Veränderung"[412] zu erlauben – eine Aussage, die man auch als politische Metapher verstehen kann, die bei Wolff nicht nur musikalisch grundiert zu sein scheint, sondern auch philosophisch geprägt sein könnte. 1968 veröffentlicht der französische Philosoph Gillez Deleuze seine Arbeit *Differenz und Wiederholung*. Analog zu Wolff begreift Deleuze die Wiederholung nicht als Negativum, wie es in der Zeit nach 1945 durchaus verbreitet war,[413] sondern entdeckt in ihr ein Potenzial der Veränderung. Jede Wiederholung konstituiert auch eine Differenz.

Wolff erkennt in der Arbeit der amerikanischen Minimalisten Parallelen zu seinem Umfeld, der New York School, zum Beispiel hinsichtlich der kritischen Auseinandersetzung mit dem europäischen Musikerbe. Es waren nicht nur er, Feldman, Cage und Brown, die europäischen Perspektiven ablehnend gegenüberstanden. Diese Attitüde teilten auch die Minimalisten, die in ihrem Sound eine genuin amerikanische Ästhetik etablierten. „Minimalism – at least the kinds being examined here, in both the fine arts and in music – is rooted in American culture", schreibt Keith Potter in dem Vorwort zu seinem Buch *Four American Minimalists.*[414] Reich unterstützt diese Einordnung. Schönberg und Webern seien zwar großartige Komponisten, allerdings gehörten sie in eine bestimmte Zeit. „For composers today to recreate the angst of ‚Pierrot

---

[409] Ebd., S. 119. Besonders nach 1945 wurde die Wiederholung unter politischen Aspekten als brisantes Gestaltungswerkzeug rezipiert. Politisch inkorrekt sei es, sie zu verwenden, da sie als Mittel zu Hypnose, Betäubung, Rausch und Manipulation galt.

[410] Ebd.

[411] Ebd.

[412] Wolff, „Genaues Zuhören", S. 419.

[413] Siehe hierzu einen Ausschnitt aus einem Gespräch mit dem österreichischen Komponisten Bernhard Lang, der in seiner Arbeit *Differenz/Wiederholung* laut Journalistin Susanna Niedermayr an einer „allumfassenden Loop-Grammatik" arbeitet. Lang spricht von einem Wiederholungsverbot in der Neuen Musik. „Der ganze Minimalismus der 60er Jahre, der ja viel mit Wiederholung arbeitet, hat auch eine sehr introspektive Haltung beinhaltet. Es war ein in sich hineingehen, ein meditatives in sich versenken sozusagen. Es wurde versucht, die Dinge in der Kontemplation neu zu beleuchten und diese Haltung wurde wiederum denunziert. Man hat gesagt, das ist politisch nicht korrekt; das sind diese unpolitischen Hippies aus Amerika, die lieber nach Indien schauen als in die europäische politische Szene. Gerade in Deutschland wurde das sehr stark bekämpft." Susanna Niedermayr, „Interview mit Bernhard Lang" (2006), http://www.musicaustria.at/node/197, 01.07.2012.

[414] Potter, Four Musical Minimalists, S. 10.

89

Lunaire' in Ohio, or in the back of a Burger King, is simply a joke."[415] Glass wählt rabiatere Worte und bezeichnet die Europäer als „creeps, who were trying to make everyone write this crazy creepy music."[416] Der Kritiker und Komponist Tom Johnson hört in der Minimal Music eine Simplizität, die, wie weiter oben schon festgehalten wurde, auch Christian Wolff gefallen hat. „It never concentrates on intellectual devices", schreibt Johnson und gibt weiter an, die Musik sei nur an ihrer Klanglichkeit interessiert und erschließe sich nicht nur geschulten Musikern, sondern auch Laien, die einfach genau hinhören müssten, um zu verstehen was passiert.[417]

Johnson etikettiert die Musik von Glas, Reich, Riley und Young, mit dem Begriff „New York Hypnotic School."[418] Der Kritiker fasst die vier zu einer Gruppe zusammen, ein Gedanke, den auch Christian Wolff attraktiv findet und mit einem politischen Moment assoziiert – die Gruppe versinnbildlicht für ihn kommunistische Qualitäten. „Das ist etwas, was ich von Cage gelernt habe, lange bevor ich mich für den Kommunismus interessiert habe. Das war das Schöne an den frühen fünfziger Jahren, daß wir wirklich eine Gruppe waren."[419] Wolff vergisst allerdings nicht, den individuellen Charakter seiner Komponistenkollegen herauszustellen, hebt aber erneut die Wichtigkeit der Gruppendynamik hervor. „Wir hatten die Vorstellung, daß wir gemeinsam auftraten. Und wir sahen immer zu, daß möglichst alle beteiligt waren."[420] Wolff erkennt diese Gruppendynamik und zwangsläufig auch die mit ihr einhergehende politische Konnotation in der Musik der Minimalisten. „Und ich denke, daß davon doch einiges weiterwirkt, das gilt z. B. auch für Reich und Glass. Glass steht im Grund für ein Ensemble von vier oder fünf Mitgliedern. Ich denke, daß diese ganze Gruppentendenz sich positiv auswirkt."[421] Verwunderlich ist, dass Wolff nicht die hierarchische Struktur minimalistischer Aufführungspraxis bemängelt. Er kritisiert nicht die der Musik inhärente maschinelle Stringenz und Präzision, ihren Uhrwerkcharakter, die für die Interpretation von Reichs und Glass' Musik von den Instrumentalisten verlangt wird. Elemente, die mit seiner Philosophie der Offenheit und individuellen Entfaltung, die selbst im Zusammenspiel innerhalb einer Gruppe möglich ist, nicht vereinbar erscheinen. Tom Johnson erkennt in diesem Denken sogar eine genuin amerikanische Qualität und gibt zu bedenken, dass „one of the main precepts of the American avant-garde has been a concern for the individual, and a dislike for the regimented performing discipline that we in-

---

[415] Ebd.
[416] Ebd.
[417] Laien addressiert Wolff mit seiner *Prose Collection*, die an anderer Stelle dieser Arbeit diskutiert wird, auch hinsichtlich ihrer Überschneidungen zu weiteren (nicht-musikalischen) minimalistischen Strömungen wie Minimal Art und Arte Povera.
[418] Tom Johnson, „La Monte Young, Steve Reich, Terry Riley, Philip Glass" (1970), www.editions75.com/Books/TheVoiceOfNewMusic.PDF, 12.07.2012.
[419] Zimmermann, „Nichts gibt es nicht", S. 121.
[420] Ebd.
[421] Ebd.

herited from Europe."[422] Und genau diese Eigenschaften glaubt Johnson in einer Aufführung von Steve Reichs *Music for 18 Musicians* (1974–76), der er ein regressives Potenzial zuspricht, zu hören. „If we have learned anything from those radical years, it seems that we should have learned to appreciate watching people making music without giving up their personal freedom." Johnson hat den Eindruck, Reichs Instrumentalisten seien Roboter, die trotz Abwesenheit eines Dirigenten maschineller als die Instrumentalisten traditioneller Orchester spielten: „no one ever seemed to be the slightest bit off. The tempo was about as steady as an accutron watch."[423]

Christian Wolff gesteht ein, zwischen den Jahren 1969 und 1972 Kompositionen geschrieben zu haben, die eine Reaktion auf die Minimal Music waren. „In Stücken wie ‚Tilbury 1, 3, 4‘, ‚Snowdrop‘ und ‚Exercises‘ etwa gibt es indirekte Reaktionen auf die Musik von Terry Riley, Steve Reich und Philip Glass", schreibt er, „so in der Verwendung stärker [sic!] periodischer Rhythmen und quasi modaler Tonhöhensequenzen, und bisweilen eine Tendenz zu extrovertierter Gestik."[424] Wolff ist auf der Suche nach einer Musik „that was more extroverted, that kind of moved out rather than in."[425] Seine alten Experimente betrachtet der Komponist als introvertierte und esoterische Auseinandersetzungen, intime Dialoge zwischen den Instrumentalisten „in a very kind of internal, inner-directed way."[426] Die Beschäftigung mit der Minimal Music empfindet er als einen Ausweg aus dieser Sackgasse.

Wolff gibt zwar an, die Stücke *Tilbury 1–4* (1969-70), benannt nach dem britischen Pianisten John Tilbury, seien von der Minimal Music inspiriert worden, ihre Gestaltung divergiert aber von den typischen Merkmalen dieses Sounds. Zunächst ist auffällig, dass Wolff in *Tilbury 1* (1969) seit langer Zeit wieder auf ein konventionelles Notensystem zurückgreift, das Töne im Umfang von E_3 bis F_4 beinhaltet, ein Kontingent, das auch in seinen frühen Kompositionen zum Einsatz kommt. Rhythmische Variationen sind erlaubt, Tempomodifikationen auch. Ebenso gibt Wolff dem Interpreten die Freiheit, einzelne Passagen auszuschmücken oder zu transponieren. *Tilbury 2* (1969) ist für ein Instrument geschrieben, während Teil 3 für mehrere Instrumente konzipiert wurde, allerdings auch von einem Solisten interpretiert werden kann, wie es Sabine Liebner auf der CD *Piano Pieces* demonstriert, die von dem Label NEOS veröffentlicht wurde. Abweichungen zur Minimal Music gibt es in der rhythmischen Gestaltung, die keinem systematischen Puls offenbart, so wie es bei Steve Reich oder Philip Glass üblich ist. Die Töne mäandern, getragen von sanften Dynamiken, umher.

---

[422] Tom Johnson, „Steve Reich and 18 Other Musicians" (1976), http://www.editions 75.com/Books/TheVoiceOfNewMusic.PDF, 12.07.2012.

[423] Beide Zitate ebd.

[424] Wolff, „Veränderung und Dauerhaftes", S. 311.

[425] Christian Wolff, „Transkription von Christian Wolffs Seminar am Ostrava Center for New Music aus dem Jahre 2003", in: *Ostrava Days Report 2003*, S. 59.

[426] Ebd.

Eine genauere Annäherung an die Minimal Music erfolgt mit der Komposition *Snowdrop*. Der Musikkritiker und Komponist Kyle Gann vergleicht das
Stück mit Terry Rileys Komposition *In C* (1964): „Look at *In C* or Christian
Wolff's *Snowdrop* [...] you won't see any dynamics, just notes."[427] *Snowdrop*
wurde für Harfe und/oder andere Instrumente geschrieben. Es besteht aus
Achtel- und Sechzehntel-Tonreihen, die in verschiedenen Konfigurationen
auftreten und regelmäßig von Pausen unterbrochen werden. Die Verteilung
dieser Verläufe beinhaltet mal aufwärts, mal abwärts gehende einstimmige
oder zweistimmige Passagen. Die einzelnen Bewegungen erfolgen entweder
gemeinsam oder getrennt voneinander, sie können sich auch überlappen. In
Snowdrop, dessen in- und auseinander laufende Tonarabesken Christian Wolff
als „gentle and pleasant" beschreibt, verwendet er hauptsächlich chromatische Verläufe, die sich auf einen diatonischen Abschnitt zubewegen – ein
Sachverhalt, der bei einer Aufführung und anschließenden Diskussion im
Rahmen der Darmstädter Ferienkurse von einem Besucher als verstörend
bezeichnet wurde.[428] Derart traditionelles Material in einer Komposition zu
hören, sei ihm fremd. Genau dieses Element begreift Christian Wolff jedoch
als essenziellen Bestandteil des Stücks: „It seems to me, in modern music,
and that is to say that we've become so alienated from the most fundamental
musical phenomenon, such as scales, such as certain simple harmonic combinations." Eine Besinnung auf einfache Zusammenhänge vermittelt der Musik eine Direktheit – ein Element, das Wolff bei den Minimalisten sehr zu
schätzen weiß, die er auch im weiteren Verlauf dieses Gesprächs erwähnt.
„Think of American music such as Terry Riley, Philip Glass, Steve Reich, all
music which is diatonic, rhythmically absolutely clear, sounds beautiful."
Schönheit scheint aber in Darmstädter Kreisen als bedrohlich empfunden zu
werden, eine Perzeption, die Christian Wolff als befremdlich auffasst.[429]

Auf Empörung stößt auch Wolffs Präsentation von Rzewskis *Les Moutons de
Panurge (LMdP)* (1968). Das Stück basiert auf einer Melodie mit 65 Tönen, die
von einer Gruppe von Musikern gespielt werden soll, wobei es keine Rolle
spielt, welche Instrumente benutzt werden. *LMdP* liegt ein additives Verfahren zu Grunde. „Die erste Note spielen, dann die ersten zwei Noten"[430] und

---

[427] Gann, „Berlitz's Downtown for Musicians", S. 133.
[428] Amy C. Beal, „Christian Wolff in Darmstadt – 1972 and 1974", in: *Changing the System.
The Music of Christian Wolff*, hrsg. von Stephen Chase und Philip Thomas, Burlington u. a.
2010, S. 28. Folgezitate ebd.
[429] Wolff wird für die nächsten 24 Jahre nicht mehr nach Darmstadt eingeladen. Michael
Hicks bewertet seine Präsentationen als erfolgreich. – „In the heart of social orthodoxy",
habe Wolff es geschafft, einen Platz für minimalistische und politische Musik zu etablieren.
Siehe: Hicks und Asplund, Christian Wolff, S. 59.
[430] Frederic Rzewski, „„Werknotizen. Les Moutons de Panurge" (Les Moutons de Panurge
1991), in: *Nonsequiturs. Writings and Lectures on Improvisation, Composition, and Interpretation /
Unlogische Folgerungen. Schriften und Vorträge zu Improvisation, Komposition und Interpretation*, hrsg.
von Gisela Gronemeyer und Reinhard Oehlschlägel, Köln 2007 (Edition MusikTexte 009),
S. 443.

so weiter, schreibt Rzewski. Wenn man am Ende angekommen ist, nimmt die Melodiefolge analog zu der additiven Kombinatorik ab, sie wird durch Subtraktionen dezimiert. Die gesamte Tonkette notiert Rzewski allerdings nicht aus, sondern fordert von seinen Instrumentalisten, sie zu memorieren, was zwangsläufig zu Irregularitäten im Ablauf führt, die allerdings nicht als Fehler begriffen werden. Christian Wolff charakterisiert die Komposition Stück als „cheerful communal activity."[431] Sie transportiert für ihn soziale Qualitäten, die nicht nur durch das Gruppenerlebnis gegeben sind, sondern auch durch die den Instrumentalisten gegebene Option, jederzeit auszusteigen und in ihrem eigenen Tempo weiterzumachen. Das Publikum mokiert die Einfachheit des musikalischen Materials, die Wolff bestätigt, gleichzeitig aber auch angibt, sie sei womöglich dem Wunsch geschuldet, der Musik einen Folkcharakter zu geben, eine Eigenschaft, die er anderswo als politisch begreift und damit erneut die Verbindung von minimalistischer Simplizität und politischer Ausdruckskraft miteinander in Berührung bringt: „Für uns hat politische Musik unweigerlich ein Element von Volksmusik (mit Wiederholungen)."[432] In der Einfachheit der Minimal Music erkennt Wolff also eine volkstümliche Qualität, eine gemeinsame Sprache, wie er 2003 bei einer Veranstaltung des Ostrava Center angibt. „A vernacular language is a language that's spoken by everybody, as opposed to a specialized, learned language which is only spoken by a few specialized people."[433] Wolff destilliert aus der Minimal Music ein Bewusstsein für Einfachheit und ein Interesse für volkstümliches Liedgut, Elemente, die in dem Kompositionszyklus *Exercises* eine wichtige Rolle spielen, dessen Entstehung er auch selbst als Reaktion auf die Minimal Music wahrnimmt.

Wolff komponiert die ersten 14 *Exercises* zwischen 1973 und 1974 und fügt in weiteren Jahren der Kompositionsreihe neue Übungen hinzu. Die *Exercises* stellen eine „microcosmic society"[434] dar, in der die Spieler sich innerhalb einer heterophonen Struktur bewegen. Sie müssen darauf achten, im Unisono zu spielen. Gleichzeitig werden Abweichungen in ihrem Zusammenspiel toleriert. Flexibilität und Einfachheit dominieren die Stücke auch im Notenbild. Die Partitur zeigt eine Reihe von Noten, in der Regel ohne Notenhälse, die manchmal von kurzen Pausen unterbrochen werden und in den Schlüsseln der jeweiligen Instrumente gespielt werden müssen, die das Stück aufführen. „Die Musik besteht ausschließlich aus melodischen Wendungen, die von Pausen unbestimmter Länge getrennt werden"[435], schreibt der Komponist. Obwohl die Spieler die Freiheit haben, Variationen in den Notenfluss einzubauen, müssen sie immer wieder als Referenzpunkt das Unisonospiel im Ohr behalten. Anders ausgedrückt, sollten sie zu weit auseinanderdriften, müssen

---

[431] Beal, „Christian Wolff in Darmstadt", S. 39.
[432] Zimmermann, „Nichts gibt es nicht", S. 119.
[433] Wolff, „Transkription Seminar Ostrava Days 2003", S. 59.
[434] Hicks und Asplund, Christian Wolff, S. 54.
[435] Wolff, „Werknotizen", S. 503.

sie wieder zusammenkommen. Eine Aufforderung, die an Terry Rileys *In C* erinnert. *In C* besteht aus 53 kurzen, musikalischen Phrasen, die von den Instrumentalisten beliebig oft wiederholt werden dürfen. Jedem Musiker bleibt es überlassen, wann er zum nächsten Abschnitt wechselt – rhythmische Verschiebungen sowie Überlagerungen unterschiedlicher und identischer Partien sind erwünscht. Damit die Musik nicht völlig entgleitet, müssen die Instrumentalisten darauf achten, sich nicht zu weit voneinander zu entfernen. Tom Johnson besucht am 6. Juni 1974 eine Aufführung von Wolffs *Exercises*. „The music never really went anywhere", schreibt er, eine Beobachtung, mit der auch manche Werke der Minimal Music kokettieren. So benennt er an anderer Stelle die lang ausgehaltenen Liegetonarrangements des New Yorker Minimalisten Phill Niblock mit dem Slogan: „No melodies, no harmonies, no rhythms, no bullshit."[436] Zu Wolffs *Exercises*-Konzertkritik sagt er zudem:

> „Yet there was always something interesting going on [...]. But most of the time the melodies would just go on, in moderately slow notes, with everybody haphazardly together. And somehow we all knew that it was supposed to be kind of sloppy like that. [...] Wolff is making a kind of music which does not depend on slick performance, intense rehearsal, and brilliant performers."[437]

Johnson fügt hinzu, es sei vielmehr das soziale Erlebnis von Wichtigkeit gewesen, das gemeinsame Musizieren, die Möglichkeit, auch nicht professionelle Spieler in die Aufführung mit einzubeziehen, als musikalische Präzision und Strenge. Diese Offenheit resultiert aus dem musikalischen Material, das den Stücken zu Grunde liegt: Volkslieder[438]. Sie sind durch ihren universalen Charakter gekennzeichnet. Jeder, der ein Instrument spielen oder aber singen kann, ist eingeladen mitzumachen. Dieses kommunale Erlebnis macht Wolff auch auf zahlreichen Minimal-Music-Konzerten, jedoch nicht auf musikalischer, sondern auf sozialer Ebene: „people liked it. They actually enjoyed going to a concert. Before that, it was kind of a chore, like going to church or something, to hear Stockhausen, Boulez, and so forth. It's really odd: It could be interesting, but it wasn't a whole lot of fun."[439]

---

[436] Tom Johnson zitiert nach:" Dan Warbuton, „Phill Niblock. Beyond the thunderdrone", in: *Wire*, Nr. 265 (2006), S. 35.

[437] Tom Johnson, „Christian Wolff: Exercises and Songs" (1974), www.editions75.com/ Books/TheVoiceOfNewMusic.PDF, 12.07.2012.

[438] Hicks assoziiert mit den *Exercises* „the loose-weaved texture of Old South congregational singing" (Christian Wolff, S. 54). Die *Exercises 15* und *16* basieren auf einer „Melodie, zu der Woodie Guthrie in den zwanziger Jahren den Text ‚There Once was a Union Maid' geschrieben hat." („Werknotizen", S. 503, Folgezitat ebd.) *Exercise 18* verwendet Ausschnitte aus einem „Landstreicher-Lied ‚Hallelujah! I'm a Bum'." *Exercise 3* benutzt Fragmente des Volkslieds *I don't take the Welfare to Bed*, während die Quelle von *Exercise 5* „the Black American spiritual ‚Mary Don't you Weep'" ist. Wolff setzt die Stücke sehr dezent ein. Sie sind kaum wiederzuerkennen. Er isoliert Bausteine aus den Liedern, „etwa Tonintervalle modalen Ursprungs und klare, direkte rhythmische Artikulationen", und bindet sie ein.

[439] Wolff, „Transkription Seminar Ostrava Days 2003", S. 58.

Abschließend seien noch Wolffs erste Kompositionen erwähnt, das *String Trio* von 1950 und das aus demselben Jahr stammende, allerdings früher geschriebene *Duo for Violins*. Zwei kurze Stücke, die „insofern minimalistisch [sind], als sie eine äußerst geringe Anzahl von Tonhöhen zugrundelegen."[440] Wolff bezeichnet sie auch als „protominimalist", eine Aussage, die durchaus nicht zu unterschätzen ist, da beide Kompositionen insgesamt sieben beziehungsweise acht Jahre vor La Monte Youngs einflussreichen Stücken *Octet for Brass* (1957) und *Trio for Strings* (1958) konzipiert wurden, die als Pionierarbeiten der Minimal Music rezipiert werden. Gemeinsam ist beiden Arbeiten ihr minimalistisches Tonmaterial, aber auch die Verwendung von lang ausgehaltenen Tönen, die bei Wolff als melodische Cluster in Erscheinung treten, bei Young allerdings isoliert und deutlich länger ausgespielt auftreten. Die Verbindung zwischen Wolffs kompositorischem Debüt und Youngs Frühwerk stellt Morton Feldman im Gespräch mit Young her. La Monte Youngs Musik erinnert ihn an die frühe Musik von Christian Wolff hinsichtlich ihres Gebrauchs von Liegetönen.

„Morton Feldman: I hate to make analogies, but we have to generalize something to understand it. In other words, I can only understand you by first making a generality, and my first generality, at the time I first heard your music, was that it was the first music that I know – I had previously heard a little echo of it in a piece by Christian Wolff, for two violins – with [...]. I don't call them drones, I call them sustained tones.

La Monte Young: Right, that's fine, sustained tones.

Morton Feldman: Okay, and this piece of Christian Wolff's is just two pitches, alternating one against each other. And that's the first piece that gave me a suggestion, in a sense, of the possibility of music also becoming reductive."[441]

Es scheint so, als sei Young nicht mit den Stücken von Wolff vertraut, sonst hätte er wahrscheinlich nicht behauptet, das Trio sei „my most important early musical statement, and I fell it actually influenced the history of music since no one had ever before made a work that was composed completely of sustained tones."[442] Der wesentliche Unterschied zwischen beiden Stücken ist ihre Dynamik und Dauer. Während La Monte Youngs Trio laut Keith Potter „the ultimate ‚static' music" zu sein scheint und eine Länge von über 20 Minuten aufweist, findet in Wolffs ca. sechs Minuten langem Arrangement von *Duo for Violins* deutlich mehr Bewegung statt, eine konstante Permutation

[440] Wolff, „Werknotizen", S. 485.
[441] Morton Feldman und La Monte Young, „A conversation on Composition and Improvisation (with Bunita Marcus, Francesco Pellizzi, Marian Zazeela)", in: *Res*, Nr. 13 (1987), S. 155 ff.
[442] Potter, Four Musical Minimalists, S. 34.

von Tonkombinationen, die sich lediglich aus drei Tönen zusammensetzen und über Legatobögen gebildet werden.

„I decided if you have pitch one, two, three and you play them each in succession, those are three discrete sounds. However, if you play pitch one and two simultaneously, that makes a new sound. [...] And if you work out all the possible combinations, you end up with, as it happens, twelve different sounds generated by three notes on two instruments."[443]

Auch Keith Potter stellt in dem Vorwort zu seiner Studie über die Musik von Reich, Glass, Riley und Young verwundert fest, dass Christian Wolffs

„early exercises in reductive rigour with only three notes in a whole piece [...] seem to have gone largeley unrecognised by the subjects of this volume. This is somewhat suprising in view of the fact that several of their early associates – David Behrman, Tony Conrad, Henry Flynt and Frederic Rzewski among them – kew the composer and his music when they were Harvard students and Wolff himself a young Classics professor, during the early 1960s; some of them performed in pieces of his at that time."[444]

Potter macht eine weitere bemerkenswerte Beobachtung, wenn er hervorhebt, dass Wolffs *Trio for Flute, Clarinet and Violin* aus dem Jahr 1951 mit einer Stapelung aus reinen Quinten auskommt, nämlich „e, h und fis."[445] Michael Hicks schreibt, dass „this overtly diatonic framework, deployed a *moto perpetuo* pointillistic texture, oddly foreshadowed the classic minimalism of the next generation."[446] Reine Quinten spielten in der kompositorischen Arbeit von La Monte Young eine essenzielle Rolle. Das Stück *Composition Nr. 7* (1960) verlangt vom Interpreten, die reine Quinte h und fis über einen möglichst langen Zeitraum zu spielen. Youngs „Dream Chords" wiederum setzen sich aus speziellen Intervallen zusammen, deren Aufbau Fabian Lovisa analysiert. Der Musikwissenschaftler stellt fest, dass der Komponist

„dabei Terz und Sext durchgängig [ausspart] und – bewusst in beschränkender Hinsicht – ausschließlich reine Quarten und Quinten, große und kleine Sekunden, große und kleine Septimen, kleine Nonen und wenige übermäßige Undezimen sowohl im harmonischen Verlauf wie auch in der Notenfolge [verwendet]."[447]

Große und kleine Sekunden konstituieren auch in Wolffs *Duo for Violins* das Tonmaterial. Der Komponist arbeitet mit den Tönen d, es und e. Der spezifische Umgang mit den drei Noten, ihre gezielt arrangierten Überlappungen

---

[443] David Patterson, „Cage and Beyond. An Annotated Interview with Christian Wolff", in: *Perspectives of New Music*, Nr. 2 (1994), S. 62.
[444] Potter, Four Musical Minimalists, S. 6.
[445] Ebd.
[446] Hicks und Asplund, Christian Wolff, S. 13.
[447] Fabian Lovisa, *minimal-music. Entwicklung, Komponisten, Werke*, Darmstadt 1996, S. 30.

und Überschneidungen, evozieren psychoakustische Effekte, Höreindrücke, wie sie durchaus auch in der Minimal Music von Signifikanz sind.

„Ein Stück für zwei Geigen in langsamem Tempo mit nur zwei oder drei Tonhöhen scheint, obwohl nur wenige Minuten lang, oft Stunden zu dauern, weil es nur geringfügige Unterschiede aufwies und das Ohr nicht gewohnt war, derartige Unterschiede wahrzunehmen."[448]

Das Gefühl, ein Stück könnte ewig weitergehen, ist durchaus konstituierend für viele Kompositionen der Minimal Music. Youngs *Composition Nr. 7* kann fünf Minuten dauern oder eine Länge von zwei Stunden aufweisen. Der Minimalist Phill Niblock bestimmt die Länge seiner Drone-Kompositionen anhand des Speichermediums, auf dem sie erscheint.[449] Man kann durchaus auch behaupten, dass in Wolffs früher Arbeit wesentliche Kernpunkte des amerikanischen Minimalismus unbewusst vorweggenommen wurden, welche dann von La Monte Young und weiteren Minimalisten aufgegriffen worden sind. Hervorzuheben ist allerdings, dass Christian Wolff seine frühen Arbeiten mit reduktiven Verfahren nicht als stilprägend verstand, sondern als ein vorübergehendes Experiment. „Mit so wenigen Tönen kann man freilich nur eine bestimmte Zeit lang operieren, es sei denn, man macht daraus sein persönliches Markenzeichen. Ich wollte herausfinden, wie man innerhalb engster Grenzen verfahren kann."[450]

Abschließend sei noch ein weiterer Aspekt von Wolffs Interesse an der Minimal Music erwähnt. In dem Aufsatz „Unsere Arbeit – Was ist experimentelle Musik heute?" zitiert er Ausschnitte aus Theodor W. Adornos *Ästhetische Theorie*. Adorno spricht dort von dem „Ideal des Schwarzen."[451] Damit Kunst „inmitten des Äußersten und Finstersten der Realität" bestehe, müsse sie sich an dieses Finstere anpassen. „Radikale Kunst heute heißt soviel wie finstere, von der Grundfarbe schwarz." Adornos Ausführungen lassen an die schwarzen geometrischen Objekte der Minimal Art denken, an das von Frank Stella formulierte Credo dieser Kunst: „What you see is what you see." Die ausgestellten Objekte weisen keine metaphysische Suggestivität auf, ihre schlichte Radikalität ist von „konkreter Natur."[452] Das minimalistische Objekt präsen-

[448] Schonfield, „Risiken eingehen", S. 73.
[449] „It frequently has to do with a reasonable time. The reason for 20 minute pieces originally was that the side of an LP, just as the reason for almost all music until 1950 was the 3 minute 10 seconds 78. I mean, if you look at Jazz, that historic element, of three minute tunes is totally having to do with the media. So the LP sort of ran out of good sound in about 23 minutes or something. It seems to me that this is actually an extremely good length for a piece." Auszug aus einem Gespräch zwischen Phill Niblock und dem Autor. Aufgezeichnet in Köln im November 2009. Unveröffentlichtes Manuskript.
[450] Schonfield, „Risiken eingehen", S. 73.
[451] Theodor W. Adorno, „Ästhetische Theorie" (1970), in: ders., *Ästhetische Theorie. Gesammelte Schriften. Band 7*, hrsg. von Rolf Tiedemann, Frankfurt a. M. 2003, S. 65.
[452] Barbara Rose, „ABC Art" (1965), in: *Minimal Art. Eine kritische Retrospektive*, hrsg. von Gregor Stemmrich, Dresden 1998, S. 299.

tiert sich in klarer Unmittelbarkeit. Um diese Unmittelbarkeit zu erreichen, ist eine Verarmung nötig. „In der Verarmung der Mittel, welche das Ideal der Schwärze [...] mit sich führt", schreibt Adorno, sei „die Fähigkeit des Standhaltens"[453] begründet. Das nimmt Wolff zum Anlass, über musikalische Armut nachzudenken, „der Vermeidung von Rhetorik, der Präsenz von Stille oder Weite, der Sparsamkeit, des nicht mehr reduzierbaren Materials."[454] Wolff erkennt in der musikalischen Reduktion, analog zu Adornos Konzeption der Schwärze, die Chance zur Aufrichtigkeit. „Wie in stimmigen Kunstwerken ihr Geist noch dem sprödesten Phänomen sich mitteilt, es gleichsam sinnlich errettet, so lockt [...] das Finstere als Antithesis zum Betrug der sinnlichen Fassade von Kultur auch sinnlich."[455] Adorno erkennt in den sinnlichen Qualitäten des Finsteren Schönheit, eine ungefilterte Wahrnehmung, die Wolff in der musikalischen Reduktion der Minimal Music beobachtet.

---

[453] Adorno, „Ästhetische Theorie", S. 66.
[454] Wolff, „Was ist unsere Arbeit", S. 231.
[455] Adorno, „Ästhetische Theorie", S. 66.

6   Indirekte Einflussnahmen –
Christian Wolff und die bildende Kunst

„The art scene in New York from the 40s on was very much part of our world too".[456] Wolff sieht in der Verbindung zur bildenden Kunst ein Alleinstellungsmerkmal, ein wesentliches Markenzeichen, „that marked us off from the rest of the contemporary music world at the time". Die Künstler seien meistens „the primary audience of our music"[457] gewesen. Man unterstützte sich und beeinflusste sich untereinander. John Cage behauptete, dass jeder Komponist im 20. Jahrhundert von einem Maler abhängig gewesen sei. Die Arbeiten Robert Rauschenbergs und Jasper Johns' übten auf Cage eine starke Anziehungskraft aus, während Feldman viele seiner Kompositionstechniken unter anderem aus malerischen Verfahren Philip Gustons ableitete.[458] Im Gespräch mit dem Autor gibt Wolff an, dass Earle Brown sich für Calders bewegliche Skulpturen, die Mobiles, interessierte, wovon bereits die Rede war, und für Arbeiten Jackson Pollocks – „the so called action painters, das hat immer etwas mit Musik zu tun, besonders mit Jazz. Improvisieren, physisch mit dem Klang umgehen, so haben sie es mit der Farbe [...] gemacht."[459]

Dass es eine Komplizenschaft zwischen Protagonisten der bildenden Kunst und Musik gegeben hat, die sich nicht nur in kollegialer Unterstützung und einem gegenseitigen Interesse für die Arbeit des anderen manifestierte, bestreitet Christian Wolff nicht. Wie bereits im ersten Kapitel erläutert, ging es den Komponisten um die Erzeugung von Diskontinuitäten, und das nicht nur auf klanglicher beziehungsweise musikalischer Ebene, sondern auch hinsichtlich einer Distanzierung von der alten Welt Europa. Diese Attitüde beobachtet man auch in der bildenden Kunst, etwa bei Jasper Johns, der die Idee von Kontinuität als „static concept"[460] betrachtet. „The further away one gets from continuity, the better off one is. That is what I was talking about earlier, about what one think one knows, then one is apt to end up in another place. Whereas if one deals with what one knows, one is apt to be where one began."[461] Um nicht wieder dort zu beginnen, wo man angefangen hatte, erläutert Wolff, suchten Komponisten und Künstler nach neuen Startpunkten, indem sie die Tradition, das europäische Erbe, mit genuin künstlerischen und musikalischen Perspektiven ersetzten.

---

[456] Christian Wolff, „Experimental Music around 1950 and some Consequences and Causes (Social-Political and Musical)", in: *American Music* Nr. 4 (2009), S. 427.
[457] Beide Zitate ebd.
[458] Für eine genaue Analyse siehe: Claren, Neither.
[459] Christian Wolff im Gespräch mit dem Autor. Aufgezeichnet in Wien im Oktober 2010. Wolff selbst wechselte im Gespräch zwischen den Sprachen Deutsch und Englisch.
[460] Billy Klüver, „Interview with Jasper Johns" (1963), in: *Jasper Johns. Writings, Sketchbook Notes, Interviews*, hrsg. von Kirk Varnedoe, New York 1996, S. 89.
[461] Ebd., S. 90.

„The art was in a relation of difference to traditional art that paralleled the relation between our music and the traditions of classical music. So the opposition of abstract to representational in the art had implications for the music as did the art's immediacy of gesture as against the planned formality of traditional art."[462]

Diese gestische Direktheit war beispielsweise in der Malerei des Abstrakten Expressionismus zu beobachten, dem sogenannten „action painting", das die Leinwand in eine „arena in which to act"[463] transformierte. Sie wurde nicht mehr mit Reproduktionen von tatsächlich existierenden oder imaginierten Objekten ausgefüllt, sondern mit Ereignissen – „the canvas was not a picture but an event."[464] Diesen Ereignischarakter findet man auch in den Kompositionen von Wolff, Brown, Cage oder Feldman, wobei Letzterer vom Abstrakten Expressionismus inspiriert, den Drang verspürte, eine „sound world"[465] zu komponieren, die „more immediate, more physical than anything has existed heretofore"[466] war. Die Vorstellung von Malerei als Arena, in der Ereignisse vonstatten gehen können, bindet diese Ereignisse nicht an eine spezifische Zeitlichkeit. Die Leinwand wird zu einem Ort, an dem alles passieren kann, jederzeit. Wolff streift womöglich diese Idee mit seinem Konzept der „zero time", einer Null-Zeit, in der es dem Interpreten gestattet ist, eine musikalische Handlung in einer von ihm als passend empfundenen Zeitspanne auszuführen: „Unter Null verstehe ich die Aufhebung von Zeit, das heißt der meßbaren Zeit, also jede Zeit, die der Interpret bei einer Aufführung nach seinem Belieben benutzt."[467] In einem Essay charakterisiert Wolff die neue Musik der fünfziger und sechziger Jahre als richtungslos im Sinne einer teleologischen Struktur. „Es gibt kein zwingendes Interesse an Zeit als einem Maß der Distanz zwischen einem Punkt in der Vergangenheit und einem Punkt in der Zukunft, in rein linearer Kontinuität."[468] Eine klingende *All-Overness*, wie sie auch in der Malerei der abstrakten Expressionisten zu bestaunen ist, in der „a sense of expansiveness, an ‚all-overness' [...] more crucial than evidence of

---

[462] Wolff, „Experimental Music around 1950", S. 427.

[463] Harold Rosenberg, „The American Action Painters" (1952), in: *Art in Theory 1900–1990*, hrsg. von Charles Harrison, Oxford u. a. 1995, S. 589.

[464] Ebd., S. 589.

[465] Morton Feldman, „Autobiography", in: *Morton Feldman Essays*, hrsg. von Walter Zimmerman, Kerpen 1985, S. 38.

[466] Ebd.

[467] Wolff, „Genaueste Handlungen", S. 47. Die Einführung einer „Null-Zeit" fungiert auch als Mittel zum Zweck, extreme Komplexitäten, die sich in Unspielbarkeit äußern, zu bewältigen. Christian Wolff meint hierzu: „Die Unspielbarkeit zwang den Interpreten, eine eigene Lösung zu entwickeln. Es kam aber auch vor, daß die Komplexität der Strukturen mich selbst in unmögliche Situationen brachte. Um den Knoten zu durchschneiden, erklärte ich um 1954, daß das Tempo gleich Null sein sollte" (Siehe: Schonfield, „Risiken eingehen", S. 73).

[468] Christian Wolff, „Unbeweglichkeit in der Bewegung. Neue und elektronische Musik" (Immobility in Motion. New and electronic music 1957), in: *Christian Wolff. Cues. Writings and Conversations / Christian Wolff. Hinweise. Schriften und Gespräche*, hrsg. von Gisela Gronemeyer und Reinhard Oehlschlägel, Köln 1998 (Edition MusikTexte 005), S. 37.

past and future change"[469] war und die „boundless and endless possibility"[470] versprach. Wolff gibt sich zurückhaltend, wenn es darum geht, den Einfluss der bildenden Kunst auf seine Musik zu erörtern. Es sei schwer zu sagen, inwiefern die Malerei ihn beeinflusst habe, erzählt er im Interview mit dem Autor. Nicht zuletzt ist es der Begriff der Einflussnahme, der den Komponisten stört. „I don't [...] believe much in influence, at least as anything specific or direct",[471] schreibt er an Musikwissenschaftlerin Suzanne Josek.

> „Cage taught me about rhythmic structures, which I found immensely useful for a long time: but it didn't really cause my music to sound like his, in fact it helped me make a music that would be different from his. Is this influence? In a general, dialectical way, yes."[472]

Der Begriff Einflussnahme scheint für den Komponisten negativ konnotiert zu sein. Auf jemanden Einfluss zu nehmen, spiegelt hierarchische Verhältnisse wieder, womöglich auch manipulative Dynamiken, Dinge, die er in seiner Musik und pädagogischen Tätigkeit immer versucht hat zu vermeiden. Für Cage bedeutete Einflussnahme immer „Machtausübung und Kontrolle [...]. Wen man als beeinflußt bezeichnet, der könnte gewissermaßen erniedrigt erscheinen."[473] Die Malerei habe ihn immer interessiert, sagt Wolff. „Ich habe sogar selbst ein bisschen gemalt, gezeichnet oder was auch immer".[474] In New York wohnte er am Washington Square, „das war zwei Blocks von der Cedar Tavern [entfernt]"[475], jener Bar, in der sich regelmäßig die Abstrakten Expressionisten trafen.

> „Ich habe manche getroffen und ich war mal dabei, in dieser Cedar Bar. Ich war sehr jung. Ich durfte abends nicht ausgehen mit diesen schwer trinkenden Malern. [...] An Pollock kann ich mich nicht erinnern. Aber den Franz Kline habe ich noch in Erinnerung. Die anderen, da waren mehrere. Ich hatte keine besondere Beziehung zu den anderen. Und den Guston, den habe ich auch kennengelernt. [...] Aber wie das in die Musik hineingewirkt hat?"[476]

Es geht Wolff also um die Frage, wie „visual work, and the thinking that goes with it, transfer to sound work?"[477] Eine direkte Antwort wäre nicht im Sinne

---

[469] Karen Wilkin, *Color as field: American painting 1950-1975*, New Haven u. a. 2007, S. 13.
[470] Ebd.
[471] Josek, The New York School, S. 9.
[472] Ebd.
[473] Christian Wolff, „Unter dem Einfluß. Über John Cage" (Under the Influence. On John Cage 1982), in: *Christian Wolff. Cues. Writings and Conversations / Christian Wolff. Hinweise. Schriften und Gespräche*, hrsg. von Gisela Gronemeyer und Reinhard Oehlschlägel, Köln 1998 (Edition MusikTexte 005), S. 149.
[474] Christian Wolff im Gespräch mit dem Autor. Aufgezeichnet in Wien im Oktober 2010.
[475] Ebd.
[476] Ebd.
[477] Josek, The New York School, S. 9.

des Komponisten, sehr wahrscheinlich ist es auch nicht möglich, eine eindeutige Antwort auf diese Frage zu finden. Im Mittelpunkt des folgenden Kapitels steht somit die Suche nach indirekten Einflussnahmen, Schnittstellen und Gemeinsamkeiten – nach „Geistesverwandtschaften."[478] Wolff formuliert es so: Einflussnahme sei in seiner Arbeit

> „kaum je eine Sache der Nachahmung, eher der Analogie oder der Erwiderung wie in einem Gespräch, manchmal das Aufblitzen einer besonderen Empfindung, die ich wiederfinden oder, besser noch, mit der ich schlicht arbeiten möchte".[479]

Diese Äußerung soll als Orientierung dienen, Christian Wolffs Verhältnis zu dem Maler Jasper Johns zu analysieren, dessen Werk sein „Musikmachen [...] auf mir nicht ganz erklärliche Weise"[480] beeinflusst hat.

6.1 Christian Wolff und Jasper Johns oder: Von der Befreiung von Objekt und Klang

Christian Wolff gibt an, die frühen Arbeiten Jasper Johns' in Begleitung von Cage gesehen zu haben, der mit dem Maler persönlich befreundet war. Mit ihm habe er allerdings nie über die Arbeiten geredet, die Wolff als „engaging and puzzling"[481] empfunden hat. „I admired the elegance of the work, what Feldman might have called its ‚classy' quality, which was nevertheless at the same time still strongly affecting."[482] Wolff spürt in der Beschäftigung mit Johns' Kunst eine Affinität zu seiner eigenen Arbeit „or perhaps a quality of achievement which I might hope to aim at."[483]

Jasper Johns malte Flaggen, Zielscheiben, Zahlen, Buchstaben und Landkarten. Seine Malerei bot eine Alternative zu den „big brush gesture painters"[484] des Abstrakten Expressionismus. Feldman bezeichnete einmal den Maler als einen Menschen, der keine „narzisstischen"[485] Züge aufweise. Im Vergleich zu den Bildern von Kollegen, um die auch ein großer Personenkult betrieben wurde, wirken seine Arbeiten bescheiden sowie zurückhaltend. Sie beschränken sich auf das Wesentliche und sind trotzdem von einer farblichen Vitalität gekennzeichnet, die auch Wolff nicht entgeht: „The particular, localized, extraordinarily lively quality of the actual painting"[486], gefalle ihm sehr. Wolffs Interesse verweilt allerdings nicht auf der Oberfläche der Leinwand, sie geht

---

478 Wolff, „Unter dem Einfluß", S. 149.
479 Wolff, „Die eigene Identität entfalten", S. 321.
480 Ebd.
481 Josek, The New York School, S. 9.
482 Ebd.
483 Ebd.
484 Roberta Bernstein, „Jasper Johns's Numbers: Uncertain Signs", in: Ausst. Kat.: *Jasper Johns Numbers*, Cleveland, The Cleveland Museum of Art, 2003, S. 12.
485 Morton Feldman zitiert nach: Claren, Neither, S. 437.
486 Josek, The New York School, S. 9.

tiefer. Es sind die konzeptionellen und philosophischen Implikationen von Johns' Œuvre, die Wolff zum Nachdenken anregen und womöglich auch seine musikalischen Reflexionen beeinflusst haben. Auf die oft gestellte Frage, warum Johns überhaupt Flaggen male, antwortete er: „They [flags] seemed to me preformed, conventional, depersonalized, factual, exterior elements."[487] Johns' Malerei ist in dem Sinne abstrakt, als sie Alltagsgegenstände abbildet oder repräsentiert, ihnen aber keine spezifische Bedeutung zuspricht. Abgebildet werden Objekte, die keine narrativen Qualitäten haben, nichts versinnbildlichen wollen, keine Agenda aufweisen, sondern nur das sind, was sie sind: eine Flagge oder eine Zahl. Das entgeht auch Christian Wolff nicht. Er bezeichnet Johns' Kunst als „abstract in the sense that it [...] doesn't ‚mean‘ anything in particular, is detached from any evident narrative or signification beyond just what it is."[488] Es ist die „Möglichkeit vollkommener Bedeutungslosigkeit"[489], die sich in Jasper Johns gemalten Alltagsgegenständen manifestiert. Der Maler etabliert einen neuen Umgang zwischen Abstraktion und Repräsentation, indem es dem Betrachter erlaubt wird, Kunst mit Bedeutung zu füllen. Die von Johns abgebildeten Alltagsobjekte sowie Zeichen werden zu Werkzeugen, mit denen die Wahrnehmungsprozesse und die Kontingenz von Bedeutung untersucht werden können.

„The process of thinking excludes many possibilities. And the process of looking excludes many possibilities, because from moment to moment as we look we see what we see, at another moment in looking we might see differently. At any one moment one can't see all the possibilities. And one proceeds as one proceeds, one does something and then one does something else."[490]

Johns stimuliert den Betrachter innerhalb eines abgesteckten Rahmens, der Leinwand und des darauf dargestellten Objektes, etwas Altbekanntes, eine Flagge oder ein Fadenkreuz, neu zu erfahren und mit individuellen Bedeutungen zu füllen. Im Vordergrund steht ein perzeptiver Prozess, der von Betrachter zu Betrachter unterschiedlich ausfällt und das Bild in Echtzeit immer wieder neuen Interpretationen unterzieht:

„Their uncertain status [Der unbestimmte Status der Bilder], hovering between art work and the things itself, focused attention on the process of perception, how reality is represented through visual signs, and how the viewer interprets those signs."[491]

---

[487] David Sylvester, „Interview with Jasper Johns" (1965), in: *Jasper Johns. Writings, Sketchbook Notes, Interviews*, hrsg. von Kirk Varnedoe, New York 1996, S. 113.

[488] Josek, The New York School, S. 9.

[489] Oswald Schwemmer, „Der Sinn der Sinnlichkeit", in: *Bodies in Action and Symbolic Forms*, hrsg. von Horst Bredekamp u. a., Berlin 2012, S. 183.

[490] David Sylvester, „Interview with Jasper Johns" (1960), in: David Sylvester, *Interviews with American Artists*, New Haven 2001, S. 155ff.

[491] Bernstein, „Jasper Johns's Numbers", S. 12.

Dieses Szenario lässt sich in abgewandelter Form auch in Christian Wolffs kompositorischer Praxis finden. So wie der Betrachter des Bildes die Freiheit bekommt, eine eigene Interpretation des abgebildeten Objekts vorzunehmen, die nicht von dem Maler vorgegeben wird, bekommt auch der Instrumentalist in Wolffs Musik die Freiheit, eine eigene Interpretation der Komposition zu realisieren. Wolff und Johns geben lediglich einen Rahmen vor, in dem sich die Rezipienten beziehungsweise Interpreten frei bewegen können. Der Rahmen ist in Wolffs Fall mit genauen Spielanweisungen abgesteckt, die allerdings unter freiesten Bedingungen realisiert werden können. Es ist möglich, von einer koordinierten Improvisation zu sprechen. Zudem präzisiert er in vielen Fällen nicht die genaue instrumentale Besetzung seiner Stücke oder stellt es zur Wahl, bestimmte melodische Verläufe im Violin- oder im Bassschlüssel zu lesen. Das Stück entsteht in Echtzeit und unterliegt einer kontingenten Dynamik, die aus der Interaktion der Interpreten hervorgeht, die buchstäblich wieder „am Musikmachen teil[nehmen].“[492] Sie gestalten das Stück, so wie der Betrachter bei Johns aktiv an der Gestaltung des Bildes partizipiert. Für die Zuhörer hat der Einsatz von nicht determinierten Elementen allerdings auch Konsequenzen. „Laß die Hörer genau so frei sein wie die Spieler“[493], appelliert Wolff. Klänge seien nicht mit einer spezifischen Intention einzusetzen, um „bei anderen Gefühle auszulösen.“[494] Wolff spricht im Zusammenhang mit seiner Musik von einem Sound, der keine Narrativität aufweist, keiner linearen Struktur folgt, weder Anfang noch Ende hat und darüber hinaus auch Höhepunkte aufweist. Es sei eine Musik, die keine „rhetorical pressure“[495] ausübe. „The listeners shouldn't be pushed around. They should be allowed to find their own ways.“[496] Diese Einsicht teilt auch Jasper Johns in Bezug auf die Rezeption seiner Kunst. In einem Auszug aus einem Interview mit dem Maler, das von Christian Wolff während eines Kompositionskurses im tschechischen Ostrava zitiert wurde, argumentiert Johns, ein Bild solle so suggestionslos wie möglich gestaltet werden, damit der Betrachter nicht mit einem „artificial statement“[497] des Künstlers seiner interpretatorischen Kraft und Fantasie beraubt werde. Mit Suggestionslosigkeit meint Jasper Johns das Fehlen von im Vorhinein ausgearbeiteten Ideen oder Zielen. Kunst solle nicht das zum Ausdruck bringen, was der Künstler sich vorgenommen habe zu sagen, sondern nur das, was er nicht verhindern könne auszudrücken.[498] Wolff bestätigt diese Überlegung im selben Vortrag in An-

---

[492] Wolff, „etwas Riskantes“, S. 53.
[493] Wolff, „die Hörer so frei wie die Spieler lassen“, S. 87.
[494] Ebd.
[495] Christian Wolff im Gespräch mit James Saunders. James Saunders, „Christian Wolff Interview“, in: *The Ashgate Research Companion to Experimental Music*, hrsg. von James Saunders, Farnham u. a. 2010, S. 368.
[496] Ebd.
[497] Jasper Johns zitiert nach: Wolff, „Transkription Seminar Ostrava Days 2009“, S. 112.
[498] Jasper Johns zitiert nach: Ebd. „It [art] has to be what you can't avoid saying and not what you set out to say.“

lehnung an einige Reflexionen des Künstlers und Kunstkritikers Fairfield Porter, den der Komponist auch für seine politischen Überzeugungen marxistischer Koloratur schätzte: „not having a pre-set goal or purpose, is one that appeals to me a lot"[499], erläutert Wolff als Reaktion auf ein Zitat Porters, das er seinen Studenten vorträgt:

„Aesthetics is what connects one to matters of fact. It is anti-ideal. It is materialistic. It implies no approval but respect for things as they are. Every sentence is in order as it is. Order seems to come from searching for disorder and awkwardness from searching for harmony or likeness or the following of a system. The truest order is what you already find there or that will be given if you don't try for it. When you arrange you fail."[500]

Wolff zeigt sich von dieser Aussage beeindruckt, die der Kritiker in einem Brief an die Kunstkritikern Claire Nicolas White formulierte. Er spricht von der Gefahr, zu viele Ideen zu haben und rät davon ab, etwas zu erschaffen, von dem man bereits eine klare Vorstellung habe. – „Partly because you're bound to miss, you know? You'll get something that you don't want, and that's no good."[501] Das bedeutet allerdings nicht, dass er Ideen grundsätzlich als nutzlos deklariert, sie kategorisch ablehnt. Schließlich lassen sich durch sie kreative Prozesse in Gang setzen, die durchaus hilfreich sein können. Was er allerdings an Porters obigem Zitat schätzt, ist die philosophische Reflexion, dass ein Kunstwerk, sei es ein Musikstück oder ein Bild, wie Jasper Johns' Flaggen, das keiner partikulären Idee unterliegt oder sie kommuniziert, sich verschiedenen Interpretationsmöglichkeiten und Rezeptionsweisen öffnet. Es ist von einem Respekt für die Ganzheitlichkeit, Einzigartigkeit, Vielfältigkeit und Unmittelbarkeit des Lebens gekennzeichnet.

Die Kunsthistorikerin Anne Seymour berichtet in einem Aufsatz über die Flaggen-Bilder von Jasper Johns, der Maler habe das Format der Flagge gewählt, weil er sich über die „compositional structure" des Bildes keine Gedanken mehr machen müsse und sich auf andere Dinge konzentrieren könne. Obwohl Wolff angibt, das seine spezifische Notation und die damit einhergehende Integration von Unbestimmtheiten in seine Arbeit aus einem zeitlichen Engpass resultierte, gibt sie ihm auch die Möglichkeit, die Ausarbeitung einer kompositorischen Struktur im gewöhnlichen Sinne zu vernachlässigen und andere musikalische Charakteristika in den Mittelpunkt seiner Reflexionen zu stellen. Dazu zählen etwa die sozialen Implikationen seiner Musik und die daraus resultierenden politischen Konsequenzen, aber auch ästhetische Eigenheiten wie zum Beispiel der spezifische Klang einer Komposition, den Wolff als einzigartig und neu bezeichnet.[502]

---

[499] Ebd., S. 111.
[500] Fairfield Porter zitiert nach: Ebd.
[501] Ebd.
[502] Wolff, „etwas Riskantes", S. 53.

In dem Essay *Unbeweglichkeit in der Bewegung – Neue und elektronische Musik* stellt sich Christian Wolff eingangs die Frage: „Was ist oder scheint neu an dieser Musik?"[503] Gemeint ist unter anderem seine eigene und die Musik seiner Kollegen „John Cage, Morton Feldman und Earle Brown". Wolff erkennt in ihr „eine gewisse Tendenz zur Objektivität oder gar Anonymität." Der Sound sei befreit von einer „dramatischen Absicht", was auch auf seine Musik zutrifft. In einem Interview von 2005 sagt er, sie sei nicht von einem „feeling of willfulness"[504] gekennzeichnet. Darüber hinaus mangele es ihr an Selbstbehauptung, „self-assertion".[505] Auch Johns strebt an, seine Kunst von diesen Dingen zu befreien. „I want images to free themeselves from me. That may be why I often use objects on the canvas in my recent works"[506], sagt der Maler in einem Interview mit Yoshiaki Tono. Objekte existierten als „clear facts, not involving aesthetic hierarchy". Sie transzendierten Wertungen, Persönliches und Geschmacksfragen. „I simply want the object to be free", sagt Johns in demselben Interview. Diese Aussage findet womöglich ihre musikalische Entsprechung in der von Wolff geäußerten Überlegung, dass der Klang dieser neuen Musik „zu sich selbst kommen [soll]."[507] Für die Interpreten und Komponisten dieser Musik bedeutet das ein „salutary kind of detachment, or a focus on each moment and sound."[508] Der Komponist und Musikwissenschaftler Michael Nyman spricht in diesem Zusammenhang von Klängen, die sich nicht weiterentwickeln (not progress), „but merely heap up and accumulate in the same place (like Jasper Johns' numbers)."[509]

Numerische Abbildungen tauchen in Jasper Johns' Werk in unterschiedlichen Variationen auf. In der Werkreihe *Figures* (1968) malt er einzelne Zahlen auf große Leinwände. In der Arbeit *0 through 9* (1960) werden die Ziffern 0 bis 9 übereinander gelegt dargestellt. Man blickt auf ein undurchsichtiges Geflecht aus Linien und Formen. Die Aufmerksamkeit schweift permanent zwischen unterschiedlichen Zahlen hin und her, ein Vexierbild. *White Numbers* (1958) stellt eine Zahlensequenz dar, die einer bestimmten Ordnung folgt. Es ist interessant, dass Nyman Jasper Johns' Zahlen-Bilder als bildliche Analogie zu dem von Wolff beschriebenen klanglichen Phänomen wählt. Seine Gleichsetzung ist sinnvoll, schließlich kommunizieren Zahlen außerhalb ihrer typischen Einsatzgebiete, etwa der Mathematik, keine spezifischen Bedeutungen. Sie sind neutral. Aus der vorhergehenden musikalischen Beschreibung könnte man auch von einer Neutralität des Klangs sprechen, einer Musik, dessen

---

[503] Wolff, „Unbeweglichkeit in der Bewegung", S. 25.
[504] Saunders, „Christian Wolff Interview", S. 368.
[505] Ebd.
[506] Yoshiaki Tono, „Interview with Jasper Johns. ‚I Want Images To Free Themselves From Me'" (1964), in: *Jasper Johns. Writings, Sketchbook Notes, Interviews*, hrsg. von Kirk Varnedoe, New York 1996, S. 100.
[507] Wolff, „Unbeweglichkeit in der Bewegung", S. 25.
[508] Saunders, „Christian Wolff Interview", S. 368.
[509] Nyman, Experimental Music, S. 30.

Klänge die Freiheit besitzen, „einfach Klänge zu sein"[510] und nicht das „Ich oder [die] Persönlichkeit"[511] des Komponisten versinnbildlichen, sie seien gereinigt von „persönliche[m] Ausdruck, Dramatik, Psychologie."[512] Es ist eine Musik, die „Vertrautheit, als auch Fremdheit [hervorruft]."[513] So beschrieb der Komponist und enge Freund Christian Wolffs, Frederic Rzewski, dessen Musik. Die Kunsthistorikerin Roberta Bernstein findet ähnliche Worte um Johns' gemalte Zahlen zu kennzeichnen: „Johns's presentation of numbers as ,uncertain signs' is first and foremost aimed at stimulating the viewer to awaken the eye and mind to experience what is most familiar in a new way."[514] Johns gibt an, nach Dingen gesucht zu haben, die wiedererkennbar waren, „letters and numbers for example"[515] – Gegenstände, denen Menschen alltäglich begegnen. „These were things that people knew, and did not know [...] but never before had they seen them in the context of a painting."[516] Damit intendiert Johns, den Betrachtern seiner Bilder etwas Neues zu zeigen und sie eine neuartige Erfahrung machen zu lassen, ihre Sinnesempfindungen zu revitalisieren. „We feel that our senses are awake and clear. We are alive."[517]

Diese Haltung ist besonders in der frühen Moderne prominent vertreten. Kunst, sei es Musik, Malerei oder Poesie, die das Gewöhnliche mit unbekannten Eindrücken infiltrierte, es verfremdete, wurde das Potenzial zugesprochen, ihren Rezipienten ein neues Lebensgefühl zu vermitteln, das Bewusstsein, wieder am Leben zu sein.[518] Jasper Johns Vorgehensweise findet eine Entsprechung in Wolffs Musik, etwa in den Stücken *Stones* (1968) und *Sticks* (1968), die ein Teil der *Prose Collection* sind, einer Sammlung von Kompositionen, die nur auf mündlichen Spielanweisungen basieren. Der Komponist setzt Steine, Äste oder Zweige als Instrumente ein, Gegenstände, die einen alltäglichen – selbst in der Großstadt findet man Steine auf der Straße – beziehungsweise familiären Charakter haben, allerdings nicht dazu intendiert sind, mit ihnen zu musizieren. Wolff nimmt einen ordinären Gegenstand und verfremdet ihn. Der Prozess der Verfremdung spiegelt sich in der Umwandlung des Steins von einem Alltagsobjekt zu einem Musikinstrument wieder. Das Objekt wird auf eine neuartige Weise erfahren – so wie die Zahlen und Flaggen Jasper Johns'.

---

[510] Wolff, „Was ist unsere Arbeit", S. 229.
[511] Wolff, „Unbeweglichkeit in der Bewegung", S. 25.
[512] Ebd.
[513] Rzewski, „Die Algebra des Alltagslebens", S. 11.
[514] Bernstein, „Jasper Johns's Numbers", S. 29.
[515] Ebd.
[516] Ebd.
[517] Ebd.
[518] Am deutlichsten zeichnet sich dies im russischen Formalismus und in der Theorie der Ostranenie von Viktor Šklovskij ab. Siehe hierzu weiter oben.

6.2 Alltagsakustik – Rauschenberg, Cage und Wolff

Die Einbeziehung von Alltagsobjekten in seine Malerei praktizierte nicht nur Jasper Johns sondern auch sein Freund und Kollege Robert Rauschenberg. In dem Bild *Untitled* aus dem Jahre 1950 fixierte er Öl, Papier, Haar, Glas und Metall auf einer Leinwand. In seinen *Combine Paintings*, die er 1953 herzustellen begann, integrierte er Gegenstände aus dem täglichen Leben wie Glühbirnen, Postkarten oder Küchengeräte in seine Bilder, die unter malerischen Gesichtspunkten Einflüsse aus Pop Art und Abstraktem Expressionismus verarbeiteten. 1952 lernte er John Cage kennen, der zum Mentor und Freund Rauschenbergs wurde. Cage sprach von einer Komplizenschaft, die ihn mit dem Maler verbinde. Diese Komplizenschaft war nicht nur auf freundschaftlicher Ebene gegeben, sondern auch in Überschneidungen zwischen Cages musikalischen Reflexionen und des Malers künstlerischen Ideen. Cage bewunderte Rauschenbergs Bedürfnis nach Offenheit, seinen Wunsch „in Kontakt mit dem Unbekannten"[519] zu treten und seine stetigen Versuche, „mit dem was ich tue, nicht vertraut zu sein."[520] In seinem Essay über Rauschenberg fügt John Cage zudem ein Zitat hinzu, dass die Experimentierfreude des Malers noch stärker verdeutlicht: „He says [...] – ‚What do you want, a declaration of love? I take responsibility for competence and hope to have made something hazardous with which we may try ourselves."[521] Der Essay wurde 1961 veröffentlicht. Interessant ist, dass Christian Wolff vier Jahre später für eine italienische Kulturzeitschrift selbiges Zitat beinahe identisch übernimmt, es aber spezifisch auf seine Arbeit bezieht: „What do you want, a declaration of love? I take responsibility for the competence of a score and hope to have made something hazardous with which we may try ourselves."[522] Es ist somit davon auszugehen, dass Wolff Rauschenbergs Statement aus Cages Essay für seine kompositorische Arbeit annektierte. Das zeugt von einer Sympathie für das Denken und die künstlerische Arbeiten des Malers[523] und zeigt die enge Verwandschaft von Malerei und Musik oder musikalischem Denken.

In der Verwendung von Alltagsgegenständen beabsichtigte Rauschenberg die Trennlinie zwischen Kunst und Leben zu verwischen so wie Cage durch die Integration von Alltagsgeräuschen in seiner Arbeit. Dies gelang ihm mit der Komposition *4'33"* (1952), die aus vier Minuten und 33 Sekunden Stille besteht. In der Zeit bestimmt die akustische Umwelt des Rezipienten das Stück. „I would like to think that the sounds people hear in a concert could make

---

[519] John Cage zitiert nach: Rosalind Krauss, „Permanente Bestandsaufnahme", in: Ausst. Kat.: *Robert Rauschenberg Retrospektive*, Köln, Museum Ludwig, 1998, S. 222.

[520] Ebd., S. 222.

[521] Cage, Silence, S. 101.

[522] Wolff, „etwas Riskantes", S. 54.

[523] Obwohl die zeitliche Abfolge für eine Übernahme des Zitats durch Christian Wolff spricht, sollte dennoch bedacht werden, dass Wolff diese Aussage auch schon viel früher in der Gegenwart von John Cage formuliert haben könnte. Schließlich spezifiziert Cage nicht näher, wer dieser „he" eigentlich ist.

them more aware of the sounds they hear in the street, or out in the country, or anywhere they may be."[524] Als Inspiration für Cages Zelebration der Stille fungierten Robert Rauschenbergs *White Paintings* (1951). Cage: „To whom it may concern: The white paintings came first; my silent piece came later."[525] Cage verstand die weißen Leinwände als visuelle Analogie zu seiner vermeintlich stillen Musik – so wie es keine leere Leinwand gibt, „a canvas is never empty"[526], gibt es auch keine Stille. Josek bezeichnet die *White Paintings* als „Möglichkeitsfelder für sich ereignendes Leben [...], in dem [sic!] sie dasselbe reflektieren bzw. aufnehmen."[527] In der Tat lassen sich die weißen Leinwände als Spiegelbilder ihrer Umwelt auffassen. Sie werden ausgefüllt von Schatten der Galeriebesucher. Staubpartikel lassen sich auf ihnen nieder. Der Zahn der Zeit ruft mögliche Abnutzungserscheinungen und Verfärbungen hervor. Je nach Tageszeit strahlen sie in einem hellen Weiß oder vibrieren in düsteren Grautönen. Cage bezeichnete die *White Paintings* als „airports for the lights, shadows and particles"[528] und wünschte sich bei der ersten Begegnung eine Lupe dabei gehabt zu haben, um ihre feine Oberfläche genauer betrachten zu können.[529] Rauschenberg bezeichnete sie als „brilliantly interactive" als „tabula rasa that would reflect whatever came withing its ambiance."[530] Die Bilder drängen sich den Rezipienten nicht auf, so wie es bei anderer Kunst der Fall sein kann. Das bemerkt auch Rauschenberg. Für ihn besitzen sie eine „dignity of not calling attention to itself"[531] – und trotzdem werden die Betrachter in die Kunst miteinbezogen, indem beispielsweise ihre Schatten auf den Bildern auftauchen und sie als Rezipienten des Kunstwerks zu Bewusstsein gebracht werden. Eine analoge Situation herrscht in *4'33''*. Cage lässt den Hörer über die Stille seine Wirklichkeit und sich selbst erfahren. Beide Werke sind zudem von persönlichen Gemütszuständen ihrer Erschaffer befreit und bringen nur das zum Ausdruck, was durch die Besucher und ihre Umwelt in die Kunst hineingetragen wird.

„The novelty of our work derives therefore from our having moved away from simply private human concerns towards the world of nature and society of which all of us are a part. Our intention is to affirm this life, not to bring order out of chaos nor to suggest improvements in creation, but simply to wake up to the very life we're living, which is so excellent once one gets one's mind and one's desires out of its way and let's it act of its own accord."[532]

---

[524] Kirkpatrick, Tanztheater und bildende Kunst nach 1950, S. 25.
[525] Cage, Silence, S. 98.
[526] Ebd., S. 103.
[527] Josek, The New York School, S. 38.
[528] Cage, Silence, S. 102.
[529] Ebd., S. 108.
[530] Rauschenberg zitiert nach: Sam Hunter, „Robert Rauschenberg: Art and Life", in: *Robert Rauschenberg. Works, Writings and Interviews*, hrsg. von Sam Hunter, Barcelona 2006, S. 54.
[531] Robert Rauschenberg zitiert nach: Ebd., S. 55.
[532] Cage, Silence, S. 95.

Die vermeintliche Leere in der Malerei oder Stille in der Musik fungiert nicht als negatives Statement, als nihilistische Verneinung, sondern als Bindeglied zwischen dem Kunstwerk bzw. der Komposition und dem Leben ihrer Betrachter und Zuhörer. Mit dieser Verbindung sympathisiert auch Christian Wolff, obwohl er sie nicht so explizit wie Cage in seine Musik einbezieht. Dennoch, eine Anekdote versinnbildlicht seine Offenheit für die Integration von Alltagsgeräuschen in seine Musik und die damit einhergehende Absicht, Kunst und Leben miteinander zu verknüpfen: Eine Aufführung von Wolffs Musik, die er selbst am Klavier interpretiert, wird immer wieder von Verkehrsgeräuschen und Schiffshörnern durchkreuzt. Die Geräusche sind mitunter so laut, dass sie die Musik übertönen und es erschweren, sie genau zu verfolgen. Nach dem Konzert wird Christian Wolff von einem Besucher aufgefordert, das Stück noch mal mit geschlossenen Fenstern zu spielen. Der Komponist entgegnet, er sei gerne dazu bereit, das Stück zu wiederholen, „but it wasn't really necessary, since the sounds of the environment were in no sense an interruption of those of the music."[533]

6.3 Christian Wolffs „Prose Collection" im Spiegel der Arte Povera und Minimal Art

„I like the idea of economy.
Some of my favorite pieces are say you have one page
and the thing lasts for an hour.
You need a certain elegance to be able to do it."[534]

Christian Wolff konzipierte die *Prose Collection* zwischen 1968 und 1985, wobei die meisten Teile innerhalb von drei Jahren, zwischen 1968 und 1971, entstanden.[535] Die *Prose Collection* ist eine Sammlung von 14 Kompositionen, die auch Interpreten aufführen können, die keine musikalische Bildung genossen haben. Wolff spricht von „Nichtmusikern"[536] oder „nichtprofessionellen Spielern"[537]. Es ist jedem möglich, die Stücke zu verstehen und somit zu interpretieren, da sie, wie bereits aus dem Titel der Kompilation hervorgehend, ausschließlich aus mündlichen Anweisungen bestehen. „Ich habe keine

---

[533] Christian Wolff zitiert nach: David W. Bernstein, „John Cage and the ‚Aesthetic of Indifference'", in: *The New York Schools of music and visual arts [...]*, hrsg. von Steven Johnson, New York 2002, S. 129.

[534] Behrman, „Roulette TV. Christian Wolff", o. S.

[535] Gresser erweitert den Entstehungszeitraum in das Jahr 1997 und fügt der *Prose Collection* noch das Stück *Instrumentalist(s) and Singer(s)* hinzu, das in der von Frog Peak Music publizierten Fassung allerdings nicht verzeichnet ist. Siehe: Gresser, „Prose Collection", S. 197.

[536] Wolff, „Werknotizen", S. 497.

[537] Wolff, „Revolutionäres Geräusch", S. 201.

Notenschrift, sondern nur verbale Anweisungen notiert", schreibt er in den Werknotizen, „die mit oder ohne konventionelle Musikinstrumente realisiert werden können."[538] Der Sammelband, dessen Inhalt sehr spärlich ausfällt – es scheint als wolle Wolff nur das Nötigste sagen, denn viele der Beschreibungen sind maximal nur eine halbe Seite lang – möchte außerdem verdeutlichen, dass jeder „über eine Stimme verfügt"[539]. Es ist ein Appell ans ungezwungene Experimentieren, an eine Musik, die buchstäblich mitten im Leben steht – „eine Rarität auf dem Feld zeitgenössischer Musik"[540]. Seine Worte richtet Wolff nicht an die Protagonisten der Neuen Musik Amerikas und Europas, sondern an Kunststudenten – eine interessante Verbindung. Offenbar hatte die Kunstwelt damals ein weitaus offeneres Ohr für experimentelle Ansätze als die Welt der Musik. Das legt die Vermutung nahe, dass Wolffs *Prose Collection* nicht bloß unter musikalischen Gesichtspunkten zu betrachten ist, sondern auch als philosophisches Statement, als Andockfläche zur bildenden Kunst rezipiert werden kann.

Ins Auge fällt zunächst die Einfachheit der Anweisungen. Wolff schreibt in kurzen Sätzen, meistens sind es klar formulierte Hauptsätze. Er vermeidet Adjektive. Außerdem benutzt er stichwortartige Wendungen, die womöglich die Assoziationskraft der Spieler anregen sollen – „die Worte der Texte sind sozusagen losgelassen, damit die Interpreten sie finden und ihre eigenen Assoziationen daran knüpfen können."[541] Er beschränkt sich ausschließlich auf das Nötigste. Die Texte sind nüchtern formuliert, können aber auch einen poetischen Charakter aufweisen.

Besonders interessant sind zwei Kompositionen, *Stones* und *Sticks*, „Steine" und „Zweige" oder „Stöcke". Die Titel sind buchstäblich zu verstehen. Es geht um Musik, die mit Steinen bzw. Zweigen gemacht wird – die Spieler haben die Aufgabe, „Klänge mit Steinen, aus Steinen zu erzeugen, dabei verschiedene Größen und Arten (und Farben) zu verwenden"[542]. Das bereits minimalistisch anmutende Klangmaterial soll auch dementsprechend eingesetzt werden. Die Steine sollen, „zumeist für sich allein stehend, manchmal aber auch in schnellerer Abfolge" erklingen. Erlaubt ist außerdem, „Stein auf Stein zu schlagen" sowie zur Klangerzeugung „auch andere Oberflächen zu

---

[538] Wolff, „Werknotizen", S. 497.
[539] Wolff, „Revolutionäres Geräusch", S. 201.
[540] Christoph Metzger, „Musica Povera? Notizen zu Christian Wolff, John Cage und Ulrich Eller", in: *Neue Zeitschrift für Musik*, Nr. 6 (2008), S. 26.
[541] Wolff, „Die Vergangenheit benutzen", S. 131. Das gilt für die *Prose Collection* im Allgemeinen, wobei anzumerken ist, dass Wolff die obige Aussage in Hinblick auf die Stücke *Crazy Mad Love*, *You blew it* und *Double Song for JRN and CMAW* macht. Den Ausruf *You blew it* verbindet Wolff mit seiner Unzufriedenheit hinsichtlich Nixons Vietnamkriegspolitik. Die in *Double Song...* vorkommende Textzeile *Fee Fie Fo Fum* stammt aus einem Kinderbuch, während der Titel *Crazy Mad Love* aus einem Rock'n' Roll-Song entnommen ist.
[542] Christian Wolff, „Prose Collection" (1968/1985), in: *Christian Wolff. Cues. Writings and Conversations / Christian Wolff. Hinweise. Schriften und Gespräche*, hrsg. von Gisela Gronemeyer und Reinhard Oehlschlägel, Köln 1998 (Edition MusikTexte 005), S. 471. Folgezitate ebd.

verwenden", etwa Instrumente wie „das Innere einer offenen Trommel". Die Steine müssen aber nicht zwangsläufig aufeinander geschlagen werden. Man kann sie zum Beispiel auch über eine Oberfläche streichen. Die Verwendung von elektrischer Verstärkung, im Sinne einer Manipulation der Objekte mit Kontaktmikrofonen, ist auch erlaubt. Wolff ist es zudem wichtig zu erwähnen, dass bei beiden Stücken nichts zu Bruch gehen darf. „Nichts zerbrechen", schreibt er. „Keine Bäume oder Sträucher verstümmeln; nichts, außer den Zweigen zerbrechen; offenes Feuer, sofern es nicht einem praktischen Zweck dient, vermeiden." Während Wolff bei *Stones* die Anzahl der Interpreten nicht näher festlegt, wird er bei *Sticks* konkreter – „zwei oder drei können zusammen anfangen". Sie müssen die Zweige zerbrechen. Die Komposition ist dann zu Ende, wenn dieser Vorgang beendet wurde und es möglich ist, die einzelnen Stücke, eine Handvoll, zu Boden rieseln zu lassen. Es ist nicht erwünscht, das dabei entstehende Geräusch zu verstärken. Während der Interpret diese Tätigkeit ausführt, fordert Wolff ihn dazu auf, „einen tiefen Ton [zu] summen". Dieser Ton ist so lange auszuhalten, bis dem Spieler die Luft ausgeht. Währenddessen müssen mit den Zweigen weitere Klänge hergestellt werden. Die Komposition schließt mit der Aufforderung ab, „die Zweige auch wegzulassen und stattdessen die Klänge und Empfindungen zu spielen, die eine Aufführung mit Zweigen in der Vorstellung annehmen könnte."

Die Komposition *Stones* präsentiert Wolff unter anderem auch im Rahmen der Darmstädter Ferienkurse am 29. Juli 1972. Angesprochen auf die Frage eines Studenten, warum es ausgerechnet Steine sein müssten, führt Wolff pragmatische Gründe auf, sie seien „readily available nearly everywhere."[543] Außerdem seien sie auch die ältesten Instrumente und klängen am besten, weil man mit ihnen sehr fragile und gleichzeitig auch sehr brutale Klänge herstellen könne. Anschließend geht Wolff auf das Verhältnis der New York School zu Pierre Boulez ein, der das Handwerk der Amerikaner als primitiv bezeichnete – „Boulez and others regarded our music as very primitive technically".[544] Ins Visier der Kritik gerieten dabei hauptsächlich Feldman und Wolff. Ersterem wurde vorgeworfen, Kompositionen zu schreiben, deren Simplizität dem Niveau eines Kindes ähnele – „this is child's work, or something like that"[545] –, während Zweiterer von Gewissensbissen berichtet, die mit mangelndem Selbstvertrauen einhergingen – „but at the same time you can feel a little insecure if people don't think you have all that you have to have to pass your general exams and stuff like that."[546] Letztlich bemerkt er aber, dass es genau die Qualitäten sind, die den Sound der New York School so einzigartig machen. Vor diesem Hintergrund könnte die *Prose Collection* als Ansage verstanden werden, die sich gegen die von den Europäern propagierte Strenge, klassisch-traditionelle Edukation und Komplexität richtet – „our

---

[543] Beal, „Christian Wolff in Darmstadt", S. 29.
[544] Ebd.
[545] Ebd., S. 30.
[546] Ebd.

thinking was much freer and more open and we had a better chance of discovering stuff."[547] Obwohl beide Stücke von einer nüchternen Konzeption sind, tragen sie ein weitreichendes Assoziationsgefüge mit sich, das zunächst in Richtung der bildenden Kunst ausgearbeitet werden soll. Führt man sich vor Augen, dass der größte Teil der *Prose Collection* zwischen 1968 und 1971 entstanden ist, so liegt es nahe, die Sammlung auch nach Bezügen zur Minimal Art zu untersuchen, und das nicht nur auf der Ebene des Materialcharakters, der durchaus minimalistische Qualitäten aufweist. Bereits der Titel von Wolffs schriftlicher Musiksammlung stellt eine Nähe zur Minimal Art her. Er verweist nicht nur auf eine bestimmte Literaturgattung, im Gegenteil, Prosa kann auch Synonym für Sachlichkeit und Nüchternheit sein. Darüber hinaus steht sie für eine „geradeaus gerichtete Rede"[548] mit schlichtem Charakter, was durchaus zu Wolffs Schreibstil passt, nicht nur bei der *Prose Collection*, sondern auch in seinen Aufsätzen, in denen der Komponist von unnötigen Verkomplizierungen Abstand nimmt. Die Minimal Art als eine prosaische Kunst zu bezeichnen, ist nicht unüblich. Der Kunsthistoriker Alexander Alberro diagnostiziert bei der Minimal Art eine „preference for *prosaic*, everyday materials and its emphasis on anonymity, repetition, and equality of parts."[549]

Ein Anknüpfungspunkt an die Minimal Art lässt sich aber nicht nur hinsichtlich der konzeptionellen Einfachheit herstellen, sondern auch auf der Ebene der Rezeption. Barbara Rose berichtet in ihrem Text *ABC Art*, der sich mit dem Phänomen der Minimal Art auseinandersetzt, der Dichter John Ashbery habe Zweifel hinsichtlich der Qualität dieser Kunst geäußert, wenn sie doch jeder, auch der sogenannte Laie, realisieren könne.[550] Das erinnert an die diffamierende Kritik der Europäer an der Musik der New York School, die weiter oben in diesem Abschnitt angesprochen wurde und die Wolff im Zu-

---

[547] Ebd., S. 30. In der kritischen Attitüde gegenüber den europäischen Einflüssen trifft sich Wolff, überhaupt die gesamte New York School, mit der ideologischen Haltung der Minimalisten, die europäische Einflüsse als obsolet brandmarkten und in einen neuartigen Kontext setzen wollten. So Donald Judd in einem Interview: „Ich interessiere mich überhaupt nicht für die europäische Kunst, ich denke, das ist vorbei. Nicht die Elemente, die wir verwenden sind neu, aber ihr Zusammenhang." Siehe: Bruce Glaser, „Fragen an Judd und Stella" (Questions to Stella and Judd 1966), in: *Minimal Art. Eine kritische Retrospektive*, hrsg. von Gregor Stemmrich, Dresden u. a. 1995, S. 41. An anderer Stelle verbindet die Kunsthistorikerin Lucy Lippard das englische Wort „tradition" mit dem Begriff „traitor", „Verräter". „Sie [die Minimalisten] haben diejenigen Aspekte der Skulptur [...] verworfen, da sie möglicherweise fühlen, daß im Lateinischen die Worte Verräter [traitor] und Tradition den gleichen Ursprung haben." Siehe: Lucy Lippard, „10 Strukturisten in 20 Absätzen" (10 Structurists in 20 Paragraphs 1968), in: *Minimal Art. Eine kritische Retrospektive*, hrsg. von Gregor Stemmrich, Dresden u. a. 1995, S. 309. Und Jutta Held bezeichnet die Minimal Art als genuin amerikanische Ideologie. Siehe: Jutta Held, „Minimal Art – eine amerikanische Ideologie" (1972), in: *Minimal Art. Eine kritische Retrospektive*, hrsg. von Gregor Stemmrich, Dresden u. a. 1995.
[548] Duden, *Das Fremdwörterbuch. 10. Aktualisierte Auflage*, Mannheim 2010, S. 857.
[549] Alexander Alberro, *Conceptual Art and the Politics of Publicity*, Cambridge, Mass u. a. 2003, S. 34.
[550] John Ashbery zitiert nach: Rose, „ABC Art", S. 283ff.

sammenhang mit der *Prose Collection* erwähnt. Letztendlich käme es aber auf „den Willen des Künstlers an, etwas zu entdecken, und nicht auf handwerkliche Geschicklichkeit."[551] Mit dieser Einschätzung stimmt Wolff überein. Virtuosität steht nicht im Vordergrund der *Prose Collection*, sondern ein entdeckerischer Impetus. „Ich beabsichtigte eine Art tastender Improvisation, die frei war von hochspezialisierter Virtuosität und von technischen und psychologischen Zwängen, die mit einer Konzertaufführung verbunden sind."[552] In Lucy R. Lippards Auseinandersetzung mit der Minimal Art findet man die Aussage, die Idee sei die Maschine, die die Arbeit mache.[553] Es geht also darum, etwas *zu tun*, zu musizieren, auszuprobieren, zu experimentieren. Was aber zunächst einfach klingt, unterliegt allerdings einer Reihe von komplizierten Entscheidungen, Abwägungen über die Art und Weise der Interpretation der mündlichen Partitur. Das sieht auch Rose in der Minimal Art, wenn sie „die scheinbare Einfachheit der Arbeiten" auf eine „Reihe von komplizierten, hochgradig durchreflektierten Entscheidungen, die jeweils zum Ausschluß dessen führen, was als unwesentlich erachtet wurde"[554], zurückführt. Einen Einblick in die Konzeption einer Aufführung von *Stones* bekommt man im Booklet der 1996 vom Wandelweiser Verlag veröffentlichten CD *Stones*, an der die Komponisten und Instrumentalisten Michael Pisaro, Chico Melio, Antoine Beuger, Burkhard Schlothauer, Jürg Frey, Thomas Stiegler und Kunsu Shim beteiligt waren. „Die Vorbereitung einer Aufführung beginnt damit, diese Anweisung so genau wie möglich zu lesen. Sie enthalten eine Fülle von Möglichkeiten, schließen aber auch vieles aus"[555], heißt es im Begleittext. Die Fülle an Möglichkeiten muss also zu intelligiblen Kernpunkten zusammengefasst werden. Unnötiges und Unschlüssiges wird ausgesondert. Im vorliegenden Fall führt dieses Denken zu originellen Resultaten: Pisaro versteht eine Formulierung von Wolff, „to draw sounds from stones", buchstäblich und beginnt auf den Steinen zu malen. Die Klänge, die dabei entstehen, sind seine Interpretation der Partitur. Schlothauer geht rabiater vor: „to draw" interpretiert er als Aufforderung, einen großen Stein durch den Aufführungssaal zu ziehen. Diese Spezifikationen ließen sich fortsetzen und demonstrieren hier die von Rose erwähnte Beobachtung einer präzisen und durchdachten Entscheidungsbildung, einer auf „ihre eigene Essenz konzentrierten Kunst."[556]

Es gibt aber noch weitere Anknüpfungsmöglichkeiten an Strategien der Minimal Art, die sich aus der Lektüre von Michael Frieds einflussreichem Aufsatz *Kunst und Objekthaftigkeit* ergeben, den dieser im Jahre 1967 publizierte. In

---

[551] Ebd., S. 284.
[552] Wolff, „Die Vergangenheit benutzen", S. 129.
[553] Lippard, „10 Strukturisten in 20 Absätzen", S. 317.
[554] Rose, „ABC Art", S. 292.
[555] Antoine Beuger, „Begleittext zur Komposition *Stones*", in: Christian Wolff, *Stones*, Wandelweiser Komponisten Ensemble, CD, Edition Wandelweiser Records 1996, o. S.
[556] Rose, „ABC Art", S. 284.

Wolffs Aussage, er beabsichtige in dem Stück *Stones* einen „direkte[n] Zugang zur materiellen Basis des Klangs"[557] herzustellen, eine Äußerung, die auch in Bezug auf alle anderen Stücke der *Prose Collection* seine Gültigkeit hat, findet sich die erste Schnittstelle mit Frieds Text im Hinblick auf seine Definition einer sogenannten „literalistischen Kunst", ein Substitut für den Begriff Minimal Art, die gleichzeitig eine Kritik der Minimal Art vor dem Hintergrund ihrer Theatralität darstellt. Hier schwingt bereits auf semiotischer Ebene der Verweis auf die Literatur, auf etwas Niedergeschriebenes mit, eine Form der Arbeitsweise und Darstellung, die Wolff für die Konzeption der *Prose Collection* verwendet – das geschriebene Wort. Wolff geht es um eine Direktheit der Erfahrung von Klang bzw. Kunst, um die buchstäbliche Auseinandersetzung mit dem, was unmittelbar da ist. Frank Stellas Credo „What you see is what you see" bringt diese Logik auf den Punkt. Seine Aussage bezieht sich auf die ausgestellten Objekte der Minimal Art, die keine metaphysische Suggestivität aufweisen, ihre schlichte Radikalität ist von „konkreter Natur".[558] Es existieren keine mysteriösen Verschnörkelungen – das minimalistische Objekt präsentiert sich in klarer Unmittelbarkeit.[559] Diese Unmittelbarkeit bezeichnet Herman Danuser unter musikalischen Kriterien als „hic et nunc des klingenden Augenblicks".[560] Wahrnehmung findet immer im gegenwärtigen Moment statt und ist nicht an vergangenheits- oder zukunftszentrierte Denkweisen gebunden – „What you hear is what you hear". Damit korrespondiert auch Christian Wolffs obige Aussage, die er mit dem Zusatz ergänzt, der direkte Zugang zum Klang müsse „selbst nicht musikalisch in irgendeiner vertrauten Weise sein."[561] Es geht, um es mit Clement Greenberg zu formulieren, nur um „den Effekt der Gegenwart"[562] und nicht um irgendwelche in der Vergangenheit konzipierten oder in die Zukunft deutenden Ideen. Die Objekthaftigkeit der Steine, die zur Klangerzeugung eingesetzt werden, macht *Stones* zu einem literalistischen Musikstück. Der Gegenstand steht im Mittelpunkt. Das ist besonders vor dem Hintergrund vieler Kompositionen von Christian Wolff hervorzuheben, die so konzipiert sind, das sie mit unterschiedlichen Instrumenten realisiert werden können – *Burdocks* ist zum Beispiel so ein Fall. Es ist möglich jedes erdenkliche Instrument zur Realisation dieser Komposition zu verwenden. Doch bei *Stones* geht es buchstäblich nur um die Steine,

---

557 Wolff, „Revolutionäres Geräusch", S. 203.

558 Rose, „ABC Art", S. 299.

559 Robert Morris unterstreicht diese Klarheit mit folgender Aussage: „Jede interne Beziehung, komme sie durch [...] was auch immer zustande, beeinträchtigt die öffentliche, äußere Qualität des Objekts." Siehe: Robert Morris, „Anmerkungen zur Skulptur" (Notes on Sculpture 1966), in: *Minimal Art. Eine kritische Retrospektive*, hrsg. von Gregor Stemmrich, Dresden u. a. 1995, S. 105.

560 Hermann Danuser, *Die Musik des 20. Jahrhunderts*, Laaber 1984 (Neues Handbuch der Musikwissenschaft, Bd. 7), S. 393.

561 Wolff, „Revolutionäres Geräusch", S. 203.

562 Clement Greenberg zitiert nach: Michael Fried, „Kunst und Objekthaftigkeit" (Art and Objecthood 1967), in: *Minimal Art. Eine kritische Retrospektive*, hrsg. von Gregor Stemmrich, Dresden u. a. 1995, S. 340.

um den „Gegenstand eigener Art."[563] In einem Gespräch mit Krukowski festigt Wolff diese Materialfixierung hinsichtlich der Wiedererkennbarkeit des Stückes. „There's a tremendous range of possible performances, and yet I would say that I could probably recognize a performance of *Stones*, for the very simple reason that stones are involved."[564]

Donald Judd bezeichnet das als eine „Spezifizität der Materialien" und glaubt, dass „in der beharrlichen Identität eines Materials"[565] eine Gegenständlichkeit läge, die im direkten Einsatz umso bedeutender wird. Fried führt weiter aus, dass die literalistische Kunst „ihre Objekthaftigkeit weder überwinden noch aufheben [will], sondern im Gegenteil die Objekthaftigkeit als solche entdecken und projizieren [möchte]."[566] Es geht also ausschließlich um das Objekt, um die Direktheit der Erfahrung in der Auseinandersetzung mit dem Kunstwerk. Es ist nicht nötig, ein koryphäisches Fachwissen der Kunstgeschichte zu besitzen, um Tony Smiths *Black Box* richtig erfahren zu können. Er behauptet selbst, es käme nur auf das Erlebnis an. Darüber hinaus sei es für jeden verständlich. „Man muss es einfach erleben – so wie es geschieht, so wie es einfach ist."[567] Das Objekt als solches ermöglicht die Form von Rezeption. Bei Wolff sind es die Steine, die klingenden Objekte, die die Art von Begegnung erlauben. Die literalistische Qualität des Gegenstands macht Wolff auch auf musikalischer Ebene spürbar. Die Komposition erschließt sich sofort. Es ist nicht nötig, ein Instrument erlernt zu haben oder ein Virtuose zu sein, um *Stones* spielen zu können. Die Direktheit der Erfahrung, das literalistische Moment, manifestiert sich in der Possibilität, unmittelbar musizieren zu können.

Im Vordergrund dieses Denkens steht die Situation. Fried zitiert in seinem Essay eine Anekdote von Tony Smith, der eines nachts über eine nicht vollständig fertig konstruierte Autobahn fuhr und diese Fahrt als Revelation bezeichnete. Außerdem fügt Smith seiner Anekdote noch die Erzählung eines Besuchs verlassener Flugzeugstartbahnen irgendwo in Europa hinzu. Fried bezeichnet die Erfahrungen als „leere und verlassene Situationen"[568], die mit plötzlichen Eindrücken gefüllt werden. Wolffs Konzeption der Komposition *Stones* ähnelt Smiths Bericht. Ein solitärer Spaziergang an einem steinigen Strand wird zum Anlass genommen, nach „Möglichkeiten der Reichweite, der Resonanz, der Tonhöhe und Artikulation von Klängen" zu suchen, „die man mit einer bestimmten Sorte von (perkussiven) Material erzielen kann."[569] Die Vorgehensweise gleicht der von Robert Morris gemachten Beobachtung, der

[563] Ebd., S. 339.

[564] Christian Wolff im Gespräch mit Damon Krukowski. Damon Krukowski, „Christian Wolff", in: *BOMB*, Nr. 59 (1997), S. 48.

[565] Fried, „Kunst und Objekthaftigkeit", S. 362.

[566] Ebd., S. 339.

[567] Ebd., S. 351.

[568] Ebd., S. 352.

[569] Wolff, „Revolutionäres Geräusch", S. 203.

Rezipient eines minimalistischen Objekts stelle „selber die Beziehungen her, indem er das Objekt aus verschiedenen Positionen, unter wechselnden Lichtbedingungen und in unterschiedlichen räumlichen Zusammenhängen"[570] erfasse.

So wie es immer wieder möglich ist, Steine auf verschiedene Art und Weise zur Klangerzeugung zu benutzen, sie immer wieder neu zu erfahren, scheinen die Arbeiten der Minimal Art in ihrer Form theoretisch ebenso stets erweiterbar zu sein. Ihnen fehlt die Begrenzung eines konventionellen Kunstwerks, das durch narrative Elemente und daraus resultierende, strukturelle Eckpunkte abschließbar erscheint. Der Betrachter wird sich der „Endlosigkeit und Unerschöpflichkeit des Objekts"[571] bewusst. Smiths Bemerkung, dass die Form eines Würfels nicht innerhalb einer Sekunde, sondern fortwährend erfasst wird, erfährt in dem Kontext eine essenzielle Bedeutung[572] und wird in Christian Wolffs Kompositionen *Stones* und *Sticks* reflektiert – es ist der Interpret, der die von Wolff gestellten Materialien fortwährend erfasst, – es gibt keine „definite sonic identity" – sie nach seiner eigenen Façon innerhalb einer bestimmten Situation gestaltet.

Für Fried ist genau diese „Situationsgebundenheit der Kunsterfahrung"[573] – der Kernpunkt seiner Kritik an der Minimal Art, ein Phänomen, das er mit dem Begriff „Theatralität" beschreibt. Die nach Smith unendliche Erfassung eines Würfels findet immer in einer bestimmten Situation statt, die einen Anfang und ein Ende aufweist, also innerhalb einer spezifischen Zeitspanne geschieht. Das situative Moment, die Erfahrungen, die der Rezipient bei der Betrachtung eines literalistischen Kunstwerks sammelt, verläuft also innerhalb einer bestimmten Dauer. Dasselbe gilt auch für den Interpreten oder Hörer, der *Stones* aufführt oder sich anhört. Für den Künstler ist dieses Ereignis „paradigmatisch theatralisch"[574]. Im Gegensatz dazu, ist die von ihm favorisierte Kunst natürlich auch nur in der Zeit zu erfahren, wie könnte es auch anders sein, aber „in jedem Moment [der Erfahrung] gänzlich manifest."[575] Aus dieser Beobachtung leitet Fried die Idee der Augenblicklichkeit ab, „als reichte [...] ein einzelner, unendlich kurzer Moment aus, um alles zu sehen, um das Werk in seiner ganzen Tiefe und Fülle zu erfahren."[576] Für Fried muss diese Logik zum Antriebsmotor von Malerei und Skulptur werden, aber auch von Musik und Literatur. Die Musik hat es dabei besonders schwer, da sie, wie Fried in den Fußnoten seines Essays ausführt, die Konvention der Dauer mit dem Theater teilt und in der Regel auch auf einer Bühne aufgeführt wird. Fried fordert von der Musik ihre theatralischen Qualitäten abzulegen und einen Zustand der „andauernden und zeitlosen *Gegen-*

---

570 Fried, „Kunst und Objekthaftigkeit", S. 364.
571 Ebd.
572 Ebd., S. 365.
573 Michael Lüthy, „Theatricality / Michael Fried", in: Ausst. Kat.: *Skulptur Projekte Münster 07*, Münster, Westfälisches Landesmuseum, 2007, S. 465.
574 Fried, „Kunst und Objekthaftigkeit", S. 365.
575 Ebd.
576 Ebd., S. 365ff.

wart" herzustellen. Dieser Effekt lässt sich tatsächlich beim Hören der *Stones* beobachten. Die in der Komposition auftretenden Klänge sind in der Regel subtil und nicht aufdringlich, man könnte sie auch als monochrom bezeichnen. Sie fallen nicht auf – man muss aufmerksam hinhören, um sie wahrzunehmen. Diese Beschreibung harmoniert auch mit Wolffs Beobachtung des Stückes, das keinen „nach außen gerichteten Klangstrom"[577] aufweist. Fehlende Vorgaben hinsichtlich der rhythmischen Gestaltung von *Stones* lassen Wolff außerdem, analog zu Fried, von einem „zeitlosen Gefühl" sprechen, das aufgrund der rhythmischen Unklarheit in Bezug auf die Klangerzeugung entsteht. Das Gefühl der Zeitlosigkeit wird auch in den Linernotes der CD *Stones* angesprochen, allerdings aus einer anderen Perspektive: Der Rezipient vergisst beim Hören des Tonträgers, dass dieser überhaupt spielt. „Plötzlich hören Sie dann irgendwann, irgendwo ein Steinchen, und nach einem ersten ‚Was war denn das?' wird es Ihnen auf einmal klar: ‚Ach ja, das ist die CD!'" Die auf der CD enthaltenen Klänge führen durch ihre minimalistische Subtilität[578] ein Vergessen bei, das sich nicht nur darin äußert, den Tonträger als solchen zu vergessen, sondern damit einhergehend auch den Überblick über den Verlauf der Zeit. Die Sperrigkeit des Stückes führt eine temporäre Desorientierung herbei. Fragen, die sich in dieser Situation dem Hörer stellen könnten, wären zum Beispiel: „Seit wann spielt die CD?", „Wie viele Minuten habe ich zugehört?", „Wie viel Zeit ist zwischen zwei Klangereignissen vergangen?", „Wie lange war ich abwesend?"

Wolff verwendet auch den Begriff des Theatralischen im Zusammenhang mit der Komposition *Stones*, die im Rahmen der Darmstädter Ferienkurse aufgeführt wird. Am 29. Juli 1972 probt er im Rahmen eines Seminars mit einigen Kompositionsstudenten jenes Stück, mit dessen Aufführung und Interpretation er allerdings nicht zufrieden ist. Der Komponist hält die Adaption seiner Studenten für nicht musikalisch. Es schien ihm, als habe jeder für sich selbst gespielt.[579] Darüber hinaus sagt er, „if you want to be theatrical, you have to do it in a selfless way."[580] Wolff assoziiert das Moment des Theatralischen mit Selbstlosigkeit. Der Komponist fordert also eine „Ablehnung des Persönlichen, des Subjektiven, des Tragischen und des Narrativen"[581]. Der Fokus gilt ganz allein dem Objekt, in diesem Fall den Steinen.

Wolffs Auffassung scheint vom polnischen Theaterregisseur Jerzy Grotowski inspiriert zu sein, der im Polen der 1960er-Jahre die Idee des „Armen Theaters" entwickelte. Dieses Theater zeichnete sich durch eine bewusste Verein-

---

[577] Wolff, „Die Vergangenheit benutzen", S. 133.

[578] Barbara Rose über die Minimal Art: „Diese neue Kunst ist so zurückhaltend, so oft mit wenig mehr als Nuancen der Differenzierung befaßt und in einem Pianissimo ausgeführt". Siehe: Rose, „ABC Art", S. 306.

[579] Christian Wolff zitiert nach: Beal, „Christian Wolff in Darmstadt", S. 30.

[580] Ebd.

[581] Rose, „ABC Art", S. 300.

fachung aus, durch die Suche nach dem „Skelett des Mediums"[582]. Gearbeitet wurde nur mit dem Nötigsten. Man verzichtete auf pompöse Bühnenbilder, Schauspieler trugen keine Schminke und waren oft nur mit Leinentüchern bekleidet – ein pikanter Dresscode für die damalige Zeit. So wie Wolff seinen Musikern für eine gelungene Realisation von *Stones* eine Selbstlosigkeit abverlangt, glaubt auch Grotowski an eine Methode, die

> „keine deduktive, keine Ansammlung von Fertigkeiten [ist]. Hier ist alles auf das ,Reifen' des Schauspielers konzentriert, das sich durch eine Spannung bis zum Äußersten, durch eine vollständige Selbstenthüllung, durch eine Bloßlegung seiner eigenen Intimität ausdrückt – und dies alles ohne den leisesten Anflug von *Egoismus oder Selbstgefälligkeit.*"[583]

Auf dem Programm steht, analog zu Wolffs *Prose Collection*, „keine Ansammlung von Fertigkeiten" im Sinne einer notwendigen musikalischen bzw. theatralischen Vorbildung, sondern „die Zerstörung von Blockierungen"[584]. Das führt für den polnischen Theaterschaffenden zu der Freisetzung eines Armen Theaters, das nur mit den essenziellsten Mitteln operiert. In einem Interview mit dem polnischen Fernsehen stellt er fest:

> „This was the principle of reduction, to see what can be removed and find the essence of theatre. Actors and audience, fundamentally an interpersonal situation. We called it a kind of ,theatrical doctrine' – the Poor Theatre. That is taking away all the rich elements that are unnecessary. The Poor Theatre."[585]

Dieser Essenzialismus ruft einen interessanten Effekt hervor, den der Regisseur an zwei Beispielen deutlich macht. Avanciertes Bühnenlicht wird man in den Inszenierungen des Armen Theaters nicht finden. Oftmals arbeitet Grotowski nur mit einer Lichtquelle. Die Bewegungen der Schauspieler transformieren das einfache Licht in komplexe Formen und Schattierungen.

> „We [...] did it with lamps. The simplest sources of light. The actor's movements change the way the space is lit, a different kind of lighting effect results via the actor, his action, his activity, if it's authentic, has a kind of luminosity a light which is more powerful than an external light."[586]

---

[582] Jerzy Grotowski zitiert nach: Kolja Kohlhoff, „Eine Sonde entgegengesetzter Realitäten. Zur Verwendung von Material", in: Ausst. Kat.: *La Poetica dell'Arte Povera*, Magdeburg, Kunstmuseum Kloster Unser Lieben Frauen, 2003, S. 29.
[583] Jerzy Grotowski, „Für ein Armes Theater" (1965), in: *Grotowski. Für ein Armes Theater*, hrsg. von Peter Brook, Berlin 1999, S. 14.
[584] Grotowski, „Für ein Armes Theater", S. 15.
[585] o. V.: „Jerzy Grotowski interview/Wywiad z Jerzym Grotowskim" (2010), http://www.youtube.com/watch?v=y1nA4HCa6zI, 03.04.2012.
[586] Ebd.

Die zweite Charakterisierung von Grotowskis theatralischem Essenzialismus ist für das Verständnis von *Stones* und *Sticks* von besonderer Signifikanz. Für den Polen entsteht in der Rückbesinnung auf das Einfache eine direkte Konnexion zwischen Schauspielern und Audienz, eine „essential situation"[587].

> „The result is that the actor creates from himself a kind of music, even the sound of his feet on the floor becomes a kind of rhythm and music. His voice becomes a song. Everything becomes music."[588]

Alles wird zu Musik. Diese Logik teilen auch die Kompositionen *Stones* und *Sticks*. Sie suggerien Lebensnähe und eine Unmittelbarkeit der Erfahrung, Eigenschaften, die charakteristisch für eine „arme" Kunst sind. Vor dem Hintergrund verwundert es nicht, dass Grotowskis theatralische Konzeptionen den italienischen Kunstkritiker Germano Celant dazu inspirierten, im Italien der 1960er-Jahre die „Arte Povera" auszurufen, deren philosophische und künstlerische Haltungen auch mit *Stones* und *Sticks* harmonieren. Arme Materialien, so wie Steine oder Zweige, sollen laut Tobias Zervosen, „die Kunst explizit im Leben verorten."[589] In seinem Essay setzt er sich mit möglichen Schnittstellen zwischen Musik und Arte Povera auseinander. Traditionelle Musik ruft für ihn einen Entfremdungseffekt hervor, da sie immer einen Vermittler braucht, den Interpreten. „Dieser entschlüsselt mit seinem spezialisierten Wissen und seinen besonderen Fertigkeiten den Notentext für den Hörer"[590], so Zervosen. Christian Wolff umgeht diese Entschlüsselung. So wie bei Grotowski Schauspieler und Audienz eine unmittelbare Beziehung miteinander eingehen, geschieht das bei Wolff im Falle von *Stones* und *Sticks* durch Interpret und Publikum. Die Beschaffenheit seiner auf Papier notierten Anweisungen ist von einfacher, womöglich sogar „armer" Qualität. Der Text erschließt sich dem Interpreten augenblicklich. Verkürzt lautet die Botschaft: Mache Musik mit Steinen! In dieser Aufforderung schwingt keine kompositorische Absicht mit, wie es für gewöhnlich der Fall ist. Zwischen Komponist und Rezipient entsteht also keine Diskrepanz, die Zervosen als „Distanz zwischen kompositorisch Intendiertem und durch den Rezipienten Wahrgenommenem"[591] klassifiziert. Im Mittelpunkt steht nur das Tun des Interpreten.[592] Grotowski: „Für mich [...] sind nicht die Wörter wichtig, sondern was wir mit diesen Wörtern tun, was den unbelebten Wörtern des Textes Leben ein-

---

[587] Ebd.

[588] Ebd.

[589] Tobias Zervosen, „Ambivalenz zwischen Affinität und Ablehnung. Arte Povera und Musik", in: Ausst. Kat.: *La Poetica dell'Arte Povera*, Magdeburg, Kunstmuseum Kloster Unser Lieben Frauen, 2003, S. 42.

[590] Ebd., S. 43.

[591] Ebd.

[592] Weitere Ausführungen zum Verhältnis von Hörer, Interpret und Komponist finden sich in: Hartmut Hein, *Musikalische Interpretation als „Tour de Force". Positionen von Adorno bis zur Historischen Aufführungspraxis*, Wien 2014 (Studien zur Wertforschung 56), S. 73ff.

haucht".[593] Der Schauspieler vitalisiert das Wort, haucht ihm Leben ein. Im Zusammenhang mit *Stones* und *Sticks* lässt sich auch von einem Vitalisierungsprozess sprechen. Indem unbelebte Materie zum Musizieren verwendet wird, bekommt sie eine Stimme. Einen Baustein für die Verbindung von Wolffs Prosawerk und der armen Kunst stellt Christoph Metzger her: „Mit der Auswahl des Materials näher[t] sich Wolff [...] auch einer Musica povera an, die als Idee einer ‚armen Musik‘ in Analogie zur Arte povera steht."[594] Für Sanio wendet sich eine arme Musik „gegen die Idee der Schönheit, Reinheit und harmonischen Ordnung des Materials".[595] „In der Distanzierung vom traditionellen Materialverständnis" liegt auch ihr Potenzial, schreibt die Musikwissenschaftlerin. Charakteristisch für eine „arme" Musik sei ebenso die Ambivalenz des Materials, das „Schillern zwischen Eigenschaften wie ‚ungewöhnlich‘, ‚neu‘, ‚fremdartig‘ auf der einen, ‚einfach‘, ‚alltäglich‘ auf der anderen Seite", so Sanio weiter. In einem Aufsatz über die Arte Povera, der Andy Warhols Filme *Sleep* (1963) und *Empire* (1964) diskutiert, behauptet Celant, die Kunst finde zurück zu ihrer einfachsten Darstellung. „Das Nebensächliche beginnt zu leben"[596], stellt er fest. In der radikalen Vereinfachung erkennt er den Wunsch, „die Realität und Gegenwart eindeutig"[597] zu erfassen, sie so abzubilden, wie sie sich tatsächlich präsentiert. Komplexitäten sind abzulehnen. Diese philosophische und künstlerische Attitüde klassifiziert der Theoretiker als „arm", wobei Armut in diesem Fall durchaus positiv konnotiert ist. In der Reduktion, in dem „Wegnehmen, Eliminieren, Auf-minimale-Begriffe-Beschränken, Zeichen-auf-ihre-Archetype-Reduzieren"[598] sieht jener einen aktionistischen Gestus. Die Beschränkung auf das Wesentliche ermöglicht, die „Sprache der Aktion"[599] zu entfesseln. Sprache kann auch im Zusammenhang mit der *Prose Collection* als aktionistischer Parameter interpretiert werden, der, bereinigt von allen unnötigen Informationen, dem Interpreten einen offenen Handlungsspielraum ermöglicht. In Bezug auf *Stones* schreibt Wolff im Booklet zur ebenso betitelten CD: „Ich denke, daß dieses Stück das sparsamste ist, das ich je gemacht habe – ein kurzes Stück Prosa, das eine große Bandbreite an Aufführungen zu erzeugen vermag."[600] Die Arte Povera, so Celant weiter, verfolgt die Absicht, die in den Kunstwerken utilisierten natür-

[593] Naim Kattan, „Theater ist eine Begegnung. Ein Interview mit Jerzy Grotowski" (1967), in: *Grotowski. Für ein Armes Theater*, hrsg. von Peter Brook, Berlin 1999, S. 62.

[594] Metzger, „Musica Povera?", S. 29. Zudem: Björn Gottstein, „Blei, Leder, Plastik. Über die ästhetischen Strategien der Arte Povera und ihren Widerhall in der Musik", in: *Neue Zeitschrift für Musik*, Nr. 6 (2008), S. 18–21.

[595] Sabine Sanio, „Verschlissener Prunk. Von der ästhetischen Aura der Armut", in: *Musik-Texte*, Nr. 132 (2012), S. 25. Folgezitat ebd.

[596] Germano Celant, „Arte Povera – IM Raum" (1967), in: *Arte Povera: Manifeste, Statements, Kritiken*, hrsg. von Nike Bätzner, Dresden u. a. 1995, S. 28.

[597] Ebd., S. 29.

[598] Ebd., S. 30.

[599] Celant, „Arte Povera – IM Raum", S. 29.

[600] Christian Wolff, „Stones", Wandelweiser Komponisten Ensemble, CD, Edition Wandelweiser Records 1996. o. S.

lichen Materialien nicht „zum Ziele eine[r] Beschreibung oder Darstellung der Natur" einzusetzen, im Gegenteil, es geht darum, ihren Wert zu entdecken und „ihren Aufstand herbeizuführen"[601]. Wolff verfolgt mit *Stones* und *Sticks* ein identisches Ziel. Steine und Zweige fungieren nicht als deskriptive Objekte, sondern als Testobjekte, welchen einen neuen Zugang zu Musik und Klang offenlegen sollen. Es geht um die Schaffung eines „neuen Verhältnis[ses] zu den Dingen der Welt."

Diese neue Objektrelation wird über das System der Sprache eingeführt. Die verschriftlichte Sprache ist in der *Prose Collection* nicht nur ein offenes Dialogfeld, das mit den Interpreten in Verbindung tritt sowie Spielanweisungen vermittelt, sondern auch poetisches Werkzeug. Der Arte-Povera-Künstler Giulio Paolini bringt es auf den Punkt, wenn er sagt, er benutze „Sprache nicht als Technik, sondern als Tätigkeit und damit als Poetik."[602] Die Aufforderung, die Steine und Zweige zum Musikmachen zu utilisieren, fordert demnach den Ausführenden dazu auf, einen poetischen Akt auszuführen, tätig zu werden. Kernpunkt dieser Tätigkeit ist laut dem Künstler Giuseppe Penone, etwas zu finden, „was überraschend ist, was überwältigend ist und daran kann man weiterarbeiten."[603] Die Kunsthistorikerin Annegret Laabs erweitert diesen Gedanken, indem sie in Anlehnung an Friedrich Nietzsche die Suche nach „Beziehungssinnen" ins Spiel bringt und von dort aus die Idee der poetischen Reflexion im Sinne der aristotelischen Metapher einführt. Die Metapher ermöglicht die Schaffung neuer Sinnzusammenhänge, sie ist „die Übertragung eines Wortes (das somit in uneigentlicher Bedeutung verwendet wird) entweder von der Gattung auf die Art oder von der Art auf die Gattung oder von einer Art auf eine andere, oder nach den Regeln der Analogie."[604] Laabs charakterisiert die Metapher als essenzielles Stilmittel der Poetik und demnach die poetische Reflexion als hilfreiches Werkzeug zur Schaffung neuer Sinnzusammenhänge und genuiner Bedeutungsebenen. Überträgt man den Kontext auf Wolffs *Stones* und *Sticks* so können die in den Kompositionen eingesetzten Objekte zur Klangerzeugung als Metaphern aufgefasst werden – ein Stein wird in seiner „uneigentlichen Bedeutung" verwendet, als poetische Infragestellung des konventionellen Musizierens. Die Arte-Povera-Künstlerin Marisa Merz schließt daran an und behauptet, dass „Kunst in Wahrheit das Wiederentdecken von Stein"[605] sei.

---

[601] Germano Celant, „Ars Povera" (1969), in: *Arte Povera: Manifeste, Statements, Kritiken*, hrsg. von Nike Bätzner, Dresden u. a. 1995, S. 88. Folgezitat ebd.

[602] Giulio Paolini, „Innerhalb der Sprache. Aus einem Interview mit Achille Bonito Oliva" (1973), in: *Arte Povera: Manifeste, Statements, Kritiken*, hrsg. von Nike Bätzner, Dresden u. a. 1995, S. 187ff.

[603] Annegret Laabs, „La Poetica dell'Arte Povera", in: Ausst. Kat.: *La Poetica dell'Arte Povera*, Magdeburg, Kunstmuseum Kloster Unser Lieben Frauen, 2003, S. 131.

[604] Aristoteles: „Poetik", in: ders., *Poetik*, hrsg. und übersetzt von Manfred Fuhrmann, Stuttgart 1979, S. 67.

[605] Laabs, „La Poetica dell'Arte Povera", S. 174.

Wolffs Ausflug an einen steinigen Strand und die damit einhergehende Idee für die Komposition *Stones* harmoniert mit zwei weiteren Beschreibungen von Celant. Für den italienischen Kunsthistoriker ist der Künstler „ein Organismus einfacher Struktur"[606], der mit seiner Umwelt in einen Dialog tritt und damit sein Perzeptionspotential zu erhöhen vermag. Steine und Zweige werden zu Instrumenten, mit denen der Komponist während seines Strandspaziergangs neue Beziehungen zu seiner Umgebung knüpft, sie durch sinnliche, in diesem Fall akustische und taktile Parameter neu wahrnimmt. Celant bezeichnet das als die Schaffung eines „neue[n] Verhältnis[ses] zu den Dingen der Welt."[607] Darüber hinaus beschreibt der Kunstkritiker die Arte Povera als Kunst, die im immerwährenden Nomadentum des Verhaltens ihren höchsten Grad an Freiheit fände.[608] Der „Nomade" Wolff erkundet in diesem Fall ein Territorium, dessen natürliche Ressourcen musikalisch nutzbar gemacht werden – eine künstlerische Befruchtung, die einer Suche „nach den vitalen dialektischen Verhältnissen zur Wirklichkeit" gleicht, „einer Osmose von Aktion und Körper"[609]. Der Begriff „Nomadentum" versinnbildlicht Bewegung und Energie, die Erschließung geografischer Räume und ihrer Eigenheiten, in diesem Fall zu einer künstlerischen Nutzung, in der Celant wiederum, analog zu Wolff, ein „freies Handeln" erkennt. – Hierzu Wolff: „Ich beabsichtigte eine Art tastender Improvisation, die *frei* war von hochspezialisierter Virtuosität und von technischen und psychologischen Zwängen, die mit einer Konzertaufführung verbunden sind."[610] Im Mittelpunkt steht die intuitive Erkundung der musikalischen Materialien. Der Versuch einer Nachahmung muss zwangsläufig misslingen, keine Aufführung gleicht der anderen. Die Kreativität des Interpreten ist gefragt, seine Fähigkeit, immer wieder neue Ansätze und Konzeptionen zu finden, das Material stets aufs Neue zu durchdringen. Die Arte Povera „ist ein freies Handeln, intuitiv, das die Nachahmung als zweitrangigen, funktionalen Faktor verbannt, wärend die Idee [...] in den Brennpunkt rück[t]."[611] Hervorzuheben ist in Wolffs Beschreibung die Aussage, er suche eine „tastende[r] Improvisation"[612], die dem Geschehen ein haptisches Moment vermittelt, man könnte auch von einer Sinnlichkeit sprechen, die sich in der Erkundung des einfachen und unbearbeiteten Materials auftut. Für den Komponisten Peter Ablinger resultiert aus der Auseinandersetzung mit einfachen Materialien das „Nächstliegende"[613], man tue einfach das, was einem in dem Augenblick in den Sinn komme. Meistens sind das basale Tätigkeiten: Schleifen, Rollen, Streifen, Berühren und so weiter – Hand-

---

[606] Celant, „Ars Povera", S. 88.

[607] Ebd.

[608] Germano Celant, „Arte Povera" (1968), in: *Arte Povera: Manifeste, Statements, Kritiken,* hrsg. von Nike Bätzner, Dresden u. a. 1995, S. 48.

[609] Ebd., S. 44.

[610] Wolff, „Die Vergangenheit benutzen", S. 129.

[611] Celant, „Arte Povera", S. 48.

[612] Wolff, „Die Vergangenheit benutzen", S. 129.

[613] Sanio, „Verschlissener Prunk", S. 26.

lungen mit Primärcharakter, wie sie in *Stones* und *Sticks* zum Einsatz kommen. Celant findet für diese Beschreibung die passenden Worte, „die Kunst ergibt sich also als eine Möglichkeit in der Materie"[614], schreibt er. Die Schlichtheit der Materialien zwingt den Interpreten, sich auf das Wesentliche zu konzentrieren. Sie wirft den Instrumentalisten auf sich selbst zurück. Der Komponist Zoro Babels bezeichnet die Arbeit mit einfachen Materialien als das Streben nach einer Art Urform oder Urzustand.[615] Man könnte auch von einem Primärzustand sprechen. Das lässt sich auch bei den hier diskutierten Stücken beobachten. Der Interpret muss seiner Intuition trauen, um die Komposition zu realisieren. Es gibt keine Partitur, sondern unterschiedlich auslegbare Anweisungen, die Eindeutigkeiten vermeiden und ihm nicht klar vermitteln, was er zu tun hat. In einem weiteren Text über die Arte Povera charakterisiert Germano Celant dieses Moment als eine Auseinandersetzung mit dem „unmittelbar Erlebte[n]"[616]. Es geht darum, „sich selbst als Mensch zu gebrauchen."[617] Indizien für eine Arme Musik entdeckt man bei *Stones* und *Sticks* auch in den akustischen Charakteristika der Materialien. Nonchalant gesprochen: Steine klingen nun mal wie Steine klingen. Dasselbe gilt auch für Zweige. Das zum Einsatz kommende Klangspektrum trägt schlichte Züge. Der Interpret arbeitet mit einer monochromen Klangpalette, die auf die Banalität des verwendeten Objekts verweist, ihm gleichzeitig aber auch einen neuen Informationsgehalt vermittelt, ihm nämlich einen genuinen musikalischen Wert gibt und dadurch interessante Assoziationsräume offenlegt.[618] Steine sind nicht einfach nur Steine, leblose Objekte, die irgendwo herumliegen. Im Gegenteil, sie sind vielfältig einsetzbar, zum Beispiel als Baumaterial. Sie spenden Schutz und können Wärme speichern. In der Antike wurden sie als Schriftmedium eingesetzt, man notierte Informationen auf Steinplatten. Mit Zweigen wiederum ist es möglich, ein Feuer zu entfachen oder mit größeren Exemplaren, Behausungen zu bauen. Steine und Zweige sind also Materialien, die Wesentliches im Leben konstituieren. Das Gebäude, in dem ich mich befinde, besteht aus Steinen, der Schreibtisch, auf dem ich schreibe, ist aus Holz, um nur zwei Beispiele zu nennen.

Abschließend sei noch bemerkt, dass die Stücke *Stones* und *Sticks* buchstäblich ein akustisches Setting einfordern, das man auch als arm klassifizieren kann. Da die Musik sehr leise und fragil ist, muss sie in einer Umgebung aufgeführt und rezipiert werden, in der nur wenig Geräusche zu hören sind, man

---

[614] Celant, „Ars Povera", S. 88.

[615] Wolf Loeckle, „vom innen des außen / vom außen des innen. Zoro Babels sich schlängelnde Klangsteinigkeiten", in: *Neue Zeitschrift für Musik*, Nr. 6 (2008), S. 32.

[616] Celant, „Ars Povera", S. 88.

[617] Ebd., S. 91.

[618] Siehe hierzu Kolja Kohlhoff zum Werk von Mario Merz: „Merz setzt eine Vielzahl von Materialien ein, zum Teil industriell gefertigte, zum Teil natürliche. Im Vordergrund seiner Werke [...] steht nicht die Materialität, sondern deren Semantik". Die durch sie „geschaffenen ‚Bilder' und ihre Verweisstruktur." Siehe: Kohlhoff, „Eine Sonde entgegengesetzter Realitäten", S. 31ff.

könnte auch von klangarmen Umgebungen sprechen. Ein lautes Territorium ist für diese Kompositionen nur bedingt zu empfehlen, da die Klänge kaum hörbar wären. Doch das Stück zwingt auch den Rezipienten zur Anpassung – es ist ein Appell an die Stille, das Schweigen und aufmerksame Zuhören, ein Rückzug aus dem wahrnehmungsreichen Alltag.

6.4 Abschließende Beobachtungen: Spekulationen – Paul Klee und Christian Wolff

„Ich habe Klee sehr geschätzt. Ich habe sogar selbst ein bisschen gemalt [...], in einer mehr oder weniger Klee-Art [...]. Ich habe mich schon interessiert in diesem Sinn. Wenn von der Zeit einer zu nennen wäre, das wäre dann Klee."[619]

Christian Wolff hat Paul Klee zwar nie kennengelernt, es war aber sein Vater, der mit dem Maler musizierte: „Mein Vater, der Verleger war, aber auch Musiker, er spielte Cello, der hat mal [...] Klaviertrios gespielt [...] mit Klee. Klee hat gegeigt und er hat Cello gespielt. Ich weiß nicht mehr, wer Klavier gespielt hat." [620] Wolff gibt zudem an, sich für Klee interessiert zu haben, „in derselben Zeit, wo ich eigentlich mit Komponieren anfing."[621] Es ist jedoch sehr schwer, Parallelen zwischen seiner kompositorischen Praxis und Klees Malerei zu finden. Viel sinnvoller erscheint hingegen die Suche nach intellektuellen Überschneidungen mit Paul Klee, die einen Einfluss auf Christian Wolffs musikalisches Denken gehabt haben könnten.

Paul Klee blieb trotz seiner Profession als Maler immer auch ein avancierter Amateurmusiker, der bis zu seinem Tod regelmäßig in Ensembles musizierte und im privatgesellschaftlichen Rahmen Konzerte gab. Stockhausen bezeichnete Paul Klee als „beste[n] Kompositionslehrer"[622]. Vor diesem Hintergrund verwundert es nicht, dass Klees Malerei durchaus auch von der Musik beeinflusst war und musikalische Phänomene auf die Leinwand übertragen wollte: „Melodie und Polyphonie, Takt und Rhythmus zeigen sich als formgestalterische Kriterien seiner kompositorischen Konzepte."[623] Pierre Boulez fällt es leicht an die „Anliegen eines Komponisten" zu denken, wenn er in Klees kunsttheoretischen Publikationen „Wörter lese, wie Gesetz, Funktion oder

---

[619] Christian Wolff im Gespräch mit dem Autor. Aufgezeichnet in Wien im Oktober 2010.
[620] Ebd. Außerdem stand Kurt Wolff mit Paul Klee hinsichtlich einer Publikation von Voltaires Erzählung Candide in Kontakt, die Klee mit Federzeichnungen illustrierte. Siehe hierzu: Bernhard Zeller und Ellen Otten (Hg.), Kurt Wolff. Briefwechsel eines Verlegers 1911-1963, Frankfurt a. M. 1980, S. 587. Den genauen Briefverkehr gibt es ab S. 357ff zu lesen.
[621] Christian Wolff im Gespräch mit dem Autor. Aufgezeichnet in Wien im Oktober 2010.
[622] Karlheinz Stockhausen zitiert nach: Michael Baumgartner, „Zum Werk von Paul Klee. Interview mit Pierre Boulez", in: Ausst. Kat.: Paul Klee. Melodie / Rhythmus / Tanz, Salzburg, Museum der Moderne, 2008, S. 253.
[623] Tilman Osterwold, „Melodie und Rhythmus – Der Klang der Bilder", in: Ausst. Kat.: Paul Klee. Melodie / Rhythmus / Tanz, Salzburg, Museum der Moderne, 2008, S. 35.

Form.“[624] Boulez widmet Klee sogar eine eigene Publikation[625], in der er seine Assoziationen konkretisiert und sich Gedanken über mögliche Schnittstellen zwischen Klees Malerei und der Musik macht.

Paul Klee selbst verglich das Malen eines Bildes, seine Entstehung, mit „dem Werden einer musikalischen Komposition“[626] und glaubte, dass die Malerei sich an der Fortschrittlichkeit der Musik ein Beispiel nehmen solle: „was für die musik schon bis zum ablauf des achtzehnten jahrhunderts getan ist, bleibt auf dem bildnerischen gebiet wenigstens beginn.“[627] Der Musikbezug seiner Bilder zeichnet sich auch in ihren Titeln ab. *Ad Parnassum* (1932) verweist beispielsweise auf die aus dem 18. Jahrhundert stammende und einflussreiche Studie über den Kontrapunkt *Gradus ad Parnassum* (1725) von Joseph Fux, die Klee als engagierter Amateurmusiker offenbar ausgiebig studiert hatte.[628] Ausgehend von der Kontrapunktlehre entwickelte der Maler eine Technik, die er als „bildnerische Polyphonie“ bezeichnete und sie als

„mehrdimensionales Geschehen im Bildraum [verstand]. In der Umsetzung arbeitete er mit der Überlagerung nach Farbe und Helligkeit abgestufter Flächen, oder auch miteinander umspielenden Linien im Sinne einer Melodie und ihrer Begleitung.“[629]

In Anlehnung an den Musikästhetiker Eduard Hanslick und seine Schrift *Vom Musikalisch-Schönen*, die Klee 1902 las[630], verstand der Maler Musik nicht als ein Mittel, um menschliche Gefühle auszudrücken, sondern um spezifische musikalische Ideen zum Ausdruck zu bringen. Klee stand dem Werk Richard Wagners kritisch gegenüber, lehnte den Pathos seiner Musik, ihre mythologische Überfrachtung und romantischen Qualitäten ab – Eigenschaften, die er auch in der deutschen Malerei seiner Zeit mit Skepsis beobachtete. Klees regelmäßige Opernbesuche, seien nicht davon gekennzeichnet gewesen, „große Gefühle zu erleben“[631], liest man bei der Kunsthistorikerin Christine Hopfengart. Der Maler vertraue nicht auf „die Unmittelbarkeit der Emp-

---

[624] Pierre Boulez, „Die Lehre von Paul Klee“, in: Ausst. Kat.: *Paul Klee. Melodie / Rhythmus / Tanz*, Salzburg, Museum der Moderne, 2008, S. 249.

[625] Pierre Boulez, *Le pays fertile*, Paris 1989.

[626] Zitiert nach: Andi Schoon, *Die Ordnung der Klänge. Das Wechselspiel der Künste vom Bauhaus zum Black Mountain College*, Bielefeld 2006, S. 35.

[627] Die Kleinschreibung ist dem Original entnommen, siehe: Paul Klee, *Schriften, Rezensionen und Aufsätze*, Köln 1976, S. 130ff.

[628] Siehe: Andrew Kagan, „Paul Klee's ‚Ad Parnassum‘: The Theory and Practice of Eighteenth Century Polyphony as Models for Paul Klee's Art“, in: *Arts Magazine*, Nr. 1 (1977), S. 90–104.

[629] Schoon, Die Ordnung der Klänge“, S. 37.

[630] Siehe: Régine Bonnefoit, „Paul Klee und die ‚Kunst des Sichtbarmachens‘ von Musik“, in: *Archiv für Musikwissenschaft*, 65. Jg. (2008), S. 126.

[631] Christine Hopfengart, „Oh la vendetta! Klee, Mozart und die Liebe zum pathetischen Stil“, in: Ausst. Kat.: *Paul Klee. Melodie / Rhythmus / Tanz*, Salzburg, Museum der Moderne, 2008, S. 144.

findung, sondern auf deren Brechung."[632] In seiner Studie über die Schnittstellen zwischen Malerei und Musik in Klees Werk bemerkt Andrew Kagan, Klee sei daran interessiert gewesen, eine Kunst zu erschaffen, deren Inhalte zwar in Verbindung zu menschlichen Erlebnissen und Erfahrungen standen, durch sie allerdings nicht limitiert wurden. Es ging Paul Klee um die Fragen: „How to make art that is broadly accessible without being referential; how to forge, out of diverse, relatively mundane elements, a sublime unity rich in feeling but free of mere charm, mere description, or mere pathos."[633] In Pierre Boulez' Studie *Le pays fertile* findet sich eine Vertiefung von Kagans Betrachtung. Boulez bestätigt Kagans These und argumentiert ferner, der Maler sei nicht an Nachbildungen der Natur interessiert, sondern an ihren „structures et ses mécanismes. [...] il ne va pas uniquement voir un nuage come un objet poétique au sein duquel on peut se perdre et rêver, il va l'observer en tant que structure mobile, sans cesse renouvelée, sans cesse redéfinie."[634]

Diese Feinheiten wird Wolff als aufmerksamer Beobachter von Klees Malerei sicherlich auch bemerkt haben. Es ist allerdings nirgendwo belegt, dass sie auch in seine kompositorische Praxis Einzug gehalten haben, so wie es etwa bei Pierre Boulez der Fall war, der das in seinem Essay über den Maler auch klar äußert und mit Beispielen grundiert. Auch wenn Wolff in seinem Frühwerk nach einem Sound suchte, der keine referenziellen Eigenschaften besaß, einfach nur Klang war und durch unterschiedliche Prozesse geformt und gestaltet wurde, bedeutet das keineswegs, dass dieses Denken von Klee inspiriert war. Dennoch entdeckt Boulez in seiner Analyse durchaus Eigenheiten in Klees Werk, die auch in Bezug auf Wolffs musikalisches Denken geäußert werden könnten. Boulez attestiert Klee „[de] partir d'une problématique très simple et parvenir à une poétique d'une force remarquable".[635] Ferner bemerkt er, dass Paul Klee „aucun vocabulaire spécialisé"[636] in seinen Schriften verwendet und die „puissance de la déduction"[637] für seine Malerei fruchtbar macht: „Se satisfaire d'une seule solution est tout à fait insuffisant, il faut parvenir à une cascade, à un arbre de conséquences."[638] Von einer fachspezifischen Terminologie distanziert sich auch Christian Wolff. Seine musiktheoretischen und biografischen Essays sind in einem Sprachstil verfasst, welcher um Klarheit bemüht ist, nicht zuletzt weil er auch an Leser gerichtet ist, die keine musikalische Vorbildung genossen haben. Viele seiner Kompositionen

---

[632] Ebd.

[633] Andrew Kagan, *Paul Klee. Art & Music*, Ithaca u. a. 1983, S. 53.

[634] Vgl. Boulez 1989, S. 150. („Strukturen und Prozesse[n]. „er sieht in der Wolke nicht nur ein poetisches Objekt, in dem man sich verlieren und träumen kann, er sieht sie als bewegliche, unaufhörlich sich erneuernde, ständig von Neuem sich abgrenzende Struktur").

[635] Boulez, Le pays fertile, S. 146. („von einer sehr einfachen Problemstellung auszugehen und zu einer Poetik außergewöhnlicher Kraft zu gelangen").

[636] Ebd., S. 10 („keine Fachsprache").

[637] Ebd., S. 11 („Kraft der Deduktion").

[638] Ebd., S. 11 („Sich mit einer einzigen Lösung zu begnügen, ist völlig unzureichend, man muss zu einer ganzen Kaskade, zu einem Geäst von Folgerungen gelangen").

basieren zudem auf einer einfachen Ausgangssituation, die in komplexen Resultaten mit unterschiedlichen Lösungsmöglichkeiten mündet. Auch wenn er betont, sich zu einer Zeit für Klee interessiert zu haben, in der er ernsthaft zu Komponieren begann, sind die obigen Ausführungen ausdrücklich nur als Spekulationen zu interpretieren und nicht als eindeutige Parallelisierung. Vielleicht hat Paul Klee einen Einfluss auf Christian Wolff gehabt, es ist aber genauso gut möglich, dass der Komponist die Malerei Klees lediglich unter ästhetischen Gesichtspunkten goutierte – eben ohne sich Gedanken über ihre Affinität zur Musik zu machen.

7 Erfahrung und Experiment –
Christian Wolff und John Dewey

„The notion of experiment;
that's a very important one for me." [639]

„Reibung ist ebenso nötig, um ästhetische Energie zu erzeugen,
wie sie nötig ist, die Energie zu liefern,
welche die Maschinen antreibt." [640]

In dem Buch *Empty Mind* erinnert sich John Cage an eine Aufführung von Christian Wolffs Musik:

„An einem Tag, da die Fenster offen standen, spielte Christian Wolff eines seiner Stücke auf dem Klavier. Verkehrsgeräusche und Schiffssirenen waren nicht nur in den Pausen der Musik hörbar; wegen ihrer großen Lautstärke hörte man sie sogar besser als die Klavierklänge selbst. Nachher bat jemand Christian Wolff, das Stück nochmals bei geschlossenen Fenstern zu spielen. Christian Wolff sagte, daß er gerne dazu bereit wäre, daß es aber eigentlich nicht nötig sei, da die Klänge der Umgebung, die wenigen der Musik in keiner Weise störten."[641]

In der Antwort Wolffs zeichnet sich die Haltung ab, das Alltägliche zum Bestandteil der eigenen Kunst zu machen, den Sound des Lebens in die eigene Arbeit zu integrieren. Das Bestreben wurde bereits von John Dewey in den frühen 1930er-Jahren in seinem Buch *Kunst als Erfahrung* formuliert. Der Philosoph und Pädagoge appelliert, Kunst nicht mehr als l'art pour l'art zu begreifen, sie in einen „Sonderbereich" zu verweisen, „in dem sie fern von all jenen Mitteln und Zielen ist, die menschliche Bestrebungen, Mühen, Errungenschaften zum Ausdruck bringen"[642], sondern sie zum Teil des Lebens zu machen, als „Wiederherstellung der Kontinuität zwischen der ästhetischen Erfahrung und den gewöhnlichen Lebensprozessen"[643] zu begreifen – eine Haltung, die der Kunsthistoriker Stewart Buettner als wesentlich für die Herausbildung der originalen amerikanischen Kunstauffassung betrachtet[644], die

---

[639] Christian Wolff, „Transkription von Christian Wolffs Seminar am Ostrava Center for New Music aus dem Jahre 2005", in: *Ostrava Days Report 2005*, S. 147.

[640] Dewey, Kunst als Erfahrung, S. 391.

[641] John Cage, *Empty Mind*, hrsg. von Marie Luise Knott und Walter Zimmermann, Berlin 2012, S. 50.

[642] Dewey, Kunst als Erfahrung, S. 9.

[643] Ebd., S. 18.

[644] Eine ähnliche These stellt auch Keith Sawyer auf: „Could these two books by Dewey and Collingwood – published four year apart in the 1930s – be partly responsible for the postwar ‚culture of spontaneity' – Black Mountain and beat poets, bebop musicians, abstract expressionists, modern dance, installation art, the emphasis on composition as

in den 1960er-Jahren von Abstrakten Expressionisten aber auch von Komponisten wie John Cage aufgegriffen und weitergedacht wurde:

„the most immediate and compelling of these statements for artists [...] were found at the opening of *Art as Experience* where Dewey equated an art that had been elevated to museum status with one that was severed from the conditions which brought it into existence."[645]

Dewey entwickelt eine prozessuale Weltanschauung, die den Handlungsakt in den Mittelpunkt seiner Reflexionen rückt. Kunst befindet sich im Werden, sie ist immer im Begriff zu Entstehen. Nur so ist wahre ästhetische Erfahrung in der Beschäftigung mit und der Kreation von Kunst möglich. Das Kunstwerk ist niemals abgeschlossen.[646]

„Kein Kunstwerk kann in einem Augenblick vollständig wahrgenommen werden, denn dann gäbe es keine Gelegenheit für eine Bewahrung oder ein Anwachsen von Spannung und infolgedessen auch keine Möglichkeit für jene Freisetzung und Entfaltung von Energien, die einem Kunstwerk überhaupt erst Tragweite geben."[647]

Das sind Ideen, die aus dem Jahre 1934 stammen und rund 30 Jahre später in den Experimenten Jackson Pollocks, der seine Handlungen buchstäblich auf die Leinwand überträgt, oder mit den offenen musikalischen Formen, wie sie auch bei Christian Wolff vorzufinden sind, florieren.

7.1 Keine absolute Wahrheit

„I discovered Dewey, that's the other critical figure.[648] *Art and Experience*, it's a wonderful book [...]. He talks about experimentalism"[649]. Im Gespräch gibt Christian Wolff lediglich an, von John Deweys pragmatischer Philosophie

---

process in peotry and prose writing?" Siehe: Keith R. Sawyer, „Improvisation and the Creative Process: Dewey, Collingwood, and the Aesthetics of Spontaneity", in: *The Journal of Aesthetics and Art Criticism*, Nr. 2 (2000), S. 160.

[645] Stewart Buettner, „John Dewey and the Visual Arts in America", in: *The Journal of Aesthetics and Art Criticism*, Nr. 4 (1975), S. 384. Siehe hierzu auch Michael Rebhahn, der die von Dewey „postulierte Ästhetisierung von Erscheinungen der alltäglichen Lebenswelt" als „Antizipation der von Cage [...] proklamierten Wechselbeziehung von Kunst und Leben" deklamiert. Siehe: Rebhahn, we must arrange everything, S. 40.

[646] Der Kunsthistoriker Leo Steinberg gibt auch zu bedenken, dass die Beschäftigung mit dem Prozessualen der Kunstproduktion eine genuin amerikanische Attitüde sei, eine Abgrenzung von der „Alten Welt". „It appealed once again to the American disdain for art conceived as something too carefully plotted, too cosmetic, too French." Leo Steinberg zitiert nach: Keith R. Sawyer, *Group Creativity: Music, Theater, Collaboration*, New York u. a. 2003, S. 108ff.

[647] Dewey, Kunst als Erfahrung, S. 212.

[648] Die andere wichtige Persönlichkeit, die Wolff meint, ist der Philosoph Richard Rorty.

[649] Christian Wolff im Gespräch mit dem Autor. Aufgezeichnet in Wien im Oktober 2010.

beeinflusst worden zu sein und sein Buch *Kunst als Erfahrung* gelesen zu haben. Wie sich die Lektüre von Deweys Schriften in seiner Musik niedergeschlagen hat, darüber vermag er keine Auskunft zu geben. Es sei zu abstrakt, darüber nachzudenken. Überhaupt scheint es, als habe bislang noch niemand den Versuch unternommen, nach philosophischen Ablagerungen des amerikanischen Pragmatismus in Wolffs Werk zu graben.[650] Das ist verwunderlich, denn es lassen sich diverse Hinweise in seinen Essays und Interviews finden, die Rückschlüsse darauf erlauben, wie der Pädagoge und Philosoph Dewey und weitere Vertreter des amerikanischen Pragmatismus den Komponisten und Hochschullehrer Christian Wolff in seinem Denken und damit auch in seiner kompositorischen Praxis beeinflusst haben. Einen ersten Anschlusspunkt liefert William James' Definition des pragmatischen Denkens, die mit Wolffs Art über Musik zu sprechen stark harmoniert. Man tausche einfach „philosophers" bzw. „pragmatist" mit „musician[s]" aus, und das Zitat könnte höchstpersönlich von Wolff stammen:

> „A pragmatist turns his back resolutely and once for all upon a lot of inveterate habits dear to professional philosophers. He turns away from abstraction and insufficiency, from verbal solutions, from bad a priori reasons, from fixed principles, closed systems, and pretended absolutes and origins."[651]

Spezifische Resultate vermeidet Christian Wolff in der Regel auch in seinen offenen Kompositionen. Die Herkunft seiner kompositorischen Praxis weist nicht nur hinsichtlich ihrer Entstehung einen pragmatischen Impetus auf. Zeitdruck veranlasste ihn ein kompositorisches System zu entwickeln, das den Interpreten erlaubt, die Komposition im Prozess des Spielens, in Echtzeit, selbst zu Ende zu komponieren – „Es ging schneller, so zu schreiben, verschiedene Aspekte des Klangs offen zu lassen, vor allem nach dem mühseligen Ausnotieren von Details, das uns zuvor so beschäftigt hatte"[652], sagt er Klaus Metzger in einem Briefinterview. In pragmatischer Terminologie ausgedrückt: Wolff beansprucht keine absolute Wahrheit. Er sagt seinen Interpreten nicht, was sie zu spielen haben,[653] da es keine richtige Spielweise

---

[650] Bis auf Michael Parsons, der allerdings nur ein paar Gedanken zu diesem Thema formuliert hat – „Foreword", in: *Changing the System. The Music of Christian Wolff*, hrsg. von Stephen Chase und Philip Thomas, Burlington u. a. 2010, S. xix. In Bezug auf andere Komponisten ist dies bereits ausführlicher geschehen. Rebhahn untersucht Einflüsse Deweys im Komponieren von Cage. (Rebhahn, we must arrange everything.) So auch Stefan Jürging, *Die Tradition des Traditionsbuches: John Cages amerikanische Ästhetik*, Frankfurt a. M. u. a. 2002. Saxer widmet sich William James' „radical empiricism" und seiner Applikation auf die Musik und Kunst der New York School. Marion Saxer, *Between Categories. Studien zum Komponieren Morton Feldmans von 1951–1977*, Saarbrücken 1998.
[651] William James, „Lecture II. What Pragmatism Means" (1906/07), in: ders., *Pragmatism and The Meaning of Truth*, Cambridge, Mass. u. a. 1975, S. 31.
[652] Wolff, „etwas Riskantes", S. 53.
[653] Dazu Robyn Schulkowsky im Gespräch mit Wolff: „You're not telling them what to play [...] it's a concept people have a really hard time with. Zitiert nach: George E. Lewis,

oder Interpretation, keine „finality in truth"[654] gibt – die Wahrheit eines Begriffs wird im Handeln erfahren. Das bestätigt auch Michael Rebhahn in seiner Analyse: der Wahrheitsbegriff des Pragmatismus konstituierte sich

„aus der Tauglichkeit der Erkenntnis in praktischen Handlungszusammenhängen. Entsprechend werden Bedeutungen von Begriffen über praktische Handlungskonsequenzen bestimmt, womit jede Form der Erkenntnis einen prinzipiell falliblen Charakter erhält."[655]

Eine Perspektive, die auch in Christian Wolffs Reflexionen über seine eigene kompositorische Praxis anklingt. Auf die Frage, wieso er sich so sehr auf Musik mit unbestimmten Elementen konzentriere, antwortet er: „Sicher gibt es unterschiedliche Beweggründe. Vielleicht auch gar keine"[656] – eine pragmatisch kolorierte Ambivalenz, die sich auch in Wolffs Umgang mit seinen Studenten zeigt. Der Autor dieser Arbeit besuchte einen Workshop des Komponisten in Wien. Geprobt wurde unter anderem das Stück *Edges*, das auf einer grafischen Partitur basiert und von den Spielern verlangt, die aufgemalten Symbole individuell zu interpretieren und musikalisch darzustellen. Nach der Probe wurde Wolff von einem Studenten gefragt, ob ein Sound, den er gespielt hatte, richtig oder falsch gewesen sei. Wolff gibt eine Antwort, die den Studenten verwirrt. Es komme ganz darauf an, was man unter falsch verstehe, sagt er, eine Reaktion, die mit einer Anekdote von William James einhergeht. Der Philosoph erzählt sie in seiner Vorlesung. Anlass ist der Streit zwischen mehreren seiner Freunde, die bei einem Waldspaziergang ein Eichhörnchen beobachten und daraufhin über folgende Angelegenheit nachzudenken beginnen:

„The corpus of the dispute was a squirrel – a life squirrel supposed to be clinging to one side of a tree-trunk; while over against the tree's opposite side a human being was imagined to stand. This human witness tries to get sight of the squirrel by moving rapidly round the tree, but no matter how fast he goes, the squirrel moves as fast in the opposite direction and always keeps the tree between himself and the man, so that never a glimpse of him is caught."[657]

Das daraus resultierende philosophische Problem besteht in der Frage, ob der Mann um das Eichhörnchen herumgeht oder das Eichhörnchen um den Mann. Dieser Konflikt mündet in zwei gegensätzlichen Perspektiven, die für James beide keinen Sinn ergeben, schließlich komme es darauf an, was man *praktisch* damit meine, wenn man behaupte, um das Eichhörnchen herumzugehen. Der Kern des Problems liegt also in der Definition von herumgehen.

„Christian Wolff: An Aesthetic of Suggestion" (o. J.), www.newworldrecords.org/uploads/fileWVIUs.pdf, 24.04.2014.

[654] James, „Lecture II. What Pragmatism Means", S. 31.
[655] Rebhahn, we must arrange everything, S. 35.
[656] Wolff, „etwas Riskantes", S. 53.
[657] James, „Lecture II. What Pragmatism Means", S. 27.

Die pragmatische Sichtweise fordert dazu auf, eine Unterscheidung zu treffen, denn beide Perspektiven haben ihre Validität. Sieht der Mensch die Erde als Zentrum, dann geht er um das Eichhörnchen herum. Falls er das Tier als Mittelpunkt betrachtet, tut er dies nicht. Eine Behauptung ist von daher wahr oder falsch, jenachdem wie die in ihr enthaltenen sprachlichen Bausteine ausgelegt bzw. definiert werden. Oft gibt es diverse Lesarten, eine Einsicht, die den Pragmatismus in die Nähe einer prozessualen Weltauffassung rückt. Die Wahrheit einer Aussage ist letztendlich sozial bestimmt, sie ist das „Ergebnis des Diskurses der Kommunikationsgesellschaft"[658]. Vor diesem Hintergrund wird die Frage des Studenten tatsächlich irrelevant. Es ist nicht sinnvoll, von richtigen oder falschen Klängen bzw. Tönen zu sprechen. Letztendlich zählen nur das Ergebnis, das immer anders ausfällt und der Kontext, in dem das Stück aufgeführt wird. In Deweys Worten ausgedrückt, würde das bedeuten, dass „ein Begriff die ‚Wahrheit' hat, die erfahren wird."[659]

„Wenn eine Partitur vorschreibt, der Ton a sei zu spielen, und der Interpret spielt aus diesem oder jenem Grund statt dessen den Ton b, so gibt die Existenz des Tons b weder einen Maßstab für die Partitur, noch läßt sie sich an ihm bemessen (obwohl das b ohne die Partitur vielleicht nicht entstanden wäre). Doch ist die Existenz des Tons b, so betrachtet, zwingend real. Ihn als ‚Fehler' zu bezeichnen, wäre abwegig. (Ist denn ein zufälliges Zusammentreffen, ist denn ein Meteor ein Fehler?)"[660]

Allerdings sieht es Wolff nicht gerne, wenn die Interpreten völlig willkürlich agieren: „Gerechtfertigt wird damit jedoch nicht, daß man sich gehenläßt, daß der Interpret irgendeinen beliebigen Ton spielen kann, wenn er a spielen soll. Eine Portion guten Willens wird jedenfalls vorausgesetzt."[661] – Wolff spricht den Interpreten die Freiheit zu, sich zu entfalten, im Spiel aus ihren Aktionen zu lernen, dabei allerdings die Herstellung anarchischer Zustände zu vermeiden. Deswegen entwickelt er ein System, das die genauesten Handlungsmöglichkeiten unter freiesten Bedingungen zulässt. Das bedeutet, dass die Interpreten für gewöhnlich durch Sektionen navigieren müssen, die komplexe Spielanweisungen mit unterschiedlichen Interpretationsmöglichkeiten beinhalten, die je nach Lösung bzw. spielerischer Umsetzung den weiteren Verlauf der Komposition bestimmen und auch Einfluss auf die Handlungen der Interpreten haben können, sie vor Probleme stellen, die im kooperativen Handeln gelöst werden müssen.

„Den Interpreten wurden Möglichkeiten freier Wahl eingeräumt", so Wolff: „Zeitklammern, Ausgangstonhöhen, unterschiedlich anwendbare Spielvorschriften, Einsatzsysteme, rhythmische Notationen, die nicht durch Zeitmaß,

---

[658] Hans-Joachim Schubert u. a., *Pragmatismus zur Einführung*, Hamburg 2010, S. 4.
[659] Dorothee Lehmann, *Das Sichtbare der Wirklichkeiten: Die Realisierung der Kunst aus ästhetischer Erfahrung: John Dewey – Paul Cézanne – Mark Rothko*, Essen 1991, S. 21.
[660] Wolff, „Unbeweglichkeit in der Bewegung", S. 27.
[661] Ebd.

sondern durch – absehbare oder unabsehbare – Koordinationen der Spieler untereinander bestimmt sind."[662] Die Instrumentalisten werden in seiner Musik zu handelnden Individuen, die miteinander in Kontakt treten und gemeinsam an der Lösung musikalischer Probleme arbeiten. Es versteht sich von selbst, dass dabei jeder Interpret zu unterschiedlichen Lösungen kommt, die für ihn am praktikabelsten erscheinen. So wie der Pragmatismus nicht bloß „Mittel zum Zweck" sein will, ist Christian Wolffs Musik auch zweckfrei „und damit eine bloße Methode, die keine Resultate und damit Stillstand schaffen will."[663] Oder in Worten von William James: Der Pragmatist „turns towards concreteness and adequacy, [...] towards action"[664].

Diese Haltung wurde auch an den akademischen Institutionen vertreten, die eine progressive pädagogische Ausrichtung aufwiesen, etwa das Black Mountain College. Die in der Nähe von Asheville, North Carolina, situierte Bildungseinrichtung beherbergte viele in die USA emigrierte Bauhaus-Künstler, zum Beispiel Walter Gropius. Auch Cage war ein regelmäßiger Gast. Dewey gehörte zum „board of visitors, an informal advisory group"[665], des Colleges. Beratend stand er dem Gründer der Akademie zur Seite, John Andrew Rice. Im Gespräch mit Louis Adamic erklärt Rice die Philosophie der experimentellen Hochschule, die der pädagogischen und intellektuellen Ausrichtung des Pragmatismus frappierend nahe steht:

> „Here [at the Black Mountain College] our central and consistent effort now is to teach method, not content; to emphasize process, not results, to invite the student to the realization that the way of handling facts and himself amid the facts is more important than facts themselves."[666]

Das pädagogische Konzept klingt auch in Christian Wolffs Auffassung einer erfolgreichen Lehrtätigkeit an, nicht nur in Bezug auf seine akademische Tätigkeit als Professor für griechische Philologie, sondern auch hinsichtlich seiner kompositorischen Praxis und den daraus entstehenden musikalischen Situationen, mit denen die Interpreten umgehen müssen. Wolff sieht keinen Unterschied zwischen seiner Lehrtätigkeit und der Arbeit als Komponist, da beide Tätigkeiten eine pädagogische Ausrichtung haben. Wolff setzt in seinem Unterricht sowie in seiner Musik die „Socratic method"[667] ein. „I was interested in an exchange"[668], sagt er im Interview mit George E. Lewis. Der Komponist sieht sich nicht als Lehrer, der seinen Schülern etwas dozierend

[662] Wolff, „Veränderung und Dauerhaftes", S. 311.
[663] Jürging, Die Tradition des Traditionsbruches, S. 142.
[664] James, „Lecture II. What Pragmatism Means", S. 31.
[665] Katherine Reynolds, „Progressive Ideals and Experimental Higher Education: The Example of John Dewey and Black Mountain College", in: Education and Culture: The Journal of the John Dewey Society, Nr. 1 (1997), S. 3.
[666] Ebd., S. 5.
[667] Lewis, „Christian Wolff: An Aesthetic of Suggestion", o. S.
[668] Ebd.

vermitteln möchte. Vielmehr sucht Wolff einen interaktiven Austausch mit ihnen, er unterstützt sie in ihrem Erkenntnisprozess. Lernen wird innerhalb der sokratischen Methode zum Prozess, zum direkten Dialog zwischen einem Lehrer und seinen Schülern. Der Stoff wird über Fragen und Antworten erschlossen, ganz so wie in Wolffs offenen Kompositionen, in denen die Interpreten auch über interaktives Handeln das Stück erarbeiten und gestalten.

> „You want to find out what kind of head you're dealing with over there, and what kind of communication you can have with them, and you do it in a way that gets the best out of the other person that you can. Probably that mindset is what's at work in the music."[669]

Im Vordergrund steht die Herausarbeitung und Förderung der „individuellen Anlagen der Interpreten".[670] Es geht nicht darum, fixierte Inhalte, absolute Wahrheiten zu kommunizieren und sie in langwierige Denkaufgaben zu betten, Dinge zu theoretisieren, sondern unmittelbar zu handeln, sei es in der Musik oder im pädagogischen Kontext – eine Attitüde, die auch Wolff teilt, wenn er sagt: „Ich bin nicht sehr theoretisch veranlagt; ich reagiere auf eine Situation pragmatisch."[671]

7.2 Handlung als kreativer Akt

In der Literatur wird der Pragmatismus als Philosophie des Handelns und der Kreativität bezeichnet. Dabei ist es wichtig hervorzuheben, dass das Handeln im pragmatischen Denken keiner teleologischen Dynamik folgt. Das bedeutet, dass es sich nicht auf ein bestimmtes Ziel fokussiert, das verwirklicht und völlig ausgeschöpft werden soll. Im Vordergrund steht der „creative process rather than [the] creative product."[672] Die Vermeidung eines zielgerichteten Denkens zeigt sich bereits in der Konzeption von Wolffs Partituren, die zumeist offen sind. Offenheit bedeutet die Negation einer bestimmten Realisation, in diesem Falle Interpretation, und schließt damit unterschiedliche Möglichkeiten ein, das Stück zu spielen, welche von Interpret zu Interpret stark variieren. Es ist somit nicht davon auszugehen, dass Wolff ein bestimmtes Ziel mit seinen Partituren verfolgt. Es scheint vielmehr, dass „the value of a score lies in its effectivness as a means to performance"[673] – Wolff spricht in diesem Zusammenhang von „der Tauglichkeit [des] Notentextes"[674], seiner Praktikabilität. Der Notentext versinnbildlicht für Wolff eine „Anregung zum Handeln"[675], das im Pragmatismus als Werkzeug aufgefasst wird, als Mög-

---

[669] Ebd.
[670] Wolff, „Veränderung und Dauerhaftes", S. 311.
[671] Gagne, „In einer Art Niemandsland", S. 247.
[672] Sawyer, „Improvisation and the Creativity Process", S. 152.
[673] Parsons, „Foreword", S. xix.
[674] Wolff, „etwas Riskantes", S. 55.
[675] Wolff, „Vor der Ausführung", S. 155.

lichkeit, Erfahrungen im künstlerischen Prozess zu sammeln, indem Probleme und Konflikte durch selbst erarbeitete Handlungswege gelöst oder überwunden werden. Erkenntnisgewinn ist somit an die kreative Lösung von Handlungsproblemen geknüpft.

> „Ich habe versucht, in diesem Sinn praktisch zu verfahren, indem ich dem musikalischen Handeln, der Aufführung ermöglichte, unmittelbar, stets wie beim ersten Mal zu sein, und unmittelbar auch im Sinn eines Schritts nach außen, so daß das Spiel nicht so sehr Ausdruck des Interpreten (oder Komponisten) ist, sondern ein Weg, Verbindungen herzustellen, eine Gemeinschaft zu bilden"[676].

Der Soziologe Hans-Joachim Schubert formuliert über die Philosophie der Kreativität des Pragmatisten Charles Sanders Peirce, dass sich Kreativität ausschließlich in Handlungsprozessen zeige, „wenn eingewöhnte Gebrauchssituationen zweifelhaft werden und wir durch experimentelles Handeln neue Thesen oder Ideen entwickeln müssen, die die Lösung von Handlungsproblemen in Aussicht stellen."[677] Schubert spricht in Anlehnung an Peirce von einem Kreislauf kreativen Handelns, in dem Handlungsgewohnheiten durch Handlungshemmung in experimentelle Szenarien transformiert werden, die sobald sie gelöst worden sind, in einen Zustand der Legitimation eintreten, der letzten Endes wieder Gewohnheiten festigt, bis sie erneut durchbrochen werden. Wolff bezeichnet die Aufgaben, die von den Interpreten seiner Musik ausgeführt werden, als Dinge „die sie normalerweise nicht tun müssen, die aber zumindest grundsätzlich musikalisch sind."[678] Es geht also um Ungewöhnliches, um eine Beschäftigung mit Musik, die das Gewohnte, den gewohnten Umgang mit ihr transzendiert. Das bestätigt Robyn Schulkowsky, die ihre erste Konfrontation mit Wolffs Musik als „puzzling" beschreibt, während der Schlagzeuger Joey Baron verstehen kann, wenn Interpreten eine „hard time"[679] haben, Wolffs Notation zu durchschauen. Dazu Wolff:

> „Sie [die Musik] ist so notiert, daß jeder, der sich ernsthaft damit befassen will, sich in besonderer Weise anstrengen muß. Nicht nur in technischer Hinsicht, also wie sie zu spielen ist, sondern auch in Hinblick auf die Vorstellung, wie man ergänzen kann, was ergänzt werden muß, wie man das Material benutzen kann. Das betrifft also die Beziehung des Einzelnen zur Partitur. Aber in den meisten meiner Partituren geht es um Gruppen. Und dabei stellt sich heraus, daß das Musikmachen viel damit zu tun hat, und das ergibt sich auch aus der Partitur, wie die einzelnen Musiker während des Spiels aufeinander reagieren. Und das eröffnet eine ganze Reihe neuer Situationen, die natürlich ihren eigenen Charakter annehmen, der aber von der Musik bestimmt wird."[680]

---

[676] Ebd.
[677] Schubert u. a., Pragmatismus zur Einführung, S. 44.
[678] Zimmermann, „Nichts gibt es nicht", S. 103.
[679] Lewis, „Christian Wolff: An Aesthetic of Suggestion", o. S.
[680] Zimmermann, „Nichts gibt es nicht", S. 103.

7.3 Eine Erfahrung machen

Für John Dewey entsteht mechanische oder akademische Kunst immer nur dann, wenn unerwartete Entwicklungen fehlen, Elemente, die unvorhersehbar sind, aus der Entstehung des Kunstwerks ausgeschlossen werden. „Die starre Vorherbestimmung eines Endproduktes – sei es durch den Künstler, sei es durch den Betrachter – führt dazu, daß es zu einem mechanischen oder akademischen Erzeugnis wird."[681] Wie bereits erläutert, integriert Wolff bewusst nicht determinierte Elemente in seine Kompositionen, um „unerwartete Wendung[en], irgendetwas, das der Künstler nicht voraussieht"[682], zu ermöglichen. Sie schaffen Widerstände, Spannungsphasen, bringen die Spieler aus dem Gleichgewicht, das wiedererlangt werden muss, bis es erneut zusammenbricht. Widerstände betrachtet der Komponist nicht als Hindernisse, sondern, um es mit den Worten Deweys zu formulieren, als eine „Anregung zum Nachdenken"[683]. Nur so sei es für Wolff möglich „etwas Riskantes gemacht zu haben, mit dem wir uns selbst auf die Probe stellen könnten"[684]. Der Komponist möchte die Spieler „zum Reagieren provozieren"[685], indem er sie etwas spielen lässt, dessen Ausgang nicht vorherzusehen ist. Nicht zuletzt ist diese Vorgehensweise auch eine Reaktion auf den Pianisten David Tudor, der „ein Stück stets im vorhinein vollkommen ausarbeitete" und der Musik damit ihre Offenheit nahm. Darin sieht er ein grundlegendes Problem. Der „unmittelbare Umgang"[686] mit Musik ginge verloren. Interpreten seien oftmals nur noch „hochrangige Reproduktionsmaschinen"[687]. Dabei besitzt Musik etwas Lebendiges, sie ist „wie ein Organismus, der wächst und zerfällt."[688] Letztendlich spiegelt sich in dieser speziellen Betrachtungsweise John Deweys Appell, Strukturen des Lebens in die Musik zu integrieren beziehungsweise die Kunst mit dem Leben zu amalgamieren. Nicht umsonst spricht Wolff auch von menschlichen Rhythmen, die aus diesen Situationen entstünden, und nicht, wie gewöhnlich, eine Vorstellung von Rhythmus, die der Komponist der Partitur eingeschrieben habe.[689] Für John Dewey sind Rhythmen „allgemeingültige Daseinsschemata"[690], sie bestimmen das Leben. „Sofern die Natur mehr für uns ist als ein Strom, der in seiner Veränderlichkeit der Ordnung entbehrt, sofern sie mehr ist als ein Strudel von Wirrnissen,

---

681 Dewey, Kunst als Erfahrung, S. 161.
682 Ebd.
683 Ebd., S. 58.
684 Wolff, „etwas Riskantes", S. 55.
685 Schonfield, „Risiken eingehen", S. 75.
686 Ebd.
687 Ebd.
688 Wolff, „Ganz neue Bereiche der Unvorhersehbarkeit", S. 65.
689 Die politischen Implikationen dieser Beobachtung werden im vierten Kapitel der Arbeit erörtert. Interessant ist, hervorzuheben, dass Wolff mit der Unbestimmtheit seiner Partituren auch eine bestimmte Klanglichkeit verbindet, etwa „den Klang eines Spielers, der eine Entscheidung trifft oder sie ändern muß". Siehe: Wolff, „etwas Riskantes", S. 53.
690 Dewey, Kunst als Erfahrung, S. 174.

ist sie durch Rhythmen gekennzeichnet"[691], schreibt Dewey. Kunst entsteht aus einem Konglomerat aus kreativen Handlungen, die sich in diverse Einheiten und Geschehnisse gliedern lassen, so wie in Wolffs Musik, die das System der genauesten Handlungen unter freiesten Bedingungen als Grundlage hat. „Wie das Atmen, so ist auch Erfahrung ein Rhythmus von Aufnehmen und Abgeben"[692], schreibt Dewey. An anderer Stelle heißt es: „Kunst vereinigt in ihrer Form eben jene Beziehung von aktivem Tun und passiven Erleben, von abgegebener und aufgenommener Energie, die eine Erfahrung zur Erfahrung macht."[693] Der Vorgang des Aufnehmens und des Abgebens ist fester Bestandteil von Wolffs offenen Kompositionen. Die Instrumentalisten müssen aufeinander achten, präzise hinhören, da das Stück durch ihre Aktionen in Echtzeit Gestalt annimmt. Sie geben musikalische Informationen ab und nehmen wiederum andere auf. Wolff legt lediglich Einsatzpunkte in der Partitur fest, die er mit offenen Anweisungen ausstattet. Spieler 1 muss beispielsweise einen Ton spielen. Sobald er aufhört diesen Ton zu spielen, steigt Spieler 2 ein, der allerdings nicht weiß, wie lang sein Kollege den Ton spielen wird. Seine Antwort ist davon abhängig, wie sich sein Spielpartner entscheiden wird. Passend heißt es bei Dewey: „Diese Aufeinanderfolge wird durch Intervalle gegliedert und zu einem Rhythmus geformt – durch Zeiten also, in denen eine Phase endet und die andere im verborgenen bereits besteht und sich vorbereitet."[694] Der Philosoph und John-Dewey-Experte Ulrich Engler bezeichnet das in Echtzeit entstehende (Klang-)Netzwerk aus Entscheidungen und spielerischen Momenten als „Lebensprozess, der rhythmisierend aus situativen Einheiten aufgebaut ist, die untereinander in Verbindung stehen (sollten) wie musikalische Intervalle."[695]

In diesem Prozess der Transaktion arbeiten die Interpreten an einer Musik, die sich in einem konstanten Wachstum befindet, einer klanglichen Architektur, deren Einzelteile behutsam in Echtzeit miteinander kombiniert werden, durch Handlungen im Begriff sind zu werden. Analog dazu begreift Dewey Realität nicht als eine fixierte endliche Entität, sondern als eine sich ständig entwickelnde Kontinuität. Im Zusammenhang mit der Komposition *For Pianist* spricht Christian Wolff von Kontinuitäten, von musikalischen Fragmenten, „die sich manchmal verzweigen, überschneiden und den Pianisten in labyrinthische Komplikationen verwickeln können."[696] Die Musik ist allerdings letztendlich das Ergebnis dieser Kontinuitäten, nämlich „das Resultat einer Wechselwirkung zwischen den bestimmten Aufgaben der Partitur und den Entscheidungen des Spielers [...], zwischen seiner Bindung an plötzlich auf-

---

[691] Ebd., S. 173.
[692] Ebd., S. 70.
[693] Ebd., S. 62.
[694] Ebd., S. 70ff.
[695] Ulrich Engler, *Kritik der Erfahrung – Die Bedeutung der ästhetischen Erfahrung in der Philosophie John Deweys*, Würzburg 1992, S. 175.
[696] Wolff, „Werknotizen", S. 491.

tretende musikalische Notwendigkeiten und seiner Freiheit, seine Wahl im Augenblick des Spiels zu treffen." Letztlich beschreibt Wolff ein klingendes Amalgam, das aus Handlungen des Spielers resultiert. „In einem Kunstwerk verschmelzen die verschiedenen Akte, Episoden und Begebenheiten miteinander und schließen sich zu einer Einheit zusammen, doch weder verschwinden sie dabei, noch verlieren sie ihren eigenständigen Charakter"[697], schreibt Dewey und rekurriert dabei auf Ralph Waldo Emersons Idee der Vielheit in der Einheit: „Nichts ist vollendet schön in seiner Vereinzelung, sondern nur als Teil des Ganzen."[698] Für John Dewey ist es ausschließlich in diesem Setting möglich, *eine* Erfahrung zu machen. Dabei ist es wichtig zwischen Erfahrung und *eine* Erfahrung machen zu unterscheiden. Erfahrungen werden die ganze Zeit gemacht, sie sind ein Teil des Lebens, allerdings bleibt die gemachte Erfahrung oftmals „unvollständig. Man erfährt die Dinge, fügt sie aber nicht zu *einer* Erfahrung zusammen."[699] Wird *eine* Erfahrung gemacht, kommen die im Laufe des Prozesses erfahrenen Impressionen zu einem großen Ganzen zusammen. Darin gibt es „keine Lücken, keine mechanischen Anschlüsse, keinen toten Punkt."[700] Allerdings räumt Dewey das Vorhandensein von Pausen und Ruhepunkten ein, „sie bestimmen und unterstreichen die Eigenart der Bewegung." Eine Beobachtung, die sich beispielsweise auch in Analogie zu Christian Wolffs Komposition *Duo for Pianists II* setzen lässt. Das Stück entsteht in Echtzeit und fusioniert unterschiedliche musikalische Entscheidungsfindungen zu einem kohärenten Amalgam, dem fertigen Stück, Entscheidungsprozesse, die ebenso von Ruhepunkten und Pausen durchbrochen werden – Perioden der Stille, in denen die Interpreten ihre nächsten Handlungen und Bewegungen reflektieren. „Jeder Ruheplatz in der Erfahrung bedeutet ein Erleben, bei dem die Folgen des vorherigen Tuns erkannt und verarbeitet werden"[701], so Dewey. Einerseits arbeiten die Interpreten an einem großen Ganzen, der Fertigstellung der Komposition. Andererseits lassen sich ihre musikalischen Interventionen als Einzelteile auffassen, die einen eigenen Wert besitzen, der auch Rückschlüsse auf die (musikalische) Persönlichkeit der Spieler erlaubt, „gerade so, wie in einem anregenden Gespräch Austausch und Vermischung stattfinden und dennoch jeder Sprecher seinen persönlichen Charakter nicht nur wahrt, sondern deutlicher hervorhebt, als er es gewöhnlich tut."[702] *Eine* Erfahrung zu machen öffnet also mikro- und makroskopische Betrachtungsmöglichkeiten. Sie kann in ihrer abgeschlossenen Vollständigkeit wahrgenommen werden, die durch die Wertigkeit der Einzelteile erst zu ihrer vollen Entfaltung kommt.

---

[697] Dewey, Kunst als Erfahrung, S. 49.

[698] Emerson, „Die Natur", S. 99.

[699] Dewey, Kunst als Erfahrung, S. 47.

[700] Ebd., S. 48. Folgezitat ebd.

[701] Ebd., S. 71.

[702] Ebd., S. 49. Für den Komponisten spiegeln sich in den Handlungen und Entscheidungen der Spieler ihre „individuellen Anlagen". Siehe: Wolff, „Veränderung und Dauerhaftes", S. 311.

Zusammenfassend lässt sich sagen, dass für Dewey ästhetische Erfahrung abseits von Automatismen und damit einhergehenden Vorhersehbarkeiten entsteht. Um diese Auffassung zu illustrieren, beschreibt er einen Stein, der einen Berg herunterrollt, eine Handlung, die „sicherlich ‚praktisch' genug"[703] ist, allerdings keinen wahren Erkenntnisgewinn ermöglicht und damit auch keine umfassende, ganze Erfahrung mit sich bringt. Sollte der Stein sich aber „für das interessier[en], was ihm auf seinem Wege begegnet – für Umstände, die seinen Lauf beschleunigen oder hemmen, je nach ihrem Einfluss auf das Ziel"[704], wird er in den Genuss einer Erfahrung mit „ästhetischem Charakter" kommen. Musizieren bedeutet bei Christian Wolff in Anlehnung an John Dewey, *eine* Erfahrung zu machen. Wolff komponiert eine Musik, deren Interpretation niemals zur „reine[n] Routine"[705] wird. Interpreten fungieren nicht als entfremdete Reproduktionsmaschinen, welche „kunstvolle Partituren"[706] nachspielen, sondern müssen immer wieder eigene Entscheidungen treffen und genuine Handlungswege gestalten, die bei jeder Aufführung des Stücks anders ausfallen werden. Sie bewältigen Widerstände und Reibungen. Christian Wolffs offene Musik konstituiert einen Prozess voller Überraschungen und Unterbrechungen. Er besteht aus Kontinuitäten, Einzelhandlungen, die im Verlauf der Komposition von den Spielern aus der Partitur und ihren Entscheidungen abgeleitet und zu einem großen Ganzen amalgamiert werden, der abgeschlossenen Komposition und damit *einer* gemachten und abgeschlossenen Erfahrung.

7.4 Erfahrung und Experiment (Experience and Experiment)

In dem Wort „experimentell" manifestiert sich für Christian Wolff eine Bedeutung „worth remembering, for example, indicating what belongs to one's experience, what one has oneself encountered first-hand."[707] Experiment und Erfahrung sind für den Komponisten eng miteinander verbunden, und das nicht nur aufgrund ihrer lautmalerischen Ähnlichkeit im Englischen, sondern auch in Bezug auf Wolffs Auseinandersetzung mit dem Denken John Deweys. Christian Wolff strebt mit seiner Musik an, etwas Riskantes zu machen, mit dem man sich auf die Probe stellen kann.

> „Sagen wir, es ist eine Art Musik zu machen, die entweder im komponierten Werk oder im Denken und Handeln des Interpreten oder in der Wahrnehmung des Zuhörers (oder in beliebigen Kombination dieser drei) ein Infragestellen dessen provoziert, was Musik eigentlich ist oder bewirkt."[708]

---

[703] Dewey, Kunst als Erfahrung, S. 52.
[704] Ebd.
[705] Ebd., S. 71.
[706] Gagne, „In einer Art Niemandsland", S. 249.
[707] Wolff, „Experimental Music around 1950", S. 435.
[708] Wolff, „Revolutionäres Geräusch", S. 199.

Dieses Infragestellen gibt den Interpreten und Rezipienten die Möglichkeit, neue Erfahrungen im Umgang und im Nachdenken über Musik zu sammeln. Das macht sie zu einer experimentellen Musik.

„Experimentieren heißt, mitten im Unbekannten arbeiten, das Unbekannte akzeptieren, es respektieren[,] aber nicht fürchten. Experimente sollten so beschaffen sein, daß sie echtes Risiko einschließen, nämlich das Unbekannte als ihr Arbeitsfeld wahrhaft akzeptieren und so ihre Ernsthaftigkeit unterstreichen",[709]

So meint Christian Wolff. Für den Philosophen Richard Rorty ist das Experimentieren ein Werkzeug der Nachfrage und permanenten Neuausrichtung, Wissens- oder Wahrheitsansprüche seien als temporär zu betrachten. Sie sollten vielmehr Vorschläge für neue Handlungen transportieren, die wieder einen neuen experimentellen Rahmen schüfen.

Christian Wolff gibt darüber hinaus zu bedenken, dass das Experimentelle zeitgeschichtlichen und kontextuellen Schwankungen unterliegt.[710] Was einmal zu einer bestimmten Zeit experimentell war, ist es heutzutage sehr wahrscheinlich nicht mehr. Er bezeichnet das Experimentelle als „variablen Begriff"[711] und schreibt ihm selbst eine Flexibilität ein, die sich auf ausführender Ebene im Prozess des Erprobens oder Erkundens zeigt. „Wichtig erscheint mir auch der Gedanke, da draußen sei etwas, das wir letztlich erproben könnten",[712] schreibt er in einem Essay, in dem die Frage erörtert wird, was experimentelle Musik überhaupt sei. Darüber hinaus sei das Experimentieren eine „Arbeitsweise, die frei vom Vorsatz eines spezifischen, zielgerichteten Ausdrucks ist"[713], eine Beobachtung, die durchaus im Einklang mit einem pragmatischen Weltbild steht, aber auch die Perspektive auf ein wissenschaftliches Laborsetting rückt. Nicht umsonst kann das Experiment auch mit dem Begriff der Versuchsanordnung umschrieben werden, in welcher es zwar eine Hypothese gibt, die aber durch experimentelle Überprüfungen nicht zwangsläufig bestätigt werden muss und so jenseits einer absoluten Wahrheit liegt.

---

[709] Wolff, „Was ist unsere Arbeit?", S. 219.
[710] Das illustriert Wolff anhand einer Aufführung des Volksliedes *Union Maid,* an der er selbst als Sänger beteiligt war. Das Stück wurde während einer Tanzperformance Merce Cunninghams gesungen. Das Publikum, vertraut mit avantgardistischen Klängen, war empört und rang hörbar nach Luft, wie Wolff berichtet. *Union Maid* wurde in diesem Kontext zu einem experimentellen Stück, weil es die Erwartungen der Zuhörer auf die Probe stellte, sie mit etwas völlig Unerwartetem konfrontierte. Ob etwas experimentell ist, lässt sich somit auch an seiner Wirkung auf die Zuhörer ablesen. Für Wolff hatte sich jedenfalls „[seine] Vorstellung von einer experimentellen Musikaufführung [...] seitdem gründlich gewandelt." Siehe: Ebd., S. 221.
[711] Ebd., S. 219.
[712] Ebd.
[713] Ebd., S. 229.

In einem Vortrag schlägt Wolff vor, wissenschaftliche Systeme mit musikalischen Systemen, die dieser als „elaborate systems of science"[714] bezeichnet, gleichzusetzen, eine Bezeichnung, die er von John Dewey übernommen hat, der den Künstler als „geborene[n] Experimentator"[715] charakterisiert. Unter Laienkritikern herrsche die Neigung, „das Experimentieren auf die Wissenschaftler im Labor zu beschränken", schreibt der Philosoph und Pädagoge. Für Dewey ist der Künstler gezwungen, experimentell vorzugehen – „ohne diese Eigenschaft wird er zum guten oder zum schlechten Akademiker" und schafft eine Kunst, die sich wiederholt und deren „Ästhetik völlig ausdruckslos [ist]." Ein experimentell schaffender Künstler eröffne „neue Erfahrungsbereiche und erschließt neue Perspektiven und Eigenschaften." Das glaubt auch Wolff, für den das „Experiment auf Neuheit" hindeutet.[716] Experimentieren ist „a purely human way of proceeding, discovering and producing"[717], sagt der Komponist in einer Vorlesung. Dewey fügt hinzu, dass der experimentierende Künstler, Abgeschlossenes meidet, „Objekte, die bereits ausgeschöpft sind"[718]. Analog dazu kommentiert Christian Wolff, dass sich experimentelle Arbeit in permanenter Entwicklung befindet, in einer „continual condition of being in progress, of being in a life-process."[719]

Wolffs Wortwahl deutet darauf hin, dass Experimentieren nicht nur einen Prozess einschließt, der in Echtzeit vonstatten geht, sondern dass das Experimentelle auch Teil des Lebens ist – ein Lebensprozess. Experimentieren heißt leben, heißt nach Dewey: „to move about, to hunt, to uncover, to mix things separated and divide things combined, to talk and listen."[720] Unvorhersehbarkeiten müssten dabei in Kauf genommen werden. Sie sind nicht nur ein wesentlicher Teil des Lebens, sondern auch experimenteller Musik, die „unser Bewußtsein, unsere Aufmerksamkeit in besonderer Weise darauf richtet, was wirklich vor sich geht. Solche Musik ist in der Beschaffenheit und Präsenz des Klangs, wie man ihn hört voller Lebendigkeit, nichts ist Routine, alles erscheint wie zum ersten Mal."[721] Der Appell, Routinen zu vermeiden, von vorgefertigten Handlungen abzusehen und sich auf die Unmittelbarkeit gemachter Erfahrung einlassen zu können, findet sich auch im pragmatischen Denken John Deweys wieder. Darin spiegelt sich eine pädagogische Qualität, die Christian Wolff auch in seinen Kompositionen diagnostiziert:

---

[714] Wolff, „Experimental Music around 1950", S. 436.
[715] Dewey, Kunst als Erfahrung, S. 167. Folgezitate ebd.
[716] Wolff, „Revolutionäres Geräusch", S. 199.
[717] Wolff, „Experimental Music around 1950", S. 435.
[718] Dewey, Kunst als Erfahrung, S. 167.
[719] Wolff, „Experimental Music around 1950", S. 435.
[720] John Dewey zitiert nach: Rorty Richard, *Consequences of Pragmatism: Essays 1972-1980*, Minneapolis 1996, S. 204.
[721] Wolff, „Revolutionäres Geräusch", S. 199.

„Da meine musikalischen Verfahren von den Interpreten neue Weisen musikalischen Reagierens, Interpendenz und Entscheidungen verlangen, die sowohl unabhängig als auch durch Entscheidungen anderer (des Komponisten und der Mitspieler) bedingt sind, hat der Prozess der Einstudierung und Aufführung eines Stücks an sich pädagogischen Charakter."[722]

Wolff spricht im Zusammenhang mit seinen Kompositionen von einem „Lernprozess"[723], der immer unterschiedlich ausfalle, nicht zuletzt liege das an den „Unbestimmtheitsaspekten des Materials". Die Interpreten müssten sich immer wieder auf „wechselnde Umstände" und „abweichende Aufführungsbedingungen" einlassen. Die Notation der Stücke, die selbst erfahrene Berufsmusiker „von Grund auf neu lernen müssen", habe darüber hinaus auch eine „Lerndimension". Außerdem fordere die „Aufführung der Musik nicht so sehr technische, instrumentale Virtuosität traditionellen Stils als vielmehr Erfindungsgabe und Musikalität", Qualitäten, die nicht nur von professionellen Musikern beherrscht werden, sondern auch von Laien verkörpert werden können. Letztendlich geht es in Wolffs Musik um partizipatorische Prozesse mit pädagogischem Gehalt, da sie Erziehungsprozesse in Gang setzen, die „(1) the nature of the learner, (2) the values and aims of the society, and (3) the wider world of knowledge represented in the subject matter"[724] berücksichtigen, Merkmale, die für John Dewey eine gelungene pädagogische Arbeit kennzeichnen, die für den Pädagogen und Philosophen immer experimentell ist. „All education is experimental"[725], behauptet er. Experimentelle Pädagogik konstituiert sich für den Amerikaner in einem aktiven Teilnehmen am Lehrstoff, in dem Ausprobieren von Lehrinhalten und der Flexibilität im Umgang mit Lehrinhalten, die auch an die Bedürfnisse und Interessen der Schüler bzw. Studenten angepasst werden müssen. Diese Elemente sind allesamt in Wolffs Musik verankert. Die Natur bzw. die Individualität der Aufführenden spricht Wolff durch die Offenheit seiner Partituren an. Die Interpreten haben es nicht mit fixierten Informationen zu tun, die sie wiedergeben müssen wie bei einer gewöhnlichen Partitur. Im Gegenteil, sie bestimmen wie sie vorgehen möchten, eruieren Handlungen, die zum Erfolg oder Misserfolg führen und welche Punkte für sie am interessantesten sind. Letztlich spiegeln sich in der Tätigkeit soziale Dynamiken wider, ein demokratisches Handeln, Simulationen des Sozialen, die Wolff in seinem Artikel über experimentelle Sounds anspricht: Neuheit und Veränderung, wichtige Merkmale experimenteller Musik, seien auch Träger sozialer Triebkräfte.

---

[722] Wolff, „Die eigene Identität entfalten", S. 331.
[723] Ebd., S. 331. Folgezitate ebd.
[724] Peter S. Hlebowitsh, „John Dewey and the Idea of Experimentalism" (2006), http://muse.jhu.edu/journals/eac/summary/v022/22.1hlebowitsh.html, 02.05.2014.
[725] John Dewey zitiert nach: Reynolds, „Progressive Ideals and Experimental Higher Education", S. 7.

„Das heißt gewiß nicht, daß Musik als solche uns irgendwie retten könnte. Zu offenkundig sind die enormen Unterschiede zwischen sozialen und musikalischen Problemen. Doch sind beide auch miteinander verknüpft, und diese Verknüpfung zwingt uns zumindest, unsere musikalischen Probleme ernstzunehmen."[726]

Die Lösung dieser Probleme ermöglicht, die in der Musik erprobten Handlungsweisen, Einsichten und Reflexionen womöglich auf Situationen außerhalb musikalischer Zusammenhänge anzuwenden. Der Galerist Miguel Abreu behauptet im Gespräch mit Christian Wolff, dass dies nicht möglich ist: „The kind of skills you need to interpret experimental music are non-applicable in other situations." Wolff widerspricht vehement: „They're arguably *very* applicable! In fact *more* applicable!"[727]

---

[726] Wolff, „Was ist unsere Arbeit?", S. 219.
[727] Christian Wolff im Gespräch mit Miguel Abreu. Miguel Abreu, „Conversation with Christian Wolff at Miguel Gallery" (2007), www.miguelabreugallery.com/pdf/CWolff_Interview_May07.pdf, 02.05.2014.

8 Es könnte alles ganz anders sein – Ausführungen zur Kontingenz in Christian Wolffs Musik unter Berücksichtigung von Richard Rortys „Kontingenz, Ironie und Solidarität"

In seinem Buch *Kontingenz, Ironie und Solidarität* argumentiert Richard Rorty, „unsere Sprache, unser Bewußtsein, unsere Gemeinschaft als Produkte von Zeit und Zufall [zu] behandeln."[728] Ausschließlich der Zufall entscheide über unser Schicksal. Für Rorty ist das gesamte menschliche Leben samt all seiner Aspekte kontingent. Leben bedeutet, durch ein „Netzwerk aus Kontingenzen"[729] zu navigieren. Als kontingent bezeichnet man etwas, dass „nicht notwendig und nicht unmöglich ist."[730] Aristoteles denkt Kontingenz in seiner *Analytica Priora* als „Möglichsein"[731], Niklas Luhmann definiert Kontingenz wie folgt: „was also, wie es ist (war, sein wird), sein kann, aber auch anders möglich ist."[732] Rorty illustriert diese Darstellung mit einem anschaulichen Beispiel: Der Schriftsteller und Pragmatist William James besucht ein gerodetes Waldstück, auf dem eine Holzhütte mit einem Schweinestall errichtet wurde. Vor des Schriftstellers Augen manifestiert sich eine gewaltige Zerstörung, „eine Art Geschwür, ohne eine Spur jener Anmut aus Kunst, die den Verlust der Naturschönheit wettgemacht hätte."[733] James bemerkt allerdings nicht, dass die dort lebenden Menschen aus einer völlig anderen Perspektive auf den Ort blicken. Für sie ist es „ein persönlicher Sieg"[734], ein neuer Lebensraum, den sie durch die Kraft ihrer Körper und ihres Geistes selber für sich geschaffen haben. Es erfüllt sie mit Stolz, hier zu leben. Sprache unterliegt nach Richard Rorty einer kontingenten Dynamik – „Sprachen [werden] gemacht."[735] Ihre Entwicklung ist zufällig, was gravierende Konsequenzen hat. Wahrheitsansprüche und absolute Wahrheiten, eine Aufteilung der Welt in Wahres und Falsches, sind schlichtweg nicht möglich, da es nicht einen

---

728 Richard Rorty, *Kontingenz, Ironie und Solidarität* (Contingency, Irony, and Solidarity, 1989), Frankfurt a. M. 1989, S. 50.

729 Ebd., S. 66.

730 Peter Schulthess, „Kontingenz: Begriffsanalytisches und grundlegende Positionen in der Philosophie im Mittelalter", in: *Kein Zufall. Konzeptionen von Kontingenz in der mittelalterlichen Literatur*, hrsg. von Cornelia Herberichs und Susanne Reichlin, Göttingen 2011, S. 56.

731 „Mit Möglichsein und dem Möglichen meine ich das, was nicht notwendig ist, aber so, dass, wenn man annimmt, es komme zu, sich dadurch nichts Unmögliches ergeben wird." Aristoteles zitiert nach: Norbert Ricken, „Diesseits von Relativismus und Universalismus: Kontingenz als Thema und Form kritischer Reflexionen", in: *Tradition und Kontingenz*, hrsg. von Alfred Schäfer und Michael Wimmer, Münster 2004, S. 35.

732 Niklas Luhmann, *Soziale Systeme. Grundriß einer allgemeinen Theorie*, Frankfurt a. M. 1984, S. 152.

733 William James zitiert nach: Rorty, Kontingenz, Ironie und Solidarität, S. 75.

734 Ebd., S. 76.

735 Ebd., S. 27.

einzigen Wortschatz gibt, um die Welt zu beschreiben, sondern diverse, die allesamt auch anders sein könnten, beziehungsweise von Gewohnheiten bestimmt werden, die ein Vokabular formen, welches für einen begrenzten Zeitraum utilisiert wird, bis es von einem neuen Wortschatz ersetzt wird. In der Auflösung des Gewohnten liegt das Potenzial für die Erschaffung von etwas Neuem:

> „Europa hat sich nicht dazu *entschieden*, das Idiom der romantischen Dichtung, der sozialistischen Politik oder der galileischen (sic) Mechanik zu übernehmen. Diese Art Wandel war genausowenig ein Willensakt wie das Ergebnis einer Auseinandersetzung. Vielmehr verlor Europa allmählich die Gewohnheit, bestimmte Worte zu benutzen, und nahm […] die Gewohnheit an, andere zu verwenden."[736]

Neues entsteht aus der Erkenntnis von „Interferenzen zwischen zwei oder mehreren Vokabulare[n]"[737] und der daraus resultierenden Einsicht „ein neues Vokabular zu erfinden, das beide ersetzen kann."[738] Mit seiner genuinen Notation, die den Spielern die freiesten Handlungen unter den genauesten Bedingungen erlaubte und sie hiermit nicht zu einfachen Abspielautomaten oder „Reproduktionsmaschinen"[739] degradierte, entwickelte Wolff ein neues musikalisches Vokabular, aus dem ein Rhythmus hervorging, „der absolut neuartig [war]"[740], neuartig, weil „dieser Rhythmus von Menschen bestimmt [wird] und nicht von einer Vorstellung über Rhythmus."[741] Außerdem resultiert für Wolff aus diesem Phänomen ein neuer Klang, der „auf keine andere Weise entstehen kann, etwa der Klang eines Spielers, der eine Entscheidung trifft oder sie ändern muss."[742]

Wenn Sprache kontingent ist, muss es das Selbst des Menschen auch sein. Schließlich begreift sich der Mensch innerhalb von sprachlichen Zusammenhängen und schafft so seine eigene Persönlichkeit. In der Erkennung dieser Kausalität liegt für Richard Rorty eine produktive Selbstreflexion, ein Eingeständnis, das die persönliche Weltanschauung oder Meinung des Menschen nicht als singulär und absolut begreift, sondern ihr eine Fehlbarkeit einräumt. Das Leben eines Individuums ist durch die permanente Entwicklung charakterisiert, die auch über den Tod hinausreicht. „Sie kann nicht vollendet werden, weil es nichts zu vollenden gibt, es gibt nur ein Beziehungsnetz, das neu gewoben werden muß, ein Netzwerk, das die Zeit jeden Tag vergrößert."[743]

---

[736] Ebd., S. 26.
[737] Ebd., S. 35.
[738] Ebd.
[739] Wolff, „etwas Riskantes", S. 53.
[740] Zimmermann, „Nichts gibt es nicht", S. 105.
[741] Ebd.
[742] Wolff, „etwas Riskantes", S. 53.
[743] Rorty, Kontingenz, Ironie und Solidarität, S. 83.

Inwiefern hängen die philosophischen Reflexionen, die Rorty im Jahre 1989 niedergeschrieben hat mit der Musik von Christian Wolff und seinem kompositorischen Denken zusammen? Aus historischer Perspektive kann Wolff von Rortys Überlegungen nicht beeinflusst gewesen sein, als er die wesentlichen Elemente seiner kompositorischen Praxis entwickelte (die Möglichkeit der Einbindung von freiesten Handlungen unter genauesten Bedingungen, die Verwendung eines musikalischen Systems, das Offenheit zulässt, Kontingenzen einkalkuliert, allerdings innerhalb eines abgesteckten beziehungsweise kontrollierten Rahmens). Wie bereits deutlich geworden ist, manifestiert sich das Kontingente „im möglichen Anderssein und im Horizont möglicher Abwandlungen."[744] Zudem bedeutet „contingere" im Lateinischen „sich ereignen"[745]. Im Ereignen oder Ereignis ist wiederum eine dynamische Qualität zu verorten, die aus bestimmten Handlungen oder Gedanken ihre Energie zieht.

Für Wolff ist die Partitur eine „Ermutigung und Anregung zum Handeln"[746]. Kontingenzen lassen sich in seinem Werk in unterschiedlichen Stücken verdeutlichen, beispielsweise in der offenen Komposition *Duo for Pianists II*. Die Interpreten müssen „darauf reagieren, was der eine vom anderen hört, ohne es voraussehen zu können."[747] Durch ihre Handlungen und Entscheidungen komponieren sie sozusagen das Stück in Echtzeit, das immer anders ausfällt. Das gilt auch für die Komposition *For One, Two or Three People* (1964), die „aus den wechselseitigen Beziehungen der Musiker [entsteht], die sie spielen."[748] Auch hier fällt jede Version des Stückes anders aus. Die *Exercises 1–14* „sind für variable, nicht genau angegebene Besetzungen geschrieben [...]. Die Musik ist auf einem einzigen System notiert; alle Spieler haben dieselben Noten, die sie entweder im Violinschlüssel oder im Baßschlüssel oder in beiden gleichzeitig lesen können."[749] Das Stück *Stones* basiert auf einer verbalen Partitur. Es fordert die Spieler dazu auf, Klänge mit Steinen herzustellen, dabei aber nichts kaputt zu machen. Die Interpreten können die Komposition beispielsweise realisieren, indem sie Steine fallen lassen und damit Klänge erzeugen. Sie wählen aus einer Fülle von Möglichkeiten die Interpretation aus und vernachlässigen dabei andere Varianten. Die Interpretation des Stücks unterliegt einer kontingenten Dynamik. Das gilt auch für den letzten Teil des Orchesterstückes *Burdocks*, in dem die Interpreten fliegen sollen – eine Anweisung, die auf unterschiedliche Weise interpretiert werden kann, sei es in Form eines Vortrags über das Fliegen oder einer theatralischen Geste. Angesprochen auf die Gründe, warum er mit unbestimmten Elementen arbeite, antwortet der Komponist: „Sicher gibt es unterschiedliche Beweggründe, vielleicht auch gar

---

[744] Walter Schäfer-Reese, *Richard Rorty zur Einführung*, Hamburg 2013, S. 85.
[745] Weitere Übersetzungsmöglichkeiten sind „berühren", „treffen" oder „zuteil werden". S. http://de.pons.com/%C3%BCbersetzung?q=contingere&l=dela&in=&lf=de, 22.12.2014.
[746] Wolff, „Vor der Ausführung", S. 155.
[747] Wolff, „Werknotizen", S. 491.
[748] Ebd., S. 493.
[749] Ebd., S. 501.

keine"[750], eine Haltung, in der die obige Definition von Kontingenz deutlich wird. Für Rorty besteht in der Akzeptanz der Kontingenz des Lebens die Möglichkeit einer Etablierung eines besseren Gemeinschaftslebens. Wenn jedes Individuum die Kontingenz seiner Selbst und seiner Umwelt anerkennt, ist es auch dazu fähig, die Kontingenz des Anderen in Kauf zu nehmen. Daraus resultieren die Erkenntnis der Gleichwertigkeit des Menschen und die Chance auf einen solidarischen Umgang miteinander. Verkörpert wird dieser Idealzustand durch eine Gestalt, die der amerikanische Philosoph „liberale Ironikerin"[751] nennt. Sie „[sieht] der Tatsache ins Gesicht, daß ihre zentralen Überzeugungen und Bedürfnisse kontingent sind." Ihr ist somit bewusst, dass ihre persönliche Art, die Welt zu sehen und zu begreifen nicht die einzig richtige ist, sondern nur eine von vielen unterschiedlichen Weltanschauungen. Die liberale Ironikerin begibt sich somit in den Dialog mit ihrer Umwelt, einen Lebensprozess, der durch permanente Neuausrichtungen und Adaptionen bestimmt ist.

Christian Wolff gibt im Interview mit dem Autor dieser Arbeit an, Richard Rortys Publikationen gelesen zu haben, scheut sich aber, etwa die Inhalte von *Kontingenz, Ironie und Solidarität* direkt auf seine kompositorische Praxis zu beziehen. Dennoch ist es durchaus plausibel zu behaupten, dass Wolff eine Musik komponiert, die über ihre eigene Kontingenz als Lehrstück aufgefasst werden kann, die Kontingenz des Lebens zu akzeptieren und sich mit ihr auseinanderzusetzen, sie in einem spielerischen Modell zu bewältigen. Die Interpreten seiner Stücke müssen „actively with contingencies"[752] arbeiten. Allerdings ist es dem Komponisten wichtig, Kontingenz nicht als Zufall zu begreifen. Wolff betont, nicht mit Zufällen zu arbeiten, sondern mit seinen Interpreten in einen Dialog zu treten und sie auch untereinander kommunizieren zu lassen. „We collaborate, the performer and I [...] so this isn't really chance. But mostly there are several performers, and when they listen to each other, this may affect how they each make their choices... so they too collaborate, which again is not a matter of chance."[753] Selbst Rorty begreift Kontingenz nicht zwangsläufig als etwas Zufälliges, sondern auch als Kraft, die innerhalb kausaler Dynamiken operiert. „Wenn etwas kontingent ist, heißt das nicht, dass es losgelöst wäre von jeglichen Kausalitäten, dass es sich nicht in einem Netz von innerweltlichen Zusammenhängen befinden würde."[754] In Wolffs „contingency process"[755] entstehen musikalische Ereignisse, die in

---

[750] Wolff, „etwas Riskantes", S. 53.

[751] Rorty, Kontingenz, Ironie und Solidarität, S. 14. Folgezitat ebd.

[752] Andy Hamilton, „Christian Wolff. Change of the Century", in: *The Wire*, Nr. 202 (2000), S. 23.

[753] Ebd.

[754] Michael Andres, „Die Kontingenz der Vernunft. Die Vernunft als Mittel im Diskurs", in: *Sprengsätze*, hrsg. von Benjamin Metz, Berlin 2013, S. 13.

[755] Hamilton, „Christian Wolff. Change of the Century", S. 23. Der Komponist und Journalist Michael Nyman spricht auch von einem „contingency process" im Zusammenhang mit Wolffs Musik. Siehe: Nyman, Experimental Music, S. 68.

anderen Aufführungen des Stücks ganz anders ausfallen können. Letztendlich kommt es auf den Dialog, die Kommunikation zwischen den Spielern an, die nicht einem festgelegten Plan folgt, sondern von der spezifischen Offenheit der Partitur angeregt wird. „So my scores [...] were made in such a way that when performers used them, unpredictable events would take place."[756] Die Arbeit mit Unvorhersehbarkeiten deutet auf Wolffs Absicht hin, etwas Riskantes mit seiner Musik zu wagen. Für den Soziologen Niklas Luhmann „[heißt] Kontingenz Risiko"[757]. Allerdings spricht Luhman in Anlehnung an den Soziologen Talcott Parson von einer doppelten Kontingenz, „doppelt", da es zu „wechselseitigen Unbestimmbarkeiten im Verhalten kommt."[758] Das ist auch in Christian Wolffs Musik keine Seltenheit, in der die Interpreten „auf die unvorhersehbar auftauchenden Klänge der anderen zu reagieren"[759] haben, die „aus de[n] Wechselbeziehung[en] der Spieler entsteh[en]"[760]. Da es sich bei Wolff in der Regel um Kompositionen für Gruppen handelt, also mindestens zwei Personen an der Interpretation eines Stückes beteiligt sind, lässt sich von sozialen Systemen sprechen, Versuchsanordnungen, in denen gesellschaftliche Dynamiken über in Echtzeit entstehende Handlungsverläufe beziehungsweise zwischenmenschliche Kommunikationen simuliert werden, die auf Selektionsprozessen beruhen. Das Soziale ist für Luhmann wiederum „an allem Sinn zugänglich als Problem der Gleichsinnigkeit oder Diskrepanz von Auffassungsperspektiven."[761] Dieses Problem kann nur durch gemeinsame Kooperation gelöst werden, die eine positive Kontingenzbewältigung in Gang setzt. Christian Wolff bezeichnete seine Musik einmal als ein „model of cooperation"[762], ein musikalisches und soziales System, das ihre Interpreten im solidarischen Handeln trainiert, indem es ihre individuellen Eigenheiten und künstlerischen Entscheidungen und Bedürfnisse mit der Andersartigkeit ihrer Mitspieler koordiniert: „The notion of experiment, contingent processes, matters because I think it represents an image and attitude which allow for the possibility of change (for the better)."[763]

756 Hamilton, „Christian Wolff. Change of the Century", S. 23.

757 Luhmann, Soziale Systeme, S. 47.

758 Ebd., S. 171.

759 Wolff, „Werknotizen", S. 493.

760 Ebd.

761 Luhmann, Soziale Systeme, S. 153.

762 Hamilton, „Christian Wolff. Change of the Century", S. 25.

763 Saunders, „Christian Wolff Interview", S. 361.

9 Musik für ein besseres Leben – Ethische Aspekte in Christian Wolffs Musik

In dem Buch *Wahrheit und Methode* spricht Hans-Georg Gadamer dem Hören bzw. Zuhören eine ethische Qualität zu. Zueinandergehören hieße immer zugleich Auf-einander-hören-können, argumentiert er. Wer zuhört, ist auf „eine grundsätzliche Weise offen."[764] Ethisches Denken und Handeln resultiert der Auffassung gemäß aus dem Bestreben heraus, einander zuhören zu können. John Cage attestierte offenen Ohren einen offenen Sinn.[765] Es ist ein vorbehaltloses Zuhören, das den anderen in seiner Andersartigkeit akzeptiert, ihm offen gegenüber steht: „Offenheit für den anderen schließt also die Anerkennung ein, daß ich in mir etwas gegen mich gelten lassen muß, auch wenn es keinen anderen gäbe, der es gegen mich geltend machte"[766], liest man weiter bei Gadamer. Jegliche Art von Musikrezeption und -ausübung bedarf eines aufmerksamen Hin- bzw. Zuhörens. Wolff macht jedoch das Hören selbst, das Ohr zum Medium seiner Musik. In vielen seiner Stücke müssen die Interpreten aufmerksam aufeinander hören. Sie befinden sich in „eine[r] unerwartete[n] Lage"[767], aus der sie „einfach durchs Hinhören"[768] Auswege finden können. Der Verlauf des Stückes hängt in diesem Fall davon ab, was der Interpret hört und wie er sich daraufhin entscheidet zu handeln. Spielen wird in diesem Fall zu Komponieren und zu einer Erkundung von Klängen. Wolff bezeichnet die in diesem Prozess auftretenden Dynamiken als „zuhören, sich unterhalten, begleiten, verfolgen, aufgeben, ändern [und] freisetzen."[769] Die Spieler nehmen eine Hörhaltung ein, die als „sensitive, responsive or hospitable"[770] beschreibbar ist. Die Einführung des Begriffs der Gastfreundschaft, den Marcel Cobussen und Nanette Nielsen in ihrem Buch *Music and Ethics* vornehmen, ist in diesem Fall sinnvoll, da Wolffs Musik an ihre Interpreten die Aufforderung stellt, sich mit dem Fremden auseinanderzusetzen, es zu integrieren, in einen aktiven Dialog mit ihm zu treten. In dem Essay *Von der Gastfreundschaft*[771] denkt der französische Philosoph Jacques Derrida das Ethische als Offenheit für das Unvorhersehbare und Fremdartige, für den oder das Andere. Diese Einsicht lässt sich auch in Bezug auf Wolffs Musik applizieren: Er komponiert in seinen unbestimmten Stücken soziale Dynamiken, musikalische Auseinandersetzungen zwischen Menschen, deren Verhaltensweisen durch die Partitur zwar koordiniert werden, jedoch letzten Endes un-

---

[764] Hans-Georg Gadamer, *Wahrheit und Methode: Grundzüge einer philosophischen Hermeneutik*, Tübingen 1960, S. 367.

[765] John Cage zitiert nach: Wolff, „Offen für wen und was", S. 179.

[766] Gadamer, Warheit und Methode, S. 367.

[767] Schonfield, „Risiken eingehen", S. 73.

[768] Ebd.

[769] Wolff, „die Hörer so frei wie die Spieler lassen", S. 81.

[770] Marcel Cobussen und Nanette Nielsen, *Music and Ethics*, Farnham u. a. 2012, S. 27.

[771] Jacques Derrida, „Von der Gastfreundschaft", hrsg. von Peter Engelmann, Wien 2007.

vorhersehbar bleiben. Die Idee der Gastfreundschaft manifestiert sich in dem spielerischen Appell, die Entscheidungen des Anderen aufzunehmen, ihnen zuzuhören und offen gegenüberzustehen, sie zu akzeptieren, zu verarbeiten und wieder an den Anderen, den oder die Mitspieler, weiterzugeben, damit sie wiederum zur Grundlage neuer Entscheidungen werden und das Stück so weiter wachsen kann.

> „Listen and the world will open itself. In another way. Another world. Listening as hospitality. Listening is hospitality. Establishing a relationship between our world and a different world, between our attitude and a different attitude."[772]

Indem die Interpreten aufmerksam aufeinander hören, nehmen sie eine Rolle ein, die bislang dem Publikum vorbehalten war. Der Unterschied liegt allerdings darin, dass der Prozess des Hörens kein passiver ist, der nur in eine Richtung gerichtet ist, sondern auf dynamischen Interaktionen basiert, an denen die Zuhörer teilhaben können, auch wenn die Handlungen der Interpreten nicht vollständig zu verstehen sein sollten. Mit dieser Beobachtung harmoniert die Absicht Christian Wolffs, seine Zuhörer mit seiner Musik „auf den Gedanke[n] [zu] bringen, sie könnten ebenfalls einen Notentext verfassen oder aufführen."[773] Wolff lädt seine Zuhörer dazu ein, an experimenteller Musik teilzuhaben, neue Ideen auszuprobieren und zu testen, wie sie funktionieren und welche Konsequenzen aus ihnen resultieren, ob sie sinnvoll sind oder wieder verworfen werden müssen. Wolffs Musik ist gastfreundschaftlich in dem Sinne, dass sie buchstäblich niemanden ausschließt. Immer wieder betont der Komponist, viele seiner Kompositionen könnten „von Profis wie von Laien"[774] gespielt werden: „Jeder kann Musik machen [...]. Jeder von uns hat eine Stimme, mit der er singen kann, und wir können alle irgendeinen Rhythmus klopfen."[775] In dieser Attitüde, die nicht zuletzt auch aus einer biografischen Situation resultiert (Wolff bezeichnet sich als Amateur und Autodidakten, der selbst nicht auf dem Niveau eines professionellen Musikers agieren könne[776]), manifestiert sich ein ethisches Engagement, ein egalitaristisches Denken, das „jedermann mit gutem Willen und etwas Verstand"[777] nicht nur die Chance gibt, sich musikalisch zu betätigen, sondern auch eine Stimme erteilt, die gehört werden kann.

---

[772] Marcel Cobussen, „Ethics and/in/as Silence", in: *ephemera. Theory & Politics in Organization*, Nr. 2 (2003), S. 284.

[773] Wolff, „Veränderung und Dauerhaftes", S. 315.

[774] Gagne, In einer Art Niemandsland", S. 263. Dazu zählen zum Beispiel die Kompositionen *For One, Two or Three People* oder das auf einer grafischen Partitur beruhende *Edges*. Für Kunststudenten schrieb Christian Wolff die *Prose Collection*, eine Sammlung aus Stücken, die ausschließlich aus verbalen Spielanweisungen besteht. Die Kenntnis von Noten ist für die Aufführung dieser Musik nicht von Notwendigkeit.

[775] Ebd., S. 247.

[776] Ebd.

[777] Rzewski, „Die Algebra des Alltagslebens", S. 13.

Gastfreundschaft zeichnet sich aber nicht nur auf der Ebene des Hörens in Christian Wolffs Musik ab, sondern lässt sich auch als eine Offenheit gegenüber akustischen Phänomenen denken. Wolff versteht Komponieren nämlich als „die Bedingung aller Klänge."[778] Für den Komponisten ist es unvorstellbar, dass es Töne oder Klänge gibt, die besser oder schöner sind als andere. „Kein Klang, Geräusch, Intervall an sich ist irgendeinem anderen vorzuziehen, einschließlich jener, die uns ständig umgeben"[779], schreibt er.

„Alltagsklänge, besonders auf dem Land, Natürliches gemischt mit Maschinellem – Autos, Lastwagen, Flugzeuge, Traktoren, Kettensägen – haben einen Einfluss auf meine Arbeit, denke ich. Ich bemühe mich nicht sonderlich mich von ihnen abzuschotten. Insbesondere mein früheres Werk war so komponiert, dass Hintergrundgeräusche nicht als Störfaktoren wahrgenommen wurden"[780].

Sensibilisiert wurde Wolff für dieses Denken offenbar von Morton Feldman und John Cage: „Das Gefühl dafür, daß alle Intervalle gleichermaßen verfügbar, brauchbar und schön sind"[781], verdankt er Feldman, während er von Cage gelernt hat, „daß alle Klänge gleich sind."[782] Vor diesem Hintergrund sei eine Anekdote erwähnt, die Wolff immer wieder memoriert. Eines Nachmittags experimentierte er in John Cages Apartment mit Klavierpräparationen, während sein Lehrer im Nebenzimmer saß und arbeitete. Als Wolff eine Klaviertaste anschlug, ertönte zur selben Zeit ein Schiffshorn. Cage wollte wissen, wie er dieses Geräusch erzeugt habe. Wolff charakterisiert die Situation als „berauschend"[783], „berauschend", weil ein Geräusch auftritt, das völlig unvorhersehbar erklingt und nicht zum Instrument passt, fremd ist. Für den Musikwissenschaftler und Komponisten Marcel Cobussen schließt eine musikalische Ethik, ein ethisches Komponieren, Elemente in die Musik ein, die „previously excluded from the musical domain"[784] waren. Dazu zählt er Geräusche und Stille, die „aural others"[785] der Musik. Wolff selbst hält es für möglich, in seine Musik „Geräusche einzuführen"[786]. Er spricht ihnen eine „gewisse Widerborstigkeit"[787] zu und versteht ihre absichtsvolle Integration als „eine Impfung"[788] der Musik „mit einer konkreten, materiellen Welt."[789] An anderer Stelle erklärt er, Musik solle nicht „in idealer, privilegierter Isola-

---

[778] Wolff, „die Hörer so frei wie die Spieler lassen", S. 87.
[779] Ebd.
[780] Christian Wolff im Gespräch mit Bálint András Varga. Bálint András Varga, „Christian Wolff", in: Bálint András Varga, *Drei Fragen an 73 Komponisten*, Regensburg 2014, S. 383.
[781] Zimmermann, „Nichts gibt es nicht", S. 103.
[782] Ebd.
[783] Wolff, „die Hörer so frei wie die Spieler lassen", S. 81.
[784] Cobussen und Nielsen, Music and Ethics, S. 24.
[785] Ebd.
[786] Wolff, „Was ist unsere Arbeit?", S. 227.
[787] Wolff, „Die eigene Identität entfalten", S. 335.
[788] Ebd.
[789] Ebd.

tion"[790] existieren. Alle Möglichkeiten, „ob geplant (Werk) oder nicht (Straßenlärm, Türklappern, Grillen), sind annehmbar. Kann man sie ableugnen?"[791] Der Komponist möchte sie nicht ausklammern, sondern steht ihnen im Sinne einer gastfreundschaftlichen Attitüde offen gegenüber. Wolffs Verhalten lässt sich auch unter ethischen Kriterien verstehen. Indem er die Geräusche seiner Umgebung nicht als störend empfindet, schließt er sie in seine Musik mit ein. Wolff fordert dazu auf, ihnen „einfach zuzuhören"[792] und sie in ihrer Andersartigkeit zu akzeptieren.[793]

In vielen Stücken von Christian Wolff nehmen die Interpreten in Gruppen aktiv am Geschehen teil. Sie gestalten das Stück, reproduzieren nicht nur eine bereits fertig gestellte Partitur, die für Wolff stets „die Freiheit und Würde der Interpreten"[794] garantieren und „Spielern, Komponisten, Zuhörern Überraschungen bieten"[795] muss. Der Komponist versteht seine Interpreten nicht als Reproduktionsmaschinen, sondern als Musiker, die durch „zuversichtliche Entscheidungen [...] in engagierter Auseinandersetzung mit der Partitur des Komponisten"[796] über den Verlauf und die Qualität des Stückes entscheiden. Wolff zeigt sich skeptisch gegenüber Anweisungen und bezeichnet sie als „heikle Sache"[797]. Er denkt darüber nach, inwieweit sie überhaupt eingehalten werden müssen und „wie klar oder vieldeutig"[798] man sie formulieren solle. Er ermöglicht den Interpreten eine „Selbstbestimmung des Handelns"[799] und führt damit eine weitere ethische Dimension in seine Musik ein. Handlungsfreiheit liegt dann vor, wenn

„jemand ohne äußeren Zwang im Einklang mit seinen eigenen Wünschen und Überzeugungen handelt. In der Regel gehört dazu die Fähigkeit, einen Spielraum von alternativen Möglichkeiten des Verhaltens zu sehen und eine davon auszuwählen. Freiheit heißt dann handeln und auch nicht handeln (libertas exercitii) oder das eine statt des anderen tun können (libertas specificationis)."[800]

Diese Darstellung trifft auch auf Wolffs Musik zu, die „aus der Sorge um Freiheit und einer großen Scheu von Machtausübung"[801] entsteht und darum

---

[790] Wolff, „Unbeweglichkeit in der Bewegung", S. 29.
[791] Ebd.
[792] Wolff, „Die eigene Identität entfalten", S. 335.
[793] In diesem musikalischen Denken manifestiert sich auch der Wunsch, die Trennlinie zwischen Kunst und Leben aufzuheben. Siehe in diesem Zusammenhang auch die Anekdote aus John Cages Buch *Empty Mind*, die zu Beginn des Kapitels über John Dewey interpretiert wird.
[794] Wolff, „die Hörer so frei wie die Spieler lassen", S. 81.
[795] Ebd.
[796] Wolff, „Die eigene Identität entfalten", S. 335.
[797] Wolff, „die Hörer so frei wie die Spieler lassen", S. 81.
[798] Ebd.
[799] Otfried Höffe, *Ethik: Eine Einführung*, München 2013, S. 65.
[800] Ebd., S. 67.
[801] Wolff, „Ganz neue Bereiche der Unvorhersehbarkeit", S. 65.

bemüht ist, eine „Freiheit von der Ausübung übermäßigen Zwangs"[802] zu gewährleisten, „rhetorische[r] Gesten"[803] zu vermeiden, „starre[n] Rationalismus"[804] auszuschließen und „Klänge und Menschen [nicht] herumzukommandieren, aus der Einsicht, daß sie – die Menschen – das kritische Zentrum musikalischer Produktion sind."[805] Die Interpreten von Wolffs Musik üben innerhalb freiester Bedingungen die genauesten Handlungen aus. Wolff ist bestrebt, ihnen die Möglichkeit zu geben, „nach eigenem Ermessen zu verfahren"[806] und gibt ihnen damit in aristotelischer Manier eine „Handlungsfreiheit im Sinne von Wahlfreiheit oder Willkürfreiheit"[807]. Er stellt die Frage nach der Bedeutung von Verantwortung und den damit einhergehenden moralischen Implikationen, nämlich der richtigen und guten Interpretation seiner Musik. In Anlehnung an John Cage wünscht er sich „ein intelligente[s] und gewissenhafte[s] Handeln"[808], wenn es um die spielerische Auseinandersetzung mit seiner Musik geht. Schließlich ist es auch möglich, dass Interpreten sich bewusst für Handlungen entscheiden, mit denen sie die Komposition sabotieren. In Bezug auf das politische Stück *Accompaniments* formuliert er beispielsweise die Sorge, die Komposition könne von einem Interpreten komödiantische Züge erteilt bekommen: „man kann Teile des Textes auch so betonen, daß er lächerlich klingt, und das ist nicht meine Absicht."[809] Wolff muss sich darauf verlassen, dass die Interpreten seiner Musik „es ernst meinen, daß sie guten Willens sind und einfach *das Richtige* tun werden."[810] Damit stellt er auch die Frage nach der Integrität der Spieler, die Cornelius Cardew in seinem Essay *Towards an Ethic of Improvisation* als eine wichtige Basis musikethischer Reflexion betrachtet: „What we *do* in the actual event is important – not only what we have in mind. Often what we do is what tells us what we have in mind."[811] Die Handlungen der Spieler werden somit zum Indikator ihres Bestrebens, sich der zu interpretierenden Komposition unter moralisch richtigen Kriterien zu nähern und in einen konstruktiven Dialog mit dem Stück zu treten. – „To do something constructive you have to look beyond yourself"[812], schreibt Cornelius Cardew in dem Abschnitt *Selflessness* seiner musikethischen Reflexionen. Selbstlos zu sein, bedeutet, in eine Interaktion mit dem Anderen zu treten, einen ethischen Raum zu öffnen, in dem kreatives und verantwortungsbewusstes Handeln möglich ist, das nicht bereits determiniert ist, sondern jederzeit unvorhersehbar bleibt. Christian Wolff

---

[802] Wolff, „Die eigene Identität entfalten", S. 335.

[803] Ebd.

[804] Ebd.

[805] Ebd.

[806] Schonfield, „Risiken eingehen", S. 75.

[807] Matthias Lutz-Bachmann, *Ethik*, Stuttgart 2013, S. 164.

[808] Wolff, „Unter dem Einfluß", S. 153.

[809] Zimmermann, „Nichts gibt es nicht", S. 111.

[810] Ebd.

[811] Cornelius Cardew, „Towards an Ethic of Improvisation" (1971), www.ubu.com/papers/cardew_ethics.html, 02.10.2014.

[812] Ebd.

spricht in diesem Kontext von einer „Art aktiven Sichgehenlassens des eigenen Ichs", einer „Ethik, die John Cage als ‚Nichtabsicht' beschrieben hat."[813] Die „Nichtabsicht" oder Absichtslosigkeit dient auf kompositorischer Seite der Vorbeugung bereits etablierter Arbeitskonzepte. Auf spielerischer Ebene ist das Absichtslose eine Allegorie auf die Vermeidung erprobter Spielweisen, die intentional in bestimmten Situationen eingesetzt werden können, anstatt Neues auszuprobieren, Ideen auszutesten und zu experimentieren. Diese Praxis verlangt, „daß man auf riskante Weise sorglos sei."[814] Christian Wolff möchte mit seiner Musik „etwas Riskantes" machen, mit dem man sich „selbst auf die Probe stellen [kann]."[815] Die Musikwissenschaftlerin Kathleen Marie Higgins glaubt, dass „risk itself [...] a positive value in both musical and ethical experience"[816] hat. Nicht zuletzt bedeutet, Risiken auszuhalten, eine „tolerance of risk"[817] zu besitzen, die Möglichkeit des Scheiterns in Kauf zu nehmen, seine eigene Verletzlichkeit einzugestehen und sich dem Anderen zu öffnen. Musikalische Risiken einzugehen, heißt, eine Musik zu komponieren und zu spielen, die überrascht und die Hörer und Interpreten mit Entwicklungen konfrontiert, die nicht vorherzusehen sind. Es ist eine lebendige Musik. „Although vitality is rarely discussed as an ethical value in itself, we clearly assess our own lives on such a basis."[818] In Wolffs Kompositionen kommen Prozesse zum Einsatz, die durchaus auch im alltäglichen Leben zu beobachten sind: Kommunikation und Kontingenzbewältigung, Konfrontation und Auseinandersetzung mit der Andersartigkeit und den individuellen Wünschen und Entscheidungen der Mitspieler sowie der Konzeption von intelligiblen und für alle Beteiligten befriedigenden Problemlösungen. Es ist die Ethik des Responsiven, die in Christian Wolffs Musik zum Ausdruck kommt, ein ethisches Bewusstsein, das über Strategien des Engagements, aufmerksames Hinhören und der damit einhergehenden Empfänglichkeit für die Alterität des Anderen, als Sinnbild für den Entwurf eines besseren Lebens interpretiert werden kann.

---

[813] Wolff, „Die eigene Identität entfalten", S. 335.
[814] Ebd.
[815] Wolff, „etwas Riskantes", S. 55.
[816] Kathleen Marie Higgins, *The Music of our Lives*, Lanham, Md. u. a. 2011, S. 164.
[817] Ebd.
[818] Ebd., S. 165.

10 Doppelleben – Gedanken zu Christian Wolffs Tätigkeit als Komponist in Relation zu seinem Beruf als Professor für griechische Philologie

> *„What you do is not an accident.*
> *At some level, these things have some*
> *relationship to each other."*[819]

„Ich unterrichte Literatur. Hauptsächlich die alten Sprachen, Griechisch und Latein"[820], sagt Christian Wolff in einem Interview. Er hat „schon früh den Eindruck, daß man seinen Lebensunterhalt nicht als Komponist verdienen kann; das schien für mich überhaupt außer Frage zu stehen."[821] Die Existenznöte seiner Kollegen, Morton Feldman, „der in der Textilfirma seines Vaters arbeiten musste"[822], und John Cage, der sich zu Beginn seiner Karriere „fast nicht über Wasser halten konnte" und „von der Unterstützung seiner Eltern" lebte, machen ihm Angst. Um auf Dauer kreativ tätig sein zu können, benötigt Wolff offenbar eine strukturelle Sicherheit, zum Beispiel in Form eines kontinuierlichen Einkommens, das ihm seine universitäre Laufbahn garantiert. „Dieser Beruf [...] bewirkte, daß ich frei von finanziellen Sorgen war und meine musikalische Arbeit nicht ständig vermarkten mußte, sie also von solchen Zwängen freihalten konnte [...]"[823], wobei anzumerken ist, dass der Fokus auf alte Sprachen, Griechisch und Latein, die Altphilologie, durchaus ein obskures Interesse ist, das nicht zwangsläufig für jeden Interessenten ein Leben fernab des Prekariats garantiert.

Für Wolff läuft dennoch alles erfolgreich ab. Er unterrichtet zunächst acht Jahre in Harvard, wo er 1951 seine akademische Ausbildung beginnt, promoviert und sich habilitiert. Die renommierte Universität verlängert allerdings nicht seinen Arbeitsvertrag, da er die meiste Zeit komponiert und die Publikation von akademischen Arbeiten vernachlässigt, die ihm eine Erneuerung seiner Anstellung eingebracht hätten. 1969 wird allerdings eine Stelle an der Fakultät für Altphilologie der Universität Dartmouth frei, die Wolff augenblicklich annimmt – nicht zuletzt, weil der Dekan der Universität ihm die Möglichkeit offeriert, dort Mitglied der Musikabteilung zu werden und Komposition zu unterrichten, obwohl er keine universitäre Ausbildung als Kom-

---

[819] Wolff, „Transkription Seminar Ostrava Days 2003", S. 65.

[820] Ivanji, „Was tun wir eigentlich?", S. 91.

[821] Gagne, „In einer Art Niemandsland", S. 237.

[822] Christian Wolff im Gespräch mit Markus Trunk. Markus Trunk, „‚Sie können ruhig alles wissen!' Gespräch mit Markus Trunk" („Anything you want to know!" Conversation with Markus Trunk, 1992), in: *Christian Wolff. Cues. Writings and Conversations / Christian Wolff. Hinweise. Schriften und Gespräche*, hrsg. von Gisela Gronemeyer und Reinhard Oehlschlägel, Köln 1998 (Edition MusikTexte 005), S. 283. Folgezitate ebd.

[823] Wolff, „Die eigene Identität entfalten", S. 321.

ponist genossen hat. Wolff ist glücklich, endlich kann er sein Doppelleben offiziell zusammenführen: „Wir hatten einen fortschrittlichen Dekan, der die Idee großartig fand und sich nicht im geringsten davon beeindrucken ließ, daß ich keine offiziellen Zeugnisse vorweisen konnte. Das war also kein Problem."[824] Es verwundert vor diesem Hintergrund nicht, wenn des Öfteren darüber nachgedacht wird, ob Wolffs berufliche Tätigkeit als Professor für klassische Philologie seine kompositorische Arbeit möglicherweise beeinflusst habe. Gibt es eine Reziprozität zwischen diesen Betätigungsfeldern, Schnittstellen? Wolff selbst findet diese Frage keineswegs abwegig, kommt aber zu einer nüchternen Schlussfolgerung: „I think what connects them is teaching"[825], sagt er 2007 während der Ostrava Days. An anderer Stelle äußert er sich ausführlicher:

> „Die Verbindung besteht einfach in meinem Interesse an Unterricht, an Pädagogik. Mir hat einmal jemand gesagt, daß meine Musik oft etwas Pädagogisches hat. Ich habe das nicht beabsichtigt, aber ich denke, es stimmt. Wenn es eine Verbindung gibt, liegt sie auf dieser Ebene."[826]

Diese Verbindung erscheint sinnvoll, andere Aspekte des beruflichen Amalgams weisen aber widersprüchliche Qualitäten auf, zumindest auf den ersten Blick. Als Wolff seine kompositorische Laufbahn beginnt, möchte er eine „Musik machen, die keiner anderen gleicht."[827] Man könnte auch von einer Musik sprechen, die sich außerhalb des Kanons bewegt, dessen Pflege und Fortführung Wolff als Professor allerdings verpflichtet ist. Natürlich handelt es sich dabei um einen literarischen Kanon, dennoch ist der Vergleich gerechtfertigt. Wie harmoniert Wolffs Interesse für die altgriechische Philologie und Literatur, die Beschäftigung mit einer toten Sprache, mit der Absicht, die er als jugendlicher Komponist fasst, Musik zu komponieren, die „shockingly different"[828] ist und eine vollkommen neue klangliche Linguistik erschließt?

Wolff erkennt diese Diskrepanz, sieht in ihr allerdings kein Problem, da es in beiden – künstlerischen wie akademischen – Territorien „an element of complementarity, complementing one with another"[829] gebe. Dieses Element sei im Material selbst begründet – es beinhalte wunderliche, seltsame oder sonderbare Qualitäten. „Teaching the classics, I was certainly interested in [...] the weirdness of it. [...] you realize how alien, how different, how peculiar this stuff is"[830], eine Eigenschaft, die auch Frederic Rzewski in Christian Wolffs

---

[824] Gagne, „In einer Art Niemandsland", S. 239.
[825] Wolff, „Transkription Seminar Ostrava Days 2007", S. 143.
[826] Gagne, „In einer Art Niemandsland", S. 241.
[827] Wolff, „Was ist unsere Arbeit?", S. 225.
[828] Wolff, „Transkription Seminar Ostrava Days 2003", S. 64.
[829] Ebd.
[830] Ebd., S. 64ff. Das hebt auch Harold Bloom hervor: „One mark of an originality that can win canonical status for a literary work is a strangeness that we either never altogether as-

Œuvre erkennt: „Die erste Begegnung mit der Musik von Christian Wolff hinterläßt den Eindruck, als ob man gerade etwas von einem anderen Stern gehört (gespielt, gelesen) hat, das anders ist als alles bisher Vernommene"[831], etwas Fremdes und Experimentelles.

In einem Brief an Christian Wolff denkt Frederic Rzewski außerdem darüber nach, warum man sich für experimentelle Musik und griechische Tragödie interessiert. Der Komponist kommt zu der Einsicht, dass das Wesen der experimentellen Musik beide Felder miteinander verbinde und sogar eine direkte Leitung zu den Protagonisten der griechischen Tragödie herstelle – „What appeals to me personally is that I find myself in the same situation basically, that these characters were in: confronted with the as yet not-too-clear possibility of a new civilization."[832] Michael Parson glaubt, dass experimentelle Musik und griechische Tragödie eine Suche nach „principles and axioms and the re-examination of familiar categories"[833] einfordern. In beiden Disziplinen manifestiert sich ein „radical reappraisal of acquired cultural habits and values."[834] Trotz der Andersartigkeit von Wolffs Musik soll sie das Potenzial in sich tragen zu überdauern. „I always had this ambition that it should be durable"[835], sagt er während einer Vorlesung. Der Komponist hat eine Musik im Sinn, die auch noch in 100 Jahren aktuell sein wird oder zumindest interessante Aspekte und Anregungen vermitteln kann. Wolff spricht von einer musikalischen „resilience"[836], einem Sound, der mit der Zeit gehen kann und trotzdem seine eigene Identität beibehält, so wie die griechischen Tragödien. Seine kompositorischen Techniken, das Prinzip der genauesten Handlungen unter den freiesten Bedingungen, macht dies möglich, und viele seiner Kompositionen sind tatsächlich „repeatedly usable"[837]. Sie gleichen sich nicht. Man entdeckt in ihnen immer Neues. In dieser Beobachtung sieht Wolff eine weitere Parallele zu seiner Profession als Altphilologe.

> „That's my attitude about the classics as well. You'd think nobody could think of any new things to say about *Sophocles*. In a sense, that's true. But if you look carefully – it's partly the way you teach it, approach it and the way you try to convey what you think about it – you constantly find new things in there"[838]

Das Klassische kann durchaus also noch moderne Triebkräfte aufweisen, die neue Ansichten und Eindrücke generieren können, je nachdem wie man sich

similate, or that becomes such a given that we are blinded to its idiosyncrasies." Siehe: Bloom, The Western Canon, S. 4.

[831] Rzewski, „Die Algebra des Alltagslebens", S. 11.

[832] Frederic Rzewski zitiert nach Asplund und Hicks, Christian Wolff, S. 3.

[833] Parsons, „Foreword", S. xviii.

[834] Ebd.

[835] Wolff, „Transkription Seminar Ostrava Days 2003", S. 65.

[836] Wolff, „Transkription Seminar Ostrava Days 2007", S. 143.

[837] Wolff, „Transkription Seminar Ostrava Days 2003", S. 65.

[838] Ebd.

der Materie nähert, eine Beobachtung, die auch Wolffs Vater machte. Kurt Wolff wählte als Motto für seinen Verlag Pantheon Books: „Classics that are Modern, Moderns that are Classics."[839]

In dem 2010 veröffentlichten Essay *Crossings of Experimental Music and Greek Tragedy* dringt Wolff tiefer in das Territorium der Musik und des griechischen Kulturerbes ein, ein Ausflug, der weitere Rückschlüsse auf sein Verhältnis zu diesen beiden Disziplinen offenbart. In dem kurzen Text hebt er vier Komponisten hervor, unter anderem Harry Partch und Iannis Xenakis, denen er während einer Vorlesung am Ostrava Center for New Music attestiert: „those guys are interesting because they have the notion that they are actually continuing or reviving the spirit of ancient Greek music, but in an academic way."[840] In seiner Analyse fokussiert Wolff jedoch zunächst Darius Milhauds Musik für Aischylus' Stück *Libation Bearers* (1915-16)[841] und kommt zu dem Urteil, dass Milhauds Verwendung von Perkussionsinstrumenten großen Einfluss auf die Inszenierung der griechischen Tragödie hatte. „Milhaud's use of percussion begins an almost ubiquitous practice in the music made to accompany and set the texts of Greek tragedies in the twentieth century"[842], schreibt Wolff. Milhaud sei eine Komposition gelungen, die einen „truly innovative move"[843] präsentiere. Während das Orchester schweigt, kommen in ausgewählten Passagen ausschließlich Perkussionsinstrumente zum Einsatz, darunter ungewöhnliche Instrumente wie Sirenen, Pfeifen oder Holzplanken, die der Begleitung eines Rezitativs dienen, das selbst aus perkussiven Wortsalven besteht. Dabei ist die Tonhöhe der Wörter nicht spezifiziert, sondern als Linie approximiert, die unter dem Text verläuft. Diese Technik hat Wolff auch in seinen Stücken übernommen, noch bevor er John Cage begegnete. In einem frühen Stück, an dessen Titel sich Wolff nicht erinnern kann, gibt er im Gespräch mit Cole Gagne an, die Singstimme nur auf einer einzigen Linie notiert zu haben, nicht auf einem System und ohne Tonhöhen; angegeben gewesen sei nur „relativ hoch" und „tief".[844] Er betrachtet Milhauds Komposition in seiner Nutzung und Hervorhebung von Perkussionsinstrumenten als Pionierleistung, die Edgar Varèses berühmtes Schlagzeugstück *Ionisation* um knapp 20 Jahre vorwegnimmt.

---

[839] Kurt Wolff zitiert nach: Asplund und Hicks, Christian Wolff, S. 6.

[840] Wolff, „Transkription Seminar Ostrava Days 2007", S. 143.

[841] *Libation Bearers*, zu deutsch: *Die Choephoren*, ist der zweite Teil von Aischylus' dreiteiliger *Orestie*, die Darius Milhaud vollständig vertonte. Französischer Titel des Gesamtwerks: *L'Orestie d'Eschyle* bestehend aus *Agamemnon* (1913), *Les Choéphores* (1915–16) und *Les Euménides* (1917–22).

[842] Christian Wolff, „Crossings of Experimental Music and Greek Tragedy", in: *Ancient Drama in Music for the Modern Stage*, hrsg. von Peter Brown und Suzana Ograjenšek, Oxford u. a. 2010, S. 288.

[843] Ebd.

[844] Gagne, „In einer Art Niemandsland", S. 261.

Als nächstes Beispiel führt Wolff Erik Saties *Socrate* (1919) für Solostimmen und Kammerorchester an. Die Wahl erscheint naheliegend, schrieb doch der französische Impressionist und Freund von Darius Milhaud bereits Kompositionen, die auf die griechische Antike Bezug nehmen. Man denke an die *Gymnopédies* (1888) oder die *Gnossiennes* (1891). Was allerdings Wolffs Aufmerksamkeit erregt, ist ein Kommentar Saties, der eine Verbindung zwischen Tradition und Moderne suggeriert, ein Amalgam, dem Wolff große Aufmerksamkeit schenkt, nicht nur im weiteren Verlauf des Essays. *Socrate* bezeichnet der Komponist als „a return to classical simplicity with a modern sensibility."[845] Dass es Satie nicht um eine wissenschaftlich akkurate Studie der Antike geht, liegt auf der Hand, dessen ist sich auch Wolff bewusst.

„This ‚return' to an imagined classicism has of course little to do with archaeological reconstructions. It describes an aesthetic ideal that is part of a chosen modernist path. Evoking a distant, and, by means of modernist techniques, distanced, antiquity is also a way of breaking with recent traditions of European music, especially Romanticism in its ‚Dionysian' and Germanic form, represented most powerfully by Wagner."[846]

Wolff sieht in der Beschäftigung mit der griechischen Antike die Möglichkeit einer Loslösung, einer Befreiung von überholten musikalischen Ausdrucksweisen und philosophischen Ansätzen, durchaus ein Anliegen, das auch die amerikanische Avantgarde teilte. Alte Überlieferungen bekommen emanzipatorische Qualitäten, die sich auch der amerikanische Komponist Harry Partch zunutze macht, den Wolff im folgenden Abschnitt seines Essays thematisiert. Partchs Musik bezeichnet der Komponist als eine „integrated totality" und zieht damit eine Parallele zur Aufführungspraxis der griechischen Tragödie, die ein „amalgam of speech, chant, song, music, stage movement, gesture, dance"[847] war, Bestandteile, die auch in Partchs Musiktheater eine wichtige Rolle spielen, das als „communal performance" in Erscheinung tritt und die griechische Tragödie als politisches Werkzeug begreift, die „mediocrity, conformism und general confusion"[848] der modernen Welt zu überwinden.

Xenakis, den Wolff als letztes Beispiel in seinem Komponisten-Quartett aufführt, ist nicht nur durch seine griechische Abstammung eine adäquate Person für seine Studie, sondern fungiert auch als Amplifikator des von Wolff hervorgehobenen Traditionsbruchs, der aus Amalgamierung des griechischen Kulturerbes mit einem modernen Fortschrittsglauben resultiert.[849] Xenakis glaubte, dass jeder griechische Komponist sich an den Techniken der europä-

---

[845] Wolff, „Crossings of Experimental Music and Greek Tragedy", S. 291.
[846] Ebd.
[847] Beide Zitate ebd., S. 292.
[848] Beide Zitate ebd., S. 293.
[849] Außerdem schätzt Christian Wolff Xenakis' Musik für ihre „auffallende Überfülle", die ihr eine Flexibilität und fluide Erscheinung vermittelt, offene Qualitäten gibt, obwohl sie bis ins letzte Detail fixiert beziehungsweise notiert ist.

ischen Avantgarde zu orientieren habe, ohne dabei seine griechischen Wurzeln zu vergessen. Diese geben dem Komponisten die Möglichkeit, die Zukunft vorherzusehen und gleichzeitig zu konstruieren, liest man bei Christian Wolff.[850] Er diagnostiziert außerdem in der Musik und dem Denken Xenakis' einen idealistischen Humanismus, eine Attitüde, die ebenso in seinen eigenen Arbeiten deutlich wird.

> „Wegen des Kriegs der Vereinigten Staaten in Vietnam, verschiedener persönlicher Erfahrungen und der Nähe zu anderen Musikern, die sich ähnlich betroffen fühlten, beschloss ich zu jener Zeit, mein politisches Denken und Empfinden (das sich entwickelte und veränderte) in meine musikalische Arbeit einzubeziehen."[851]

Diese Aussage von Christian Wolff erklärt seine Politisierung in den 1960er- und 1970er-Jahren, eine Zeit, in der soziale Unruhen zur Tagesordnung gehörten und die Aufmerksamkeit für gesellschaftliche Missstände, besonders innerhalb studentischer Zirkel, von Bedeutung war, ein Milieu, in dem Wolff zu Hause war. Der Komponist und Professor muss mit den politischen Ideen seiner Studenten vertraut gewesen sein. Zudem bot sein musikalisches Umfeld diverse Kontaktmöglichkeiten, sein politisches Denken zu befruchten und zum Wachstum zu bringen, etwa seine Freundschaften zu Rzewski oder Cardew. Eine weitere Erklärung für Wolffs Politisierung liegt womöglich auch in einem künstlerisch-literarischen Bereich begründet, der sehr eng an seine Profession geknüpft ist. In den 1960er- und 1970er-Jahren erlebte die griechische Tragödie auf amerikanischen Theaterbühnen eine Wiedergeburt. Es ist möglich, diese Reanimation im Fokus der politischen Auseinandersetzungen zu lesen, die Amerika zu dieser Zeit durchlebte. „Finally, America's increasingly powerful, central, and controversial role in world history gradually loosened its theater's resistance at many earlier periods to confronting contemporary politics through Greek tragedy."[852] Wolff wird diesen Trend als Gräzist sicherlich miterlebt und reflektiert haben. Das suggeriert zum Beispiel ein Blick auf ein Seminar, das er während der Darmstädter Ferienkurse hielt. Wolff präsentiert seinen Zuhörern Rzewskis Stück *Coming together*, in dem ein Erzähler den Text des Häftlings Sam Melville rezitiert. Der Erzähler in der Aufnahme ist Steven Ben-Israel, ein Mitglied des Living Theatre,[853] das auf Wolffs Freund und Kollegen Rzewski einen starken Einfluss ausübte:[854]

---

[850] Wolff, „Crossings of Experimental Music and Greek Tragedy", S. 297.

[851] Wolff, „Veränderung und Dauerhaftes", S. 313.

[852] Helene P. Foley, *Reimagining Greek Tragedy on the American Stage*, Berkeley u. a. 2012, S. 10.

[853] Beal, „Christian Wolff in Darmstadt", S. 34.

[854] Frederic Rzewski, „,Ich versuche, meine Arbeit zur Welt um mich herum in Beziehung zu setzen.' Gespräch mit Vivian Perlis" („I am in the habit of trying to relate my work to the world around me." Conversation with Vivian Perlis, 1984), in: *Nonsequiturs. Writings and Lectures on Improvisation, Composition, and Interpretation / Unlogische Folgerungen. Schriften und Vorträge zu Improvisation, Komposition und Interpretation*, hrsg. von Gisela Gronemeyer und Reinhard Oehlschlägel, Köln 2007 (Edition MusikTexte 009), S. 187. Das „wir" verweist hier

„Wir waren damals vielleicht am meisten von unserer engen Beziehung zum Living Theater beeinflußt, das in den sechziger Jahren natürlich auch durch verschiedene Teile Europas reiste und zu dem wir – zumindest einige von uns – sehr engen Kontakt hatten. Ich glaube, daß dessen Arbeit auf dem Theater für uns ein wichtiges Modell war für das, was wir in der Musik versuchten, und manchmal hatten wir die Möglichkeit zu einer engeren Zusammenarbeit."

Das Living Theatre war eine Theatergruppe, die sich als politische Gruppierung „against the forces of social (including sexual) repression, war, and corrupt, tyrannical political power"[855] verstand und ihre Aktionen in den 1960er-Jahren besonders gegen den Vietnamkrieg richtete. Zum Repertoire, das die Schauspieler oftmals in „informal street clothes without sets, props or lighting"[856] aufführten, gehörte auch „the entire corpus of greek tragedy"[857].

Im Folgenden geht es nicht um die Frage, ob der politische Einsatz der griechischen Tragödie Wolffs Musik und kompositorisches Denken beeinflusst hat, sondern um die Skizzierung einer politischen Atmosphäre im Kontext von Wolffs beruflicher und musikalischer Tätigkeit. Während der Ostrava Days im Jahre 2007 gibt Wolff an, den Schwerpunkt seiner wissenschaftlichen Forschungen auf den Dichter und Dramaturgen Euripides gelegt zu haben[858], dessen Theaterstück *Die Bakchen* (406 v. Chr.) lange Zeit als ungeeignet für kommerzielle Bühnen eingestuft wurde. In den 1960er-Jahren änderte sich diese Situation und das Stück wurde schlagartig populär. Warum ausgerechnet zu diesem Zeitpunkt? Es scheint, als spreche das Drama bestimmte Bedürfnisse an, die zuvor nicht von Bedeutung waren, Anliegen der sogennanten „Flower Power"-Bewegung. „To live at one with nature, to celebrate the god who gave mortals the gift of wine, to follow new cults, and to overpower those advocating staid and traditional values were ideas that spoke to the generation of the 1960s."[859]

---

auf die Gruppe MEV, eine Abkürzung für Musica Elettronica Viva, ein Ensemble, das live-elektronische Elemente in ihre „kollektive Musik" integrierte, die sie aus „Improvisation, Spiel und Interaktion" erschuf. Zitate aus: Frederic Rzewski, „Die Geschichte der Gruppe MEV in Kurzfassung" (A Short History of MEV, 1991), in: *Nonsequiturs. Writings and Lectures on Improvisation, Composition, and Interpretation / Unlogische Folgerungen. Schriften und Vorträge zu Improvisation, Komposition und Interpretation*, hrsg. von Gisela Gronemeyer und Reinhard Oehlschlägel, Köln 2007 (Edition MusikTexte 009), S. 267.

[855] Foley, Reimagining Greek Tragedy, S. 133.

[856] Ebd., S. 135.

[857] Ebd., S. 133.

[858] „All the writings I have done in classics have been on Euripides." Siehe: Wolff, „Transkription Seminar Ostrava Days 2007", S. 143. Siehe hierzu auch Wolffs Analyse von Euripides' *Orestes*: Christian Wolff, „Diskontinuitäten. Orest von Euripides" (Discontinuities. Orestes by Euripides, 1968), in: *Christian Wolff. Cues. Writings and Conversations / Christian Wolff. Hinweise. Schriften und Gespräche*, hrsg. von Gisela Gronemeyer und Reinhard Oehlschlägel, Köln 1998 (Edition MusikTexte 005), S. 424-461.

[859] Karelisa V. Hartigan, *Greek Tragedy on the American Stage: Ancient Drama in the Commercial Theater, 1882-1994*, Westport u. a. 1995, S. 82.

Das Drama erzählt von einem Konflikt zwischen Dionysos und Pentheus, dem Herrscher Thebens, der Stadt, in der Dionysos gezeugt wurde. Der Gott des Weines und des Rausches möchte die Bewohner Thebens mit seinem Kult vertraut machen. Diesen Wunsch lehnt Pentheus ab und versucht ihn sogar mit Waffengewalt zu verhindern. Dionysos verkleidet sich als Sterblicher, dringt in die Stadt ein, hypnotisiert alle Frauen, darunter auch Pentheus' Mutter und führt sie zu dem Berg Kithairon, wo sie ungezügelte Orgien feiern. Als Rache für Pentheus' Widerstand nimmt Dionysos Besitz von seinem Geist und Körper und stiftet den Herrscher an, sich als Frau zu verkleiden und das kultische Treiben von einem Baum aus zu beobachten, eine Position, die ihm zum Verhängnis wird. Die Frauen entdecken ihn und reißen ihn in Stücke. Sogar die eigene Mutter erkennt ihren Sohn nicht wieder. Erst durch ihren Vater Kadmus kommt die Frau wieder zu Verstand und akzeptiert die bittere Wahrheit. Theben ist Zeuge von Dionysos' Macht und Einflussnahme geworden und preist die Kraft des Gottes.

Die Vereinigung der Frauen mit der Natur, die ein Leben fernab gesellschaftlicher Zwänge und Konventionen suggeriert und damit die Etablierung eines anderen Entwurfs menschlicher Existenz einleitet, ist für die Generation der 1960er sehr reizvoll gewesen und erklärt auch die Popularität des Stücks, das auf dem Campus und auf großen Theaterbühnen nicht als „academic exercise but as reflective of the social scene"[860] angesehen wurde. Und Dionysos sei der „god of our times [...] our survival might depend on him"[861], schrieb ein Kritiker. Der hohe Gewaltanteil des Stückes, der früher ein Grund gewesen war, das Drama nicht aufzuführen, wird im Angesicht der kriegerischen Dispute des 20. Jahrhunderts in Kauf genommen. „The theatrical violence directly reflects the 20th century violence", schreibt ein Kritiker. Und weiter: „After two world wars and the development of scientific warfare, we have perfected a sophisticated system of genocide and daily witness mass murder, suicide and terrorism in a more callous but no less barbaric world than the world of The Bacchae."[862]

Der von Christian Wolff geschätzte Komponist Harry Partch lässt in seiner Adaption der Bakchen Dionysos als Rockstar mit dem Namen Dion auftreten. Das Stück trägt den Titel Revelation in the Courthouse Park (1961) und wechselt zwischen zwei Zeitzonen hin und her, der amerikanischen Gegenwart und der griechischen Antike. Wolff ist mit Partchs Adaption nicht zufrieden. Er weist in seiner Analyse auf narrative Diskrepanzen hin, die für ihn keinen Sinn ergeben und klassifiziert das Stück als eine Satire „on the female crowd's mindless susceptibility to the ecstasies aroused by a pop idol/preacher."[863] Damit äußert Partch eine Kritik an Dionysos, die, so scheint es, zu dieser

---

[860] Ebd., S. 82.
[861] Ebd., S. 83ff.
[862] Ebd., S. 86.
[863] Wolff, „Crossings of Experimental Music and Greek Tragedy", S. 296. Folgezitate ebd.

Zeit nicht oft geäußert wurde – „to accept Dionysus fully is dangerous", schreibt die Gräzistin Karelisa Hartigan. Das bringt Wolff allerdings nicht davon ab, Partchs Kritik an der dionysischen „(quasi-) religion" als obsolet zu bewerten. „This satire [...] evokes the old interpretation (whose terms are now pretty abandoned) of Euripides as a rationalist."

Rzewski bezeichnet *Die Bakchen* als ein Schauspiel, „das zwischen den Genres steht." Interessant ist hier, dass er das Stück von Euripides auch mit Wolffs Musik in Verbindung bringt. In ihren „tastenden, täppischen Rhythmen, ihre[r] Eignung für die Aufführung durch Amateure und Anfänger", in ihrer „Kombination von ‚richtigen' Instrumenten mit Spielzeugen oder Krimskrams, ihre[r] freiwillige[n] Öffnung gegenüber den Geräuschen der Außenwelt", manifestiert sich „eine Ambivalenz, die sich weder bei der Tragödie noch bei der Komödie, sondern irgendwo dazischen befindet", eine Beobachtung, die laut Rzewski auch für die *Bakchen* gilt, sie seien weder Tragödie noch Komödie. Die „lächelnde Maske der *Bakchen*" wird zum Sinnbild für Christian Wolffs kompositorisches Denken. Die Musik sei Einladung und Warnung zugleich, „weil sie die Möglichkeit eines geistigen (und sinnlichen) Erlebnisses in sich birgt, wenn wir offen dafür sind, ebenso aber auch alles zerstören kann, wenn wir es nicht sind."[864]

Ein weiteres Stück, das auf amerikanischen Theaterbühnen während der 1960er- und 1970er-Jahre aufgeführt wurde, ist *Iphigenie in Aulis* (408–406 v. Chr.), das auch aus der Feder von Euripides stammt. Das Drama stellt einen unlösbaren Konflikt in den Mittelpunkt und erzählt von Agamemnom, dem Anführer des griechischen Heers im trojanischen Krieg, der mit seinen Soldaten auf der Insel Aulis festsitzt. Grund dafür ist eine Windstille, die von der Göttin Artemis hervorgerufen wurde. Um die Flaute aufzuheben, verlangt die Göttin ein Opfer. Agamemnom wird befohlen, seine Tochter zu opfern, um die Weiterfahrt des Heers zu sichern. Obwohl Agamemnom seine eigene Tochter nicht töten will, ordnet er ihre Opferung an. Ihm ist bewusst, dass sie sowieso sterben muss. Sollte er seine Entscheidung zurückziehen, würde sie von seinen Männern getötet werden. Agamemnom lockt Iphigenie nach Aulis unter dem Vorwand, eine Hochzeit mit dem tapferen Krieger Achilles zu arrangieren. Als Letzterer allerdings die wahre Motivation des Gastgebers in Erfahrung bringt, bietet er der nichts ahnenden Iphigenie Schutz an. Um den drohenden Konflikt abzuwenden, entschließt Iphigenie sich dazu, sich freiwillig der Göttin zu opfern. Artemis verhindert das und belohnt die mutige Frau mit einer Priesterschaft in ihrem Tempel. Anstelle von Iphigenie wird eine Hirschkuh geopfert. Euripides' Drama, das die schmerzhafte und unerbittliche Macht des Schicksals thematisiert, spricht auch militärische und feministische Belange an, die in Zeiten des Vietnamkriegs bei politisch engagierten oder interessierten Amerikanern auf Resonanz stießen. Das Drama lässt sich zunächst als „antiwar play, especially as a protest against a war many

---

[864] Alle Zitate in: Rzewski, „Die Algebra des Alltagslebens", S. 17.

believed should not be waged"[865] verstehen. Agamemnons Auswegslosigkeit fungiert als Spiegelbild des Gehorsams eines Soldaten, der in einem Krieg kämpfen muss, den er als überflüssig und wertlos empfindet. Die Entscheidung für das Militär lässt sich in diesem Zusammenhang als männlicher Entschluss werten, der weibliche Bedürfnisse nicht beachtet und ein „vote for family over army"[866] ist.

Die Integration einer kritischen Auseinandersetzung mit dem Vietnamkrieg in die griechische Tragödie lässt sich auch in diversen Aufführungen von Euripides' *Orestes* (408 v. Chr.) erkennen, was die Geschichte einer Gesellschaft „without guidance, where traditional values are sullied"[867] erzählt – ein Szenario, in dem viele Theaterregisseure Parallelen zum Zeitgeist der 1960er- und 1970er-Jahre entdeckt haben, darunter Jan Kott, der *Orestes* 1968 im Durham Theater an der kalifornischen Berkeley Universität als Hippie auf die Bühne brachte.

„Orestes himself was portrayed as a hippie in red jeans, while the chorus, carrying placards reading ‚We're all murderers', ‚Helen is a Whore', and the repeated injunction ‚Get Out of Troy' were costumed in hippie clothes and love beads."[868]

Zudem präsentierte die Aufführung in Videoprojektionen Ausschnitte aus Nachrichten und Filmen, die Szenen des Vietnamkrieges zeigten. Der im Stück gerufene Slogan „Get Out of Troy" weist eine eindeutige Ähnlichkeit mit einer Bewegung auf, die zu dieser Zeit als das „Get Out of Vietnam Movement" bekannt war.

Wolff widmet Euripides' *Orestes* eine ausführliche Analyse. Korrespondiert seine Fokussierung auf den Dramatiker mit seinen politischen Überzeugungen? Die folgenden Aufzählungen sollen nicht als klare Vergleiche gedeutet werden, sondern dienen der Veranschaulichung, dass Wolff und Euripides offenbar viel miteinander gemeinsam gehabt haben. In Wolffs und Euripides' Denken lassen sich immerhin Attitüden und Geisteshaltungen erkennen, die miteinander konform gehen. Die Gräzistin Justina Gregory bezeichnet Euripides als einen „social critic"[869], als Menschen, der die Infragestellung von Autoritäten „not only as a viable option for an idealistic, high-minded youth, but as a positive proof of good character"[870] ansah. Bei Marianne McDonald liest man, dass Euripides gewöhnliche Menschen als Helden darstellte, während er traditionelle männliche Helden in einem schlechten Licht präsentier-

---

[865] Hartigan, Greek Tragedy on the American Stage, S. 82.

[866] Ebd., S. 90.

[867] Ebd., S. 124.

[868] Ebd., S. 125.

[869] Justina Gregory, „Euripides as Social Critic", in: *Greece & Rome Second Series*, Nr. 2 (2002), S. 161.

[870] Ebd., S. 150.

te. „He showed us the heroism of the victims"[871], schreibt die Gräzistin. Darüber hinaus war Euripides der „greatest anti-war playwright of antiquity"[872], eine Haltung, die Wolff als Kriegsgegner mit dem antiken Dramatiker teilte. Zudem war Euripides ein „innovator"[873], jemand, der die Menschen so darstellte, wie sie waren, und eine einfache, für jeden verständliche Sprache in seinen Dramen einsetzte[874], Momente, die auch in Wolffs kompositorischer Praxis und Philosophie Bestand haben: Die Infragestellung von Autorität, der Fokus auf Gewöhnlichkeit und Einfachheit anstelle von Virtuosität, die Ablehnung von kriegerischen Disputen und das Bestreben, sich immer wieder neu zu erfinden, innovativ zu komponieren. McDonald spricht der griechischen Tragödie die Fähigkeit zu, den Intellekt ihrer Rezipienten anzuregen und Reflexionen auszulösen. Sie erzähle uns etwas über die Welt, in der wir leben.[875] Die griechische Tragödie lässt sich somit als ein Werkzeug begreifen, als Handlungsanleitung, die ein besseres und bewussteres Leben lehrt oder ermöglichen kann. Die Beschäftigung mit Wolffs Musik, das Eintauchen in ihre sozialen und politischen Dynamiken hat auch einen pädagogischen Charakter. Seine Musik ist darauf ausgelegt, Reflexionszustände auszulösen, die das musikalische Setting transzendieren und womöglich auch zu bewussteren, wenn nicht sogar sozialeren Lebensentwürfen führen können.

Abschließend sei bemerkt, dass Christian Wolff die Beschäftigung mit dem griechischen Kulturerbe nicht als nostalgische Tätigkeit wertet, sondern als eine ästhetische und politische Entscheidung rezipiert, die eine zukunftsweisende Triebkraft aufweist. „The experimental composers, involving themselves with ancient Greek tragedy, turned to musical explorations of their own"[876], schreibt er in Bezug auf die in seinem Essay *Experimental Music and Greek Tragedy* vorgestellten Komponisten. Wolff glaubt, dass in der griechischen Tragödie nach wie vor ein „originary spirit" und eine „basic vitality" zu finden sind. Er beobachtet, dass experimentelle Musik immer danach strebt, sich der jüngsten Vergangenheit zu entledigen. Deshalb kann die ferne Vergangenheit, die mittlerweile zeitlos geworden ist, wieder als ein Konglomerat für neue Ideen und originelle Bezüge durchkämmt werden. „Grappling with that past, those tragic texts and their possible theatrical realization, in their difference, recalcitrance, and opaqueness, makes for a sense of openness and new possibility."

---

[871] Marianne McDonald, *The Living Art of Greek Tragedy*, Bloomington u. a. 2003, S. 97.

[872] Ebd., S. 97.

[873] Ebd., S. 98.

[874] Ebd., S. 97.

[875] Ebd., S. 206ff.

[876] Wolff, „Crossings of Experimental Music and Greek Tragedy", S. 304. Folgezitate ebd.

11 Ausblick – zusammenfassende Beobachtungen und einige Gedanken über die gesellschaftliche Relevanz von Christian Wolffs Musik

„Ich bleibe lieber geheim auf der Welt."[877] Christian Wolffs Bescheidenheit scheint vererbt zu sein. Das einleitende Zitat stammt von seiner Mutter, Helen Wolff, die ihre Tätigkeit als Publizistin über die Hervorhebung ihrer persönlichen Bekanntheit stellte. Dass Christian Wolffs Musik auch heutzutage noch eine Rarität im zeitgenössischen Musikbetrieb ist, resultiert sicher nicht nur aus seiner eigenen Zurückhaltung und seinem unprätentiösem Wesen. Es ist auch die Musik selbst, die aufgrund ihrer Introvertiertheit und der in ihr eingeschriebenen Komplexität, sich jeglicher Popularisierung nun konsequent seit Jahrzehnten entzieht. Wie aus dieser Arbeit hervorgeht, ist dies für John Cage und Morton Feldman allerdings kein Nachteil. Wolffs Nischendasein ermöglicht dem Komponisten, einen besonderen Grad an Freiheit zu experimentieren und kompromisslos an musikalischen Ideen zu arbeiten. Obwohl Wolff mit dem Begriff der Einflussnahme seine Schwierigkeiten hat, wie in den Ausführungen des Autors über Wolffs Verbindungen zur Malerei dargelegt wurde, ist es dennoch nicht von der Hand zu weisen, dass er einen großen Einfluss auf Feldman und Cage hatte. Beide Komponisten attestierten ihm, das Denken über Musik verändern zu können, und Cage hätte womöglich ohne Wolff niemals das *I Ging* entdeckt, jenes Buch, das den Komponisten in der Entwicklung seiner aleatorischen Technik maßgeblich beeinflusste. Außerdem stellt sich heraus, dass Feldman Wolff nicht nur als Interpreten für seine Stücke einsetzte, sondern auch in seine eigenen Werken Reminiszenzen an musikalische Motive und Ideen aus Wolffs Musik integrierte. Wie aus weiteren Beobachtungen hervorgeht, ist es aber auch Wolffs Biografie, die bei seinen Komponisten-Kollegen als Alleinstellungsmerkmal bewertet und bewundert wird. Wolff ist Komponist und Professor für klassische Altphilologie. Er stammt aus einem Elternhaus, das mit seiner Publikationstätigkeit Verbindungen zur intellektuellen Literatur-Elite Europas und Amerikas pflegte. Wolff fühlte sich somit bereits von Kindesalter an in einem geistigen Terrain zu Hause, das andere Menschen als sehr abstrakt empfinden würden.

Trotzdem bemüht sich Christian Wolff, seine musikalischen Reflexionen stets einfach und eindringlich zu gestalten, so wie etwa seine Definition von Form als Länge gestalteter Zeit. Sie ist das Resultat einer klugen Beobachtung des damaligen Zeitgeists, der von den Diskussionen über offene Formen und Prozesse geprägt war. Gleichzeitig ist seiner Formdefinition auch eine emanzipatorische Qualität eingeschrieben, ein Befreiungsschlag, in dem sich auch das Verständnis des Komponisten von Musik als Bindeglied zum alltäglichen

---

[877] Rolf Michaelis, „Tür- und Herz-Öffnerin" (1994), http://www.zeit.de/1994/15/tuer-und-herz-oeffnerin/komplettansicht, 08.01.2015.

Leben offenbart. Es wird deutlich, dass Wolff eine Musik komponiert, die ein Produkt menschlichen Verhaltens ist. Die Form eines Musikstückes ist somit auch das Resultat zwischenmenschlicher Interaktionen, die innerhalb einer bestimmten Zeitspanne erfolgen. Es zeigt sich, dass Wolffs System der genauesten Handlungen unter den freiesten Bedingungen eine Musik „des Beobachten[s], Zuhören[s] und Reagieren[s]"[878] erschafft, musikalische Netzwerke kommunikativen Handelns, in denen Entscheidungen der Interpreten den Verlauf und die Gestaltung der Musik bestimmen. Wolff arbeitet nicht mit konventionellen Zufallsmechanismen, deren Funktionalität von den Spielern unbewusst beeinflusst werden kann, sondern mit Kontingenzen, mit genuin unbestimmten sozialen Situationen, die aus der Gruppendynamik der Interpreten resultieren und in Anlehnung an Überlegungen Richard Rortys zur *Ironie, Kontingenz und Solidarität* das Bewusstsein für einen solidarischen Umgang miteinander schaffen können.

Christian Wolff denkt das Politische in seiner Musik als soziale Praxis. Klänge und Rhythmen werden bei Wolff nicht durch ihn selbst, den Komponisten, entwickelt, sondern entstehen in der Regel aus den Interaktionen der Interpreten. Daraus lässt sich schlussfolgern, dass die Interpretation von Christian Wolffs Musik immer auch eine Auseinandersetzung mit dem Anderen, seinen Bedürfnissen und Wünschen, seiner Andersartigkeit, darstellt. Die Beschäftigung mit Wolffs Musik animiert zu ethischem Handeln, das auch die Integrität der Musizierenden hinsichtlich ihrer moralischen Entscheidungsfähigkeit hinterfragt. Es ist eine Musik der Gastfreundschaft, die den Begriff zum einen auf der Ebene des Hörens reflektiert und zum anderen in Bezug auf eine Offenheit gegenüber Klängen, die der Musik nicht per se inhärent sind, wie etwa Alltagsgeräusche.

Diese Verbindung erlaubt wiederum Rückschlüsse auf Wolffs Verhältnis zur bildenden Kunst. Die von Wolff befürwortete Integration von alltäglichen Umgebungsgeräuschen lässt sich als Reaktion auf ein künstlerisches Klima werten, das Robert Rauschenberg auf malerischer Ebene mit seinen *White Paintings* initiierte und damit John Cage zu seiner Komposition *4'33"* inspirierte. In der Analyse von Wolffs Verhältnis zu dem Maler Jasper Johns offenbaren sich darüber hinaus weitere Geistesverwandtschaften zwischen Malerei und Musik. Die von Johns gemalten Objekte, Flaggen, Buchstaben oder Zahlen, sollen dem Betrachter ein Assoziationsgefüge zur Verfügung stellen, das von ihm frei ausgefüllt werden kann. Der Maler gibt keine Bedeutungen vor, keine Narrative, sondern ausschließlich das Objekt als solches. Christian Wolff ist in Anlehnung an Johns darum bemüht, eine Musik zu schreiben, die nicht spezifische Ideen vorgibt, sondern sich verschiedenen Interpretationsmöglichkeiten und Rezeptionsweisen öffnet. Die auf der Leinwand dargestellten Objekte sind abstrakt in dem Sinne, dass sie nichts darstellen außer

---

[878] Gisela Nauck, „Modelle für die Zukunft. Die uneingelösten Utopien der Avantgarde – eine Skizze", in: *Positionen*, Nr. 98 (2014), S. 20.

sich selbst. Sie haben keine Referenz und verweisen nicht auf ein ihnen zu Grunde liegendes konzeptionelles Gefüge oder Narrativ. Diese Beobachtung harmoniert mit Wolffs Abneigung gegen klare Zielvorstellungen, vorgefertigte Ideen und lässt eine Musik entstehen, in der die Neutralität des Klangs zelebriert wird und nicht die Expressivität und Ideenwelt des Komponisten.

Es ist eine Musik, die Herrschaftsdenken und Machtausübungen vermeidet und die Freiheit der Spieler hervorhebt. Diese Freiheit, der politische Impetus von Christian Wolffs Musik, manifestiert sich auch in der Arbeit mit Interpreten, die keine musikalische Ausbildung an einer Hochschule genossen haben. Wolff konzipiert Stücke für Laienmusiker und befürwortet ihre Partizipation. Man denke in diesem Zusammenhang an die *Prose Collection*, eine Partiturensammlung aus mündlichen Spielanweisungen, die Wolff damals für Kunststudenten entwickelte. Das legen auch weitere Verbindungen zur bildenden Kunst nahe, die sich beispielsweise in indirekten Bezugnahmen zur Minimal Art und Arte Povera zeigen. So wurde auch die Minimal Art als prosaische Kunst bezeichnet. Ihre elegante Einfachheit und Schlichtheit lässt sich darüber hinaus als Allegorie auf die von Wolff formulierten Spielanweisungen lesen. Wolffs Aussage mit der Komposition *Stones*, „einen direkte[n] Zugang zur materiellen Basis des Klangs herzustellen", erlaubt weitere Anknüpfungspunkte an die theoretischen Ideen der Minimal Art, sei es in dem Wunsch der Minimalisten, das ausgestellte Objekt in seiner Unmittelbarkeit zu erfahren, die „Spezifität der Materialien" (Donald Judd) eines Kunstwerks zu untersuchen oder dem von Michael Fried formulierten Appell, einen Zustand der andauernden und zeitlosen Gegenwart zu erzeugen. Des Weiteren erlaubt die *Prose Collection* Bezüge zu einer anderen künstlerischen Disziplin, die sich auch durch den Fokus auf Einfachheit und Beschränkung einen Namen machte, der Arte Povera. Es ist möglich, die Materialen der Stücke *Stones* und *Sticks*, Steine und Holz, und die aus ihnen hervorgehenden Klänge als „arm" zu bezeichnen. Die Beschaffenheit dieser Materialien erlaubt aber auch tiefergehende Anbindungen an die Philosophie der Arte Povera, ihrer Suche nach einer Art von Primärzustand und der damit einhergehenden Schaffung eines neuen Verhältnisses zur Welt und zum Leben.

Dass Wolff die Arbeit mit Laienmusikern begrüßt, zeigt sich nicht nur in der *Prose Collection*, sondern beispielsweise auch in seinen *Exercises*, die ebenfalls von nicht ausgebildeten Musikern gespielt werden können. Darin manifestiert sich der integrative Gedanke, niemanden auszugrenzen und eine Musik zu komponieren, die für viele Menschen zugänglich sein kann und nicht nur für einen Kreis von Spezialisten. Es ist möglich, Christian Wolffs Musik per se als politisch zu bezeichnen, da ihre gesamte Infrastruktur aus den kooperativen Handlungen der Spieler besteht. Wolff etabliert in seiner Musik demokratische Prinzipien und ermöglicht es seinen Interpreten, in der Auseinandersetzung mit seinen Kompositionen, politische Erfahrungen zu sammeln. Die Integration von politischen Texten und Volksliedern, die allerdings in abstrahierter und kaum erkennbarer Bearbeitung in seinen Stücken ertönen, dient zudem der Amplifikation seiner politischen Agenda, nimmt allerdings niemals agitatorische Züge an, wie etwa bei Cornelius Cardew, der Wolffs politische Haltung zwar stark kritisierte, ihm aber ein progressives Bewusstsein für die politischen Dispute seiner Zeit attestierte. In der Möglichkeit, Wolffs Komposition *Wobbly Music* in die Nähe von Bertolt Brechts *Lehrstücken* zu rücken, wird zudem deutlich, dass Wolff darum bemüht ist, mit seiner politischen Musik eine Form von Sensibilisierung zu leisten und das Interesse seiner Interpreten wie auch des Publikums für politische Themen zu wecken.

Unter politischen Gesichtspunkten lässt sich auch Christian Wolffs Rezeption der Minimal Music verstehen. In der Musik von Steve Reich, Philip Glass, La Monte Young und Terry Riley erkennt Wolff das Bestreben, sich von tradierten musikalischen Ideen zu lösen, eine Befreiung von der alten Welt Europa. Er hört in der Minimal Music eine Unmittelbarkeit des musikalischen Klangs. Politische Musik muss für ihn dieselbe Unmittelbarkeit aufweisen. In den minimalistischen Experimenten von Steve Reichs *Come out* und Frederic Rzewskis *Coming Together* erkennt der Komponist eine Zusammenführung von politischen Inhalten und klanglicher Direktheit. Vor diesem Hintergrund wird die Wiederholung nicht zu einer reaktionären kompositorischen Technik, sondern zu dem Medium der Amplifikation politischer Botschaften und birgt darüber hinaus auch das Potenzial für Veränderung. Aus der Beschäftigung mit Wolffs Verhältnis zur Minimal Music geht darüber hinaus hervor, dass der Komponist auch ihre kommunalen Qualitäten schätzt und die ihr zu Grunde liegenden Gruppendynamiken im Sinne einer politischen sozialen Praxis favorisiert.

Dass Wolff bereits in den 1950er-Jahren eine Musik schrieb, die er selbst als „protominimalistisch" bezeichnet, legt die Vermutung nahe, dass er die Entwicklung der Minimal Music beeinflusst haben könnte. Feldman bekräftigt diese These im Gespräch mit Young. Christian Wolffs frühe Kompositionen (*String Trio* oder *Duo for Violins*) hätten ihm das Gefühl vermittelt, dass Musik reduktiv sein könne. Zudem arbeitete Christian Wolff in Stücken wie *Trio for Flute, Clarinet and Violin* mit der Stapelung von reinen Quinten oder im Falle von *Duo for Violins* mit Permutationen von großen und kleinen Sekunden, also mit einem Tonmaterial, das auch später von La Monte Young aufgegriffen wurde. Obwohl Christian Wolff diese Stücke als temporären Versuch empfunden hatte, innerhalb engster musikalischer Grenzen zu operieren, hat die Beschränkung doch weitläufige Resultate erzeugt, womöglich sogar die Blaupause für die wenige Jahre später einsetzende Entstehung der Minimal Music.

Die Gestaltung von Wolffs Partituren appelliert an die Ausführenden, sich intensiv mit seiner Musik auseinanderzusetzen, die in ihr enthaltenen Entscheidungsfreiheiten genau zu analysieren. Dass jeder Interpret seine eigenen Vorstellungen hat, wie ein Stück zu realisieren ist, verkompliziert die Situation, bietet aber auch den Instrumentalisten den Anreiz und den damit einhergehenden politisch-pädagogischen Mehrwert, sich mit den Mitspielern selbst, deren unterschiedlichen Meinungen, divergierenden Lebensentwürfen und Wertvorstellungen zu beschäftigen. Dieser Pluralismus aus unterschiedlichen interpretatorischen Vorstellungen und Biografien wird nicht durch eine hierarchische Struktur, eine bestimmende Lenkung, aufgelöst, sondern es werden in gegenseitiger Kooperation Wege erarbeitet, eine Übereinstimmung mit dem musikalischen Material zu finden, so dass Individuum und Gruppe eine gemeinsame und kohärente Positionierung zu dem Stück entwickeln können. Hinter dieser Haltung verbirgt sich auch eine philosophische Ausrichtung, die im Einklang mit der Weltanschauung des amerikanischen Pragmatismus steht. Wolff geht es nicht darum, seine Musik als absolut zu begreifen und eine richtige Interpretation einer Komposition zu propagieren, vielmehr animiert er dazu, spezifische Situationen, die sich aus sozialen Konstellationen ergeben, einer Untersuchung zu unterziehen, Konzepte und Ideen zu erarbeiten, die als temporär gelten und immer wieder neu angepasst werden müssen. Paradoxien und Inkonsistenzen sind durchaus willkommen. Im Vordergrund seiner Musik steht das Experiment, die permanente Nachfrage und Neuausrichtung. Für John Dewey manifestiert sich in dieser Haltung die Entfaltung demokratischer Energien, die nicht in determinierten Systemen und Ideologien zu finden sind, sondern in einer experimentellen Rezeption gesellschaftlicher Dynamiken und Entwicklungsformen. Wolff möchte mit seiner Musik keinen Status Quo kreieren, sondern Zustände, in denen Altbewährtes durch experimentelles Handeln einer Revision unterzogen wird. Womöglich liegt hierin der Grund, warum er bis heute ein Nischendasein genießt. Wer verkrustete Strukturen und Denkweisen in Frage stellt, hat es im zeitgenössischen Musikbetrieb schwer. Seine hauptberufliche Tätigkeit als Professor für Gräzistik förderte sicher auch nicht seinen Bekanntheitsgrad. Sie zeigt aber, dass es Wolff auch in seinem Beruf um die erneute Überprüfung und Erforschung bereits familiärer Kategorien ging – das griechische Kulturerbe. Es wird deutlich, dass Wolff die Überlieferungen der Antike nicht als lebensfremd empfindet, sondern stets darum bemüht ist, sie auch auf heutige Verhältnisse zu beziehen, und in ihnen eine Offenheit und ein Reservoir an sich stets erneuernden Interpretationsmöglichkeiten erkennt. Wie gezeigt wurde, war das nicht zuletzt schon in den 1970er-Jahren der Fall, als antike Dramen zur Illustration und Kritik des damaligen politischen Zeitgeistes eingesetzt wurden – ein Unterfangen, das womöglich auch einen Einfluss auf Wolffs Politisierung hatte. So wie die griechische Tragödie ihren Lesern etwas über die Welt erzählt, in der sie leben, strebt Christian Wolff mit seiner Musik an, etwas über unser Leben zu erzählen.

Wolffs musikalische Versuchsanordnungen lassen sich als Simulationen des Sozialen auffassen, als tönende Sinnbilder der Triebkräfte des Lebens. Sein System der genauesten Handlungen unter den freiesten Bedingungen ist in sich selbst ein System des Lebens. Innerhalb der von Wolff vorgegebenen Regeln können sich die Interpreten frei entfalten. Sie können sie sabotieren oder auf kreative Weise nutzen. Diese Situation findet sich auch im alltäglichen Leben, das von Regeln definiert wird, die das zwischenmenschliche Zusammensein gestalten. Letztendlich manifestiert sich in der von Wolff angestrebten Anbindung seiner Musik an die Dynamiken und Fragen des Lebens nicht nur die in der Moderne deklarierte Zusammenführung von Kunst und Leben, sondern auch der Impetus, über die Funktion künstlerischer Arbeit nachzudenken und zu erörtern, was sie leisten können soll.

Die gesellschaftliche Relevanz und Aktualität von Christian Wolffs Musik lässt sich in Anlehnung an Harald Welzers Essay *Die Kultur der Achtsamkeit*[879] noch stärker hervorheben.[880] Im Untertitel des 2009 veröffentlichten Zeitungsbeitrags argumentiert Welzer, dass „die Fragen der Zukunft [...] sich nicht mit den Erfahrungen der Vergangenheit lösen [lassen]."[881] Diese Beobachtung ist auch auf die Musik Wolffs übertragbar, die das Produkt kommunikativen Handelns ist. Sie ist nicht vorhersehbar, sondern entsteht aus den in Echtzeit vollzogenen Entscheidungen ihrer Interpreten. Es ist nicht möglich, auf interpretatorische Ideen zu rekurrieren, die bereits bekannt sind, da die Entscheidungen der Interpreten von Aufführung zu Aufführung variieren. Immerzu geschieht in Christian Wolffs Musik „etwas Neues, das sich mit bewährten Verfahren nicht meistern lässt". Die Missachtung dieser einfachen Beobachtung resultiert für Welzer in der Fortschreibung von Fehlentwicklungen und der Unfähigkeit, politische und gesellschaftliche Krisen oder katastrophale Situationen überhaupt bewältigen zu können. Es werde versucht, „in Kategorien des schon Bekannten und Gewussten" zu denken, anstatt nach sinnvollen und produktiven Wegen zu suchen, „das Unerwartete zu managen." Es ist nicht so sehr der Zufall wie das Unerwartete, das in Christian Wolffs Musik zum Ausdruck kommt. Ihre Interpreten müssen stets dem Unerwarteten begegnen, das aus der sozialen Dynamik der Spieler entsteht. Diesen unbestimmten Situationen mit vorgefertigten oder geplanten Lösungsansätzen zu begegnen, ist ein Verfahren, das zum Scheitern verurteilt ist und unter ästhetischen Gesichtspunkten eine unbefriedigende Interpretation des Stückes hervorbringt. Wie bereits im dritten Kapitel dieser Arbeit nachzulesen war, verglich John Cage die Situation des Interpreten in Wolffs Musik mit einem Reisenden, der einen Zug erwischen möchte. Abfahrt und Gleis des Zuges sind aber noch nicht bekannt gegeben worden. Der Reisende muss daher auf die Lautsprecherdurchsagen achten. Achtsamkeit ist eine essenzielle Eigenschaft, die Interpreten von Christian Wolffs Kompositionen mitbringen müssen. Wolff etabliert in seiner Musik eine Kultur der Achtsam-

---

[879] Harald Welzer, „Die Kultur der Achtsamkeit" (2009),
www.taz.de/1/archiv/printarchiv/printressorts/digiartikel/?ressort=sw&dig=2009%2F09
%2F05%2Fa0146&cHash=9fcbf6721a, 04.01.2015.
[880] Dank gebührt Gisela Nauck für diese Verknüpfung. Die Musikwissenschaftlerin sprach im Rahmen der Festivitäten zum 80. Geburtstag von Wolff in der Münchner Pinakothek der Moderne in ihrem bislang unveröffentlichten Vortrag *Christian Wolffs Schaffen im Kontext utopischer Entwürfe der musikalischen Avantgarde* am 25.10.2014 von einer „Musik der Achtsamkeit" im Zusammenhang mit Christian Wolffs Werk.
[881] Welzer, „Die Kultur der Achtsamkeit", o. S. Folgezitate ebd.

keit, indem er durch seine musikalischen Settings eine „permanente Prüfung und Überarbeitung bestehender Erwartungen" initiiert. Durch das Spielen der Musik wird der Interpret für „ein permanentes Lernen in einer Umgebung, die in ständiger Veränderung begriffen ist", sensibilisiert. Diese Sensibilisierung eröffnet für Welzer das Potenzial, Ereignisse einschätzen und vielleicht auch voraussehen zu können, die unvergleichlich sind. Eine Gesellschaft, die eine Kultur der Aufmerksamkeit pflegt, ist eine „in Echtzeit lernende Gesellschaft", die im Bekannten nach Unbekanntem forscht und dadurch progressive Lösungsansätze für kritische Situationen finden kann. Der Fokus von Wolffs Musik auf „das Unerwartete, das Ungewisse, das Widersprüchliche" begreift Welzer als signifikant „für die Wahrnehmung und Steuerung gesellschaftlicher Veränderungsprozesse." Und auch wenn Christian Wolff zu bescheiden wäre, diese Analogie zu bestätigen, ist es doch legitim zu behaupten, dass die Beschäftigung mit seiner Musik ein Modell für die Reflexion gesellschaftlicher Prozesse und Entwicklungen darstellen kann und möglicherweise auch ein klingendes Versuchslabor für die Bewältigung und Probe potenzieller Krisen ist. In Anbetracht der heutigen Krisenherde ist dies sicherlich nicht die schlechteste Eigenschaft, die Musik aufweisen kann.

Anhang

1   Interview mit Christian Wolff.
Aufgezeichnet in Wien im Oktober 2010

Im Gespräch wechselt Christian Wolff zwischen den Sprachen Deutsch und Englisch hin und her. Das Interview wurde so transkribiert, wie es tatsächlich stattgefunden hat.

Raphael Smarzoch: Do you want to do the interview in English? Is it more comfortable for you?

Christian Wolff: Wir versuchen es auf Deutsch. Wenn es schwierig wird auf Deutsch, dann gehe ich ins Englische über.

Alles klar. Wenn man den Begriff „New York School" gebraucht, der ja auch sehr ambivalent diskutiert wird, dann stolpert man immer über Verbindungen zur bildenden Kunst. Diese Verbindungen gibt es sehr explizit bei Morton Feldman, bei John Cage sowieso. Bei Earle Brown bin ich mir nicht so sicher. Jedenfalls, Cage hat einmal gesagt, jeder Komponist im 20. Jahrhundert sei von einem Maler abhängig gewesen. Welcher Maler war das bei Ihnen?

Bei Brown, er kam schon nach New York mit zwei Künstlern. Der eine war Alexander Calder, also die Mobiles – das sieht man schon in den mobilen, offenen Formen – und Pollock, Drip-Malerei und so, the so called action painters, das hat immer etwas mit Musik zu tun, besonders mit Jazz. Improvisieren, physisch mit dem Klang umgehen, so haben sie es mit der Farbe, mit dem paint, gemacht.

Und bei Ihnen?

Was mich angeht? Schwer zu sagen. Ich hatte Beziehungen zu den Malern, bin schon befreundet mit Jasper Johns, Rauschenberg, der leider nicht mehr da ist, gewesen. Aber das war später. Das war in den sechziger Jahren. Aber in den fünfziger Jahren? Ich war hauptsächlich an Klee interessiert. Ich habe Klee sehr geschätzt. Ich habe sogar selbst ein bisschen gemalt, gezeichnet oder was auch immer, in einer mehr oder weniger Klee-Art. Das war natürlich nicht so gut. (Lachen) Ich habe mich schon interessiert in diesem Sinn. Wenn von der Zeit einer zu nennen wäre, das wäre dann Klee. Aber später, aber auch sehr indirekt, Jasper Johns und Rauschenberg – die „Abstract Expressionists". Ich war auch interessiert. Ich habe manche getroffen, und ich war mal dabei, in dieser Cedar Bar. Ich war sehr jung. Ich durfte abends nicht ausgehen mit diesen schwer trinkenden Malern. Cage hat mich mal nachmittags mitgenommen. An Pollock kann ich mich nicht erinnern. Aber Franz

Klein habe ich noch in Erinnerung. Die anderen, da waren mehrere. Ich hatte keine besondere Beziehung zu den anderen. Und den Guston, den habe ich auch kennengelernt. Aber was die Musik angeht, Klee ist wahrscheinlich für die frühe Zeit... Aber wie das in die Musik hineingewirkt hat?

Es gibt ja von Pierre Boulez das Buch Le pays fertile, *in dem er die Malerei Klees unter musikalischen Kriterien analysiert. Kommt dieses Interesse für Klee eventuell durch Boulez?*

Das war, bevor ich Boulez kannte oder ungefähr in derselben Zeit, wo ich eigentlich mit Komponieren anfing. Eine kleine anekdotische Fußnote: Mein Vater, der Verleger war, aber auch Musiker, er spielte Cello, der hat mal Menschen erzählt, das er mal Klaviertrios gespielt hat mit Klee. Klee hat gegeigt und er hat Cello gespielt. Ich weiß nicht mehr, wer Klavier gespielt hat. (Lachen)

Sie kommen aus sehr interessanten Verhältnissen, nicht nur was ihr Elternhaus angeht, sondern auch ihr Umfeld in New York.

Ich hatte unwahrscheinliches Glück. New York ist eine Großstadt, aber das war eine ganz kleine Community. Wir haben alle mehr oder weniger in derselben Gegend gewohnt. Washington Square, das war zwei Blocks von der Cedar Tavern. Der Elm Street Club war auch in der Nähe. Und da war da noch der Dichter Cummings, der war auch um die Ecke. (Lachen) Weil mein Vater literarische Sachen gemacht hat, haben wir ihn auch gekannt. Dann war auch noch Varèse da, direkt um die Ecke, er war unser Nachbar. Als ich zuerst einen Lehrer suchte, der einzige Komponist, den ich kannte, war Varèse. Um ein Haar habe ich mit Varèse studiert.

Wer weiß, wie die Dinge dann verlaufen wären. Wie sehen Sie das eigentlich mit der Innovation? Gibt es heutzutage überhaupt noch musikalische Innovationen oder sollte man vielmehr in Kategorien des Originellen denken?

Ich danke dem Herrn, dass ich jetzt nicht anfange als Komponist. Alles hat sich verändert. Technologisch hat sich ganz vieles geändert und vielleicht öffnet das neue Möglichkeiten. In der Zeit, in den fünfziger Jahren, das war toll. Strawinski war praktisch fertig, Schönberg war fast tot. Und wir erfahren gerade noch ein bisschen von Webern, und das war für uns neu. Andererseits war das auch eine alte Musik, und das konnte man nicht nachmachen. Das hatte keinen Sinn, das nachzumachen. Es war alles sehr offen. Was da war, schien so ermüdet und eigentlich uninteressant, also, dass man wieder mehr klassisch oder was auch immer komponieren sollte. Da war wirklich Raum, um etwas zu machen!

Das Experimentieren mit offenen Formen, mit Offenheit, war damals etwas sehr Frisches. Solche Ansätze, wenn auch unter anderen Vorzeichen, gab es aber bereits in der frühen, alten Musik. Die Blueprints waren also schon da.

Wie so oft beim Neuen sucht man irgendeine Basis, nicht in der immediate past, sondern remote past. Das macht man nur, weil man fühlt sich ein bisschen allein da, wenn es ganz neu scheint. (Lachen) Wenn man merkt, da war mal bei der Gregorianik oder frühen Musik so, da waren auch die offenen Elemente. OK. Und man musste sich immer erklären bei den Leuten: Was machst du da? Das ist eigentlich gar nicht Musik. Ah, aber schau mal. (Lachen) Das andere ist, es ist nicht nur in der Zeit hinten, aber auch im Raum. Wir waren auch interessiert, und das kam hauptsächlich durch Henry Cowell, in die nicht-westliche Musik. Das ist schon mit Debussy und dem Gamelan in 1890. Aber Cage zum Beispiel... 1959 sollte ich nach Europa kommen mit meinen Eltern, zum ersten Mal seit wir 1941 nach Amerika gekommen waren. Ich sagte dem Cage, ich reise mit meinen Eltern nach Europa. Zwei Sachen fragte er: Gehst du nach Paris? Ja. Du musst unbedingt den Boulez aufsuchen. Gut, das habe ich gemacht. Du musst zum Musée Guimet, das ist das asiatische, die haben tolle Aufnahmen von koreanischer Hofmusik und chinesischer Musik. Ich weiß nicht, ich habe es nicht schaffen können. Ich hatte das schon im Sinn. Ich weiß nicht, wo er das her hatte. Ein bisschen auf der Westküste, war man irgendwie mehr offen oder hatte mehr Möglichkeiten, asiatische Musik, wenigstens etwas davon zu hören und nicht nur buchstäblich zu hören, sondern auch to hear about. Aber Henry Cowell, der interessierte sich immer für diese Musik. Das war auch sehr wichtig für uns. Da könnte auch jemand sagen, das ist doch keine Musik. Das klingt doch ganz anders. Und da hat man gesagt: Wenn du etwas hören willst, das anders klingt. Hier, schau mal: koreanische Hofmusik, verglichen damit ist meine Musik ganz normal. (Lachen)

Ich entnehme aus diesen Schilderungen, dass die Lage sehr schwierig war. Sie standen unter Legitimationsdruck. Die Situation war zum einen sehr offen in den Möglichkeiten, die man hatte, aber diese Musik aufzuführen war sehr schwer.

Sehr schwer! Und da hatte ich auch wieder irrsinniges Glück. Wir anderen, nicht Cage. Weil Cage immer diesen Drang hatte zur Aufführung. Das war ihm irrsinnig wichtig. Ich habe das vielleicht nie direkt gesagt, aber ich habe das gleich mitbekommen. Ein Stück ist eigentlich nicht fertig, bevor man es nicht aufführt. Was zu schreiben ist OK, aber da fängt es eigentlich an. Jetzt musst du schauen: Wer spielt das? Wie machen wir das? Warum machen wir das in der Öffentlichkeit? Das ist unheimlich wichtig. Das war unheimlich schwer, gerade in der Zeit. Aber dann hatten wir das andere Glück. Das ist der David Tudor. (Lachen) Er sagte immer, no problem! Cage war bescheiden in seinen technischen Kapazitäten. Aber Schlagzeug, komplizierte Rhythmen, das hat er ganz gut gekonnt. Und hat zum ersten Mal in den vierziger Jahren schon die Percussion Ensembles... Das hat er mit Freunden gemacht, der Cunningham hat da gespielt und ich weiß nicht, wer alles noch. Das waren wahrscheinlich die Tänzer. Zwar nicht die Leute von der Julliard Schule (Lachen), aber wenigstens: da war was. Die haben Aufführungen gemacht. Dann der Tudor, der war wirklich wichtig, eine critical figure.

Gab es eigentlich in dem damaligen Zeitgeist ein Gefühl, das dieses Spiel mit offenen Formen und dem Zufall begünstigte?

Was mich und die Offenheit angeht; das kam ein bisschen später. Ich habe ein Stück gemacht, das war für Stimme und Schlagzeug. Das ist nicht veröffentlicht, wo die Stimme... Ich hab zwei Stücke sogar gemacht. Das eine ist veröffentlicht, die heißen *Madrigals*. Das ist dreistimmig, und keine Tonhöhen sind gegeben, nur eine Linie, und die Bewegung hoch oder auf der Linie oder unten zeigt die melodischen Richtungen an, aber sonst nichts. Und das wird zu dritt aufgeführt. Das habe ich mal so gemacht. Das war schon vor dem Feldman high middle low thing. Ich hab das ein oder zwei Mal gemacht. Das zweite war ein Solo mit Schlagzeug, non-pitched percussion. Dann kann es auch flexibel sein, es kann jede Stimme machen. Der nächste Punkt ist, dass es drei Stimmen machen und die Harmonik, die dabei herauskommt, vollkommen offen ist. Wir haben es nie aufgeführt. Ich habe nie die Erfahrung gemacht, was dabei rauskommt. Und die melodischen Gesten, die waren rhythmisch ganz präsize. So als ob man eine Zeichnung macht und keine Farbe reintut. Aber sonst, die eigentlich anderen Stücke waren alle ganz präzise determiniert. Als Cage dann anfing, irgendwie das hat mich nicht so sehr... I didn't worry some much about this question that Cage was so involved in of getting around the problem of self-expression. Music can be expressive, but it doesn't have to be expressive of the self. Das ist die romantische Sache. Das ist auch wieder, da geht's zum Barock zurück. Da gibt es zum Beispiel Gesten. Wenn man zum Beispiel chromatische Sachen macht, das ist so emotional ein bisschen, intensed und so weiter. Man schafft einen Ausdruck zu einem Text oder einer Situation, aber nicht von sich. Und das war, glaube ich, die Idee, dass Cage in dieser Zeit zum ersten Mal durch die indische Philosophie von der Kunst, und die Kunst hat nichts mit self-expression zu tun, aber hat zu tun mit den sogenannten permanent emotions und so weiter. Das ist zum Beispiel bei den *Sonatas and Interludes*, wo das sogar fast, es ist nicht ganz so schematisch wie es klingt, aber dieses Thema, dieses Ausdrucksthema und so weiter und so weiter. Und dann scheinbar wollte er das noch weiter ausarbeiten, und dann ging er wirklich von seinen eigenen Geschmacksvorlieben, sich einfach davon frei machen. Mache ich es jetzt lauter oder leiser, ist der Ausdruck besser als dieser Ausdruck? Diese Fragen möchten wir einfach wegräumen, und das macht man jetzt durch den Zufall.

Ich mit dem Selbstausdruck hingegen, ich weiß nicht, es ist komisch. Ich bin aufgewachsen mit klassischer Musik, Barock, Romantik und so weiter. Ich wusste schon von self-expression. Bei Beethoven ist das ganze, da fängt es wirklich an. Gut, irgendwie war ich, das wollte ich nie machen. Das war mir ganz klar. Ich hatte im Kopf oder im Charakter, dass ich nicht interessiert war, in der Musik mich irgendwie auszudrücken als Komponist. Ich habe dann diese ganz abstrakten Stücke gemacht. Ab und zu habe ich Texte auch mitgemacht. Der Klang war da, um den Text einfach darzustellen, simply to present it, ohne zu versuchen den Ausdruck des Textes hervorzuheben, to not reinforce it with the music. Ich habe mir das nicht vielleicht explicitly ausgearbeitet, aber der Text already expresses what it has to say. I don't have to repeat that. I can do something musical at the same time. (Lachen)

Something that is not connected to the text necessarily?

But it's also not unconnected. I make music, I don't make text. Music doesn't work the way text works or doesn't have to work the way text works. So hat es eigentlich angefangen. Die Zufallsoperationen sind dann ein Mechanismus, um so etwas Ähnliches zu machen. Bei Cage hat er along the history und auch eine history, wo er versucht hat, Selbstausdruck durch Musik zu machen. Klar, die berühmte Geschichte. Er hat gemerkt, wie das gescheitert ist. Dieses eine Stück, da hat er sein ganzes Herz hineingeworfen, und die Leute haben das lächerlich gefunden. Haben ihn überhaupt nicht verstanden, was er damit meinte. Da hat er gesagt, da ist was nicht in Ordnung. (Lachen)

Aber ist diese self-expression nicht vom Musiker erwünscht?

Das wurde so angenommen. Art must be about self-expression. Bei den Malern war das besonders der Fall, es war sehr wichtig, dass sie ihr Inneres, ihren Geist und ihr Leben, irgendwie in ein Bild steckten.

Und wie ist das in Ihrer Musik? Nehmen wir das Stück Edges. Hier gibt es gewisse Hints, Symbole, aber trotzdem ist es ja so, dass man sich nicht unbedingt auf einer emotionalen Ebene präsentiert, also beispielsweise seine Traurigkeit durch die Musik darzustellen beabsichtigt, sondern sich als Instrumentalist durch eine interessante Interpretation darstellen möchte. You express yourself as an instrumentalist. So it's about about expression in a way.

It's a question between getting a balance between expression and sound. Something like that. Of course, I mean, when I play, I don't try *not* to be expressive.

You could try it out as an experiment. (Lachen)

You could play like a machine. That might be interesting. What interests me is that the music is expressive but in a way just sort of happens. I try to set up the conditions for something expressive coming out at the other end, but I don't go directly to it. I approach it from the side.

It's not telling you what to do. On the surface it seems very easy, but when you get into it it makes your head spin.

An issue that comes up a lot, say in Baroque music, where these freedoms, but on the other hand they are presumably, they are conventions. Generally speaking, you may be free but you do it in a certain way. The tails may differ but you suddenly do a cluster or whatever it is when you get to do an ornament. There are parameters in which you do the ornament and there are conventions. The thing is when you get to the music of the fifties and later, what are the conventions? There's no tradition. In Baroque music somehow they developed a tradition for playing freely. Of course, you could say that, it forms itself somehow. What was interesting in the early years of example, Tudor would make a version of something like Cage's *Variations 1* and then somebody in Germany would take *Variations 1* and it was clearly just like, you know, they had listened to Tudor. (Lachen) OK, we do it like Tudor more or less. They can't do it as well as Tudor. There's somehow a desire to do this in a performance practice, which somehow has been established by Tudor who becomes the historical reference point.

I remember a story you told about a piano player playing a classical piece of music, I think it was a piece by Bach, without knowing how she's actually going to play it.

I like to play piano, I'm not very good at it. I'm limited. But Bach for instance, generally speaking, I can do. I play the same preludes and fugues over and over. Every time I play them, there's a different way to do it. It becomes clear that the music can accommodate that. That is to say, it is not that Bach had one thing in mind and I am trying to do what Bach had in mind but he's simply made this and now you do it. And you do it this way or you do it that way, it's okay. In his case he leaves all these things open. If he really wanted it to be fast he'd say ‚schnell‘ or ‚quiet‘ or ‚piano‘ or whatever. Recently I had to write some organ music. (Lachen) I looked at Bach. He knew what he was doing. Let's check it out. I hate the French organ music tradition. I was much more interested in Bach. I looked in the scores and I think almost never does it give registration, which is for organ music absolutely critical. I listened to, like, four recordings of the *Passacaglia*, totally different. One does the theme tief, another one does it with all the registers. It's like six octaves. Totally different. And they both sound, I mean, maybe one is a little weird, but you can do it persuasively and it works musically in both ways. I think that kind of Einstellung seemed perfectly natural to me. So these open things seem to be a part of the great musical tradition.

I don't understand why people are still so reluctant towards these things.

I have no experience of standard music education. I have a feeling it comes from there. When I was growing up, first I thought I was becoming a pianist. So I hung out with pianists a lot and I noticed they would have their teachers and they would learn the sonata and they would learn it just in that way and the teacher would say no, no, no, you have to do it like that. They would give you a fixed model of what you have to do. And that's what they learn and clearly that seems like not the right way to do it.

Talking about academic training: I once talked to a classical pianist and asked her if she played pieces for prepared piano. She said no, because it would destroy her tone.

(Lachen) Even within the classical tradition you have to have one tone for Mozart and another one for Brahms. You're not gonna play Brahms like Mozart. So it's not a big step to play Boulez or Stockhausen or something like that.

Let's move into different territory, namely that of American transcendentalism. People like Emerson or Thoreau tried to develop their very own genuine aesthetic or a kind of genuine American thinking, which wasn't connected to the European tradition.

It was actually connected to the East. Thoreau was interested in Eastern philosophy, Emerson too.

Right. But I also thought that the dispute that happened between American experimental music and the European avant-garde is also connected to this American transcendentalist tradition, that you have to establish your own sound, your own way of thinking. Is this a possibility and was this important for your own thinking?

It certainly was a strong sense. Not at the very beginning. At the very beginning it was new music being made, it was being done in America, it was being done in Europe. We were friends, we were very excited by what's the latest thing that Boulez did and what's Stockhausen doing now. We knew each other, we went to visit each other. I spend this week with Boulez in Paris and couple of years later I just called up Stockhausen and said can I come? He said sure. I spend three days in Cologne, hung out with Stockhausen. And then these differences began to emerge. (Lachen) I'm not sure quite why? To a certain extent it was just competitive. It is competition. It was also quite practical because the Europeans definitely had an edge because their connections to the radio, there was money available, they got their orchestra pieces performed. We had none of that! The practical situation in the States was unbelievable bad. It was no public money at all, now there are art councils and all the rest of the things, but then there was none of that. To put on a concert in New York, it was almost impossible. There was a new music series but it was controlled by people under Copeland and that is the stuff. And we didn't get anywhere near that. And Cage had to find somebody who could put up a little money so that we could do something and there the Europeans were happily, they had their Donaueschingen and they had their Darmstadt. They had all this stuff. Nothing of that was explicit. The other thing, I think, is in terms of ideas. Cage thought the Europeans were too much bound, in spite of their experiments, to history. They constantly worried about justifying what they were doing in terms of other music. I think actually Stockhausen less. He used a lot of other people ideas, no question. He did it because he like the ideas and not because he thought it was historically important or something like that. Boulez a little more, though.

Recently I read the book The Rest is Noise *from Alex Ross. He writes that Boulez wouldn't shake someone's hand if he thought that he was using tonal arrangements.*

Highly polemic! That resulted in the break with Cage. I mean they were very close friends, really close friends. And then suddenly. And of course he totally had no interest in Feldman or me because we weren't doing serial music. That's a slightly different matter. That is something we objected to obviously. This feeling, that it had to be an orthodoxy of „new". How can it be new and orthodox at the same time? We felt the other way. I suppose it might have something to do with this sort of American tradition, I think of it more generally, in this so called individualism. It's a country which is open, the history is mixed up and they are trying to get away from Europe. Basically, you only survive if you somehow do your own thing and try to stick to it.

This reminds me of Emerson's essay Selbstvertrauen.

Self-reliance. I have to say, myself, I don't think I read Emerson or Thoureau at that time. I had no idea of that stuff. It is something that has been in the air. I probably picked it up from Cage to a certain extent. Charles Ives is a perfect example of absorbing those ideas.

The painters also tried to distance themselves from Europe. Think of Clement Greenberg who tried to establish an American brand.

That too, I think, has a historical background. There's a couple of issues. One is the whole notion of higher culture in America from the point of view of the general population, dubious, questionable. This explains a lot about Ives. Ives was worried about being a composer because it was regarded as somehow irrelevant or somehow not part of mainstream America. Just to be a composer or to do music or to do art or any of those things. So there's that problem. The other issue is that in order to establish yourself as an artist you had to have an European connection. You had to go to Europe to study. Everybody went to Boulanger. Why did they go to Boulanger? Why didn't they study... You know, it was crazy. It's that part of that phenomenon of feeling that they had to somehow be certified as artists by an European connection. That's what, sort of completely, was blown away in this period and obviously occasionally before that. I think that this is the other issue: A kind of release from Europe which then also became a kind of competition with Europe and with the arts explicitly. Greenberg and so on. Never mind Paris: New York is where it is happening.

It's very complicated because at the same time Cage was very interested in Europe. He also went to Paris and made friends with Boulez. And then he had this people he knew in California in his early years, people who came from, I think, the Neue Brücke. I think he was particularly interested in the fact that I had a European background. He liked my parents. He got along very well with my parents, partly because of this European connection. He liked that. I grew up as an American kid. I played baseball and all this. But at the same time there was this other side and he liked that combination. And Feldman of course famously later would say I'm a European composer.

Do you also speak French?

Yes. My first two years in school were in France, in Nice.

Would you say that you have three different lingual identities, English, German and French, a divided national identity?

There are a lot of different things going on. I do have that. It's an accident of history. My parents left Germany in 1933 for obvious reasons, came to France, so I was born in France. They didn't go to England or somewhere else, Switzerland. But very shortly after I was born they went to Italy. My theory is that actually the first language I spoke was probably Italian because everybody around me spoke Italian. It's more complicated. (Lachen) And then suddenly when Mussolini and Hitler made their agreement, we were out of there over night. We left immediately and came back to France, and then my mother made an effort to sort of get me going in French so I could... I had a French citizenship. Then we went to Paris and I went to school. I think, I don't know for sure, I don't remember very well but my parents obviously must have spoken German to each other but I don't think they wanted me... especially at that time in France speaking German was not a good idea. In fact they, because they were Germans, when the war broke out, they were suddenly the enemy in France. It was very complicated. And they were staatenlos too, they had no papers, because the Germans wouldn't recognize their passports anymore. They may have had temporary papers from the French. I was the only one in the family who had a passport. I had a French passport. It's already complicated there. And then we come to America and there, actually, New York is a good place to come, because it is already cosmopolitan. There were many other immigrants. My father had many people he could speak German with. My mother actually, her English was good, she had learned it as a teenager. She taught me. My father was never really comfortable speaking English. He could do it of course. His German was very good, stylistically. English was always a little bit, it was hard on him, because he knew he couldn't do that in English. And then I went to school, I learned English in about three months. At that age you pick up languages very fast. But German, I wanted to know what my parents were saying when they were talking in German. (Lachen) So I picked it up obviously. But I never spoke with them... And then I didn't address German you might say until I was in school and I took a German course in school. I took three years of German in school and then by the time I got out of school, my parents said, now it's time that you should speak proper and so they send me to the relatives in Bavaria and I spent the whole summer there. That's when I learned my German. They actually didn't speak much English. So I had to get by. I spent five, six weeks in Munich by myself. So I had to manage with food and university. That's where the German comes from. But because it was school-German to start with that's probably why I have no accent. I could have picked up Bavarian. (Lachen) It's a kind of joke, I would try to imitate.

Your pronunciation actually has something of a Bavarian accent.

„Einen leicht bayrischen Akzent." (Lachen) Maybe because I do music I have a pretty good ear for accents. I can imitate to a certain extent. My French for instance, that I studied a little bit in school but not that much, I can speak it with a very good, with a very clear, accent, again probably not localizable. You couldn't tell that I'm American or something else when I spoke. People wouldn't wonder, „where is he from", same as in German but on the other hand you wouldn't know that I was necessarily American or something else. The trouble with French is that I often can't say much. (Lachen) I start to speak and it sounds great and the other person assumes that I can speak French properly and immediately I'm in trouble. (Lachen) You say divided personality, or whatever, there's a mix clearly between European, but as far as my own sense of my identity, it's American. I have no question at all about it. I like it that I can come to Germany or Austria and speak the language reasonably well enough so that I can talk to the students or I manage in a restaurant.

I went back to Europe when I graduated from College. I got a scholarship to study for my comparative literature. I had done classics as an undergraduate and then because I wanted to move to comparative literature and I decided I'd tried Italian and I got a scholarship again. I was a total fraud without knowing any Italian to go to Italy to study Italian literature.

Let's focus on your Prose Collection *and the compositions* Stones and Sticks. *Is there a connection between this pieces and the Arte Povera movement that was blossoming around the time you composed these pieces?*

I think so. It certainly wasn't in my mind. Things happened and then you see that there are connections. I would think so, yeah. I am a little, I don't have a very clear... conceptually I have a sense about what Arte Povera is but I don't have actually pictures in my head. It is a more conceptual thing. But the idea of an art which is first of all simplified or reductive in some sense and secondly uses ordinary material, I assume that's what it is basically about, and of course sticks and stones. It's hard to get more basic then that.

It's funny, things happen, the other American connection is, on the one hand it is transcendentalism on the other hand is pragmatism, that's the other great, it's actually an Anglo-American philosophy, philosophical strain. This William James philosopher in the 19th, late 19th century, and then recently a man called Rorty. He has kind of revived the whole interest in pragmatism in a very sophisticated way. He knows his European philosophy, he writes about Heidegger and all these other things, but ultimately from an American pragmatic point of view. It wasn't actually through him, but somehow I discovered Dewey, that's the other critical figure. *Art and Experience*, it's a wonderful book. I discovered it, I think I had to write some kind of essay or talk, something like that, and I wanted to talk about the comparisons of music and visual art or just visual things and acoustic things, and he has wonderful pages about this. He talks about experimentalism. And Rorty is a kind of, he rethinks through Dewey. For Rorty Dewey is the critical figure. Rorty in some way is very good too, especially because of his connection to the European things. Those things, in the last ten years or so, I got caught up with that. But as I say, when I first started, we were talking about Arte Povera, the piece *Stones* for instance. I tell the story: I was with my family on the beach. A long afternoon. I didn't have a book, it was very boring. There were a lot stones, so I started playing with the stones. „Oh, it's a nice sound", other stones, „oh it's a good sound, too." And a year later maybe, eight months later, I come to England and I give this talks to art students and I wanted to do something, first piece I did was just called *Play* I think. I had this experience with the stones we could make a piece out of that. So I write this little text about stones and that's how the piece happened. I didn't think: „Oh, look at Dewey and Arte Povera and so forth, maybe I should do something with stones", it doesn't work that way. And then you notice, OK. In the fifties, when we were in New York everybody would work and then they would come: „Oh what you're doing?" „Ah, here look what I'm doing, it's very similar." It's just something that is in the air.

Of course, you don't sit down, think about Arte Povera and then write a piece somehow influenced by it. But it's interesting to reflect on possible crossing points, isn't it?

I like it when it happens. I don't mind at all. Very funny, just recently at März Musik in Berlin I presented a new string quartet. Afterwards Dieter Schnebel, an old friend, comes up. He says: „Seltsame Musik." „OK, I know that." And then he said: „Erinnert mich ein bisschen an Haydn. That's a compliment." And I knew what he was talking about. It's not that you actually get sounds in it that are like Haydn but somehow a general feeling. And occasionally something will come out that is tonal. That was another thing with the Europeans, let me tell you this.

Please.

The Europeans, there was this Vermeidungstrieb. No octaves! No seventh chords! The whole serial thing about avoiding all these different things, which I always found so bizarre – why not? (Lachen) What's more beautiful than an octave? It's my favorite interval! On the other hand, you don't go directly to it. As we were saying before, these things sort of happen. You have to arrange it so it's possible. If it doesn't happen, OK, it happens, OK. When it does happen, oh, it's a nice coincidence. There's a beautiful moment in an early Feldman piece. I can't remember the name of the piece. The very early Feldman is my favorite Feldman. The very early shorter pieces with these little loops. Already he starts making these loops, these repetitive figures. In one of these it's simply two octaves apart on the piano and it's like half a page just these pure octaves, nothing else. It's incredibly beautiful of course. Feldman of course, that's what he wants. This *high-middle-low-stuff,* even that had nothing to do with indeterminacy. It was simply sonority. He didn't... Whether it was an E-flat there or an E there, it didn't matter. Main thing, it is a high flute, that's what matters. That's what he wants to control. It's fun to describe what he has done. I did it once. I was asked once to contribute a piece to a collection and I did this thing where I came up and said, I can't analyze that and the guy rejected it, because he was so offended. (Lachen) But there you discover, actually when you look, because suddenly there are all these patterns. There are in fact patterns, but I think they are not intended, they just happen. When you're concentrating on doing things, patterns will emerge, you will discover that they are there. They will kind of just happen.

Talking about sound. It's very important for a composer to find his own sound. It's one of the most important things. Would you say that you also found your sound?

Yes and no. Yes, in the earliest pieces the sound I found was this thing with the very few notes. I was really pleased with that. I really liked what happened there. In some ways those are almost my favorite pieces. Because they are really like nothing else. It's partly because I found a way of writing where I did not have to worry about counterpoint or harmony. There was no issue about harmony because the notes were already there. You didn't move from one set of notes to another. They were all there to start with. So it was all about the relationship between the different notes which produced a certain kind of sound. What also interested me was that, especially when I... Now people hear differently I think, but at first, when I wrote those things, they seemed to me very differentiated. Even if they were only three notes, what was going on musically was very various, things were changing all the time. For me in my head, as I was writing. But when you listen to it, just three notes... (singt) It's this kind of dialectic, if you will, between the complexity, it's not a high complexity, but nevertheless, a certain articulation, complex articulation of these three notes and just the sound itself, I like that. If you really thought about it or listened carefully, you realized that it was not just some kind of strumming of three notes but in fact there was a lot of composition going on there, and there were things to listen to if you paid attention. So you both had a kind of sonority, but at the same time there was an internal life to it, so to speak. That combination always interested me. Since then, it has always been a question of how to get to that. ...often by fairly standard mechanic, more or less mechanical means, procedures. Unlike Feldman, Feldman I think did it entirely by ear. He had an aural intelligence and visualization. But I think, ultimately, I wouldn't stress that too much. A friend of mine once pointed out, Feldman, if you asked him to talk about music he always starts talking about painting. She pointed out, you know why he does that, he doesn't wanna talk about the music. It's a kind of strategy to get around it. Of course, he was devoted to the art, he understood it very well and he has wonderful tings to say about it, no question. But ultimately I think... it's a different artform, a completely different artform. Anyway... How did I get to that? In my case... Feldman procedes in this completely, totally intuitive way. Whether it is visual or acoustic. I mean sometimes you can see that he also work with patterns. He has an idea, but those pieces are less successfull, I think. What is the one? It's a piano piece.

Is it the one with the grids?

No, the grids, that's a standard thing. That's the other structure that he uses in the later pieces. In a way it is a little bit like the early pieces with the squares. I think he just xeroxes them. Every page has exactly the same number of bars. And then he does this weird thing. One bar will be 14 2 and the other one will be 5 16 which takes a fraction of the time but the space is exactly the same. It's a very peculiar disorientating effect when you're trying to read the music. That's the closest thing that comes to a structure. First maybe just a line, the system and then the whole page. I wrote the liner notes for the second string quartet so I spent quite a lot of time working with the score and thinking about it and so forth. I think the structural moves, that he makes, are intuitive. There will be one kind of... For the whole piece, five, six hours, he has maybe at the most, six different things he does, you know. He doesn't plan ahead. He just starts. And then he does that for a while: „OK, enough. What will I do now?" Then he does the next thing.

It's like a patchwork.

Exactly what I do, too. But I'm more interested in changing and he's more interested in the effect of both the flow and also repetition, but repetition done in such a way that it isn't quite repetition. Anyway, but I think generally speaking, none of that is structurally planned. After a while he thinks, OK, it's enough of that. To a certain extent we all work that way. In my case, I need more than that. It's true, when I work with the patchworks, I do it pretty much the way Feldman does, which is I don't plan ahead. I don't know. I'm in one and I don't know what the next one is going to be. I have no idea. I do that intuitively, but within the patchwork, it's true. Feldman would set up a pattern, a repetitive or loop of some kind. I will compose, but in order to do that I need some kind of assistance. So that's when I go into my transpositional procedures. I have rhythmic tricks, I have all kinds of technical tricks or procedures, not tricks really which I somehow need in order to discover something. I can't just go and say: „OK, I do this." I have to somehow almost justify it. In other words, theoretically, in practice almost never, but theoretically, I can account for every note in one of my pieces.

I do a lot of music now, which is open. It's open in certain ways. The instruments are not specified, or they are specified and common, and where they overlap, it's free. When I write notes, when I specify pitches, I may even kind of confuse that by allowing different clef readings, proceed by my transpositional thing and things in terms of... You could do this in bass clef too and suddenly things change a little bit, not in register, but also certain intervals don't come out the same way... that's OK. But still, the procedure has this system behind it, an ad hoc-system and the next patch may involve a totally different system. It's just so many that I can think of and find useful and so forth. I don't worry too much. Suppose, I use this one system and I come to a point and the options of the system offers me that point I don't like. So what do I do? I stop, maybe go somewhere else or allow myself some variation of the system so that I get out of this corner I don't want to be in and do something else. But nevertheless, there's this need, you can say if you want to use a linguistic metaphor, of some kind of grammar. I can't just let the words run alone, I have to have some kind of procedure which allows this thing to happen.

People say that your compositional approach was influenced by politics. How do you perceive your relationship to politics?

In the late sixties Hans G. Helms did a piece about my music, my earlier music. It's a time in which everybody is getting politicized in the late sixties and he became a Marxist. He did a Marxist analysis of my early music, of my indeterminate music and you can see where it's going, because it involves collaborative work and everybody is on the same level, it's democratic, it's not hierarchic. The last thing that was in my mind when I was making those pieces was something so specific. It's true that maybe temperamentally just the way I am, that I have been interested... I don't like telling people what to do, I prefer to do something as a kind of collaborative effort and so I make music in which that's the way it works. As you look back: „Oh yeah, this is like socialist, social organisation." I was very pleased but also surprised, because I myself was just becoming political about the same time. But then when I went to write music in those years, you might say I almost gave up writing indeterminate music. I tried to write music which was more like regular music, in some ways. It's a kind of contradiction. The one political piece which is also an indeterminate piece is the one called *Changing the System*. It is a piece I like very much. It's an avant-garde piece, it's an experimental piece but it has political text and in the way it is put together and in the way it is organized and in the way people have to work together. It's highly political as a model. As a kind of model, it's not preaching, it's not saying: „You must do this, you must do that. Have a look at this, see how this works and see what kind of music this produces." This is the way we would like to live. In that sense that's why I like the piece. I like it musically because I think it works very well but also because politically it does these other things. Again, there's a limit, at least for me, to how consciously I can work with ideas. I tell music students very often to be careful with ideas. It's almost the most dangerous thing to do when you're composing, to have an idea. You're working with sound, sound doesn't have ideas. I once had this nice conversation with a jazz saxophone player, he was also very political. He had to go somewhere and do something political. „I don't know how to tell those people", he said: „E-flat is E-flat. They don't have any politics."

I guess, you have to put some kind of content into it.

190

When I first started, I was rather naive. I said content, words, of course. Get a text, which works politically, and I did do that. But I also discovered soon that this is not enough. Or you could have a politically acceptable or important text and if the music is no good you're actually doing harm to the political message. That's the Cardew-problem. So it's not so simple. I was caught up with what Cardew was doing, what Rzewski was doing and at the same time also from another point of view it was also the period in which people were beginning to get away from serialism, to get away from high modernism into something that was more like, I don't know, maybe popular music? Minimalists came along and it was exactly that period... And something about what they were doing, I liked early minimalism, was very refreshing. It was really OK. Enough of these extended techniques and all these formalisms and this non-rhythms and the rest of it. Let's have some sound. I couldn't do it directly. They were doing that, I didn't mean to do that, I didn't really want to do that. But it was definitely an important moment. And at the same time this political thing happened and we wanted to make a music which had a kind of immediacy that was like the immediacy that you got from the minimalists. Perfect example is this piece of Rzewski called *Coming Together* which uses minimalist procedures, puts a text over it and he makes it work. It's a very powerful piece, I think. I don't know if you know it. I think it is a great piece. And he's only... He does it once or twice, there you can see that the minimalist techniques are being used in this quite different way, very dynamic. Early minimalism was more about contemplation and spacing out whereas this is... and it is because of the text, but the text is also treated to a certain extend minimalistically. It has repetitive loops, it's not simply a text but it uses the same techniques. Nevertheless, you can still understand it. And again, that's something I was interested in doing and treated text that way.

2   Brief von Christian Wolff an Suzanne Josek

Dear Suzanne Josek[882],

forgive my late response to your questions. They're not so easy to answer!

In order of asking: I don't quite know what to say about Jasper Johns' influence on my work. The question is, what is influence? And how does visual work, and the thinking that goes with it, transfer to sound work? In John Cage's company I saw the early work of Johns, then continued to go look at it, and, again in Cage's company, saw something of Johns himself. But we really didn't talk about it: I found it (Johns' work) at once engaging and puzzling, a combination I like. It seems to me conceptually very active, but I don't

---

[882] Josek, The New York School, S. 9.

feel I have to work out the ideas, or rather the ideas are completely contained in the work, alive in and through the work, which I just want to look at; I also am attracted (of course these responses were also my first ones, back in the 60s) by the combination of „abstraction" (of the ideas, not necessarily of what is represented, which is not abstract in the „abstract expressionist" sense – it's recognizable, e. g. numbers, maps, flags, etc. – but is abstract in the sense that it (what is represented) doesn't „mean" anything in particular, is detached from any evident narrative or signification beyond just what it is, a number, or map or whatever) and the particular, localized, extraordinarily lively quality of the actual painting (the brushwork, textures, colors). I don't think this specifically „influenced" me, but I felt an affinity to my own work, or perhaps a quality of achievement which I might hope to aim at. I admired the elegance of the work, what Feldman might have called its „classy" quality, which was nevertheless at the same time still strongly affecting. It's work that at the time made a stronger impression on me than the earlier abstract expressionist painters, though I certainly took an interest in them – in work that was new, changed how you experienced and thought about art. I'm sorry I can't be more specific. I don't think I believe much in influence, at least as anything specific or direct (Cage taught me about rhythmic structures, which I found immensely useful for a long time: but it didn't really cause my music to sound like his, in fact it helped me make a music that would be different from his. Is this influence? In a general, dialectical way, yes.) I hardly spoke with the earlier generation of abstract expressionists, though met [nicht leserlich] casually at one time or another. As I mentioned, I saw more of Rauschenberg and Johns (but after 1959 I wasn't in New York at all regularly). There was no systematic exchange with Earle and John and Morty about the artists – we sometimes socialized together, and talked about most anything (not a lot about art).

During the Magnetic Tapes project I was already away at University; the main real work was done by Cage, Brown and David Tudor. I wrote one piece they realized (For Magnetic Tape, the material for the first part of which I got from an acoustics laboratory at Harvard) and one that was never done because money ran out and the project closed down (it was very short). It was in this acoustics lab, by the way, (where a graduate student I had come to know at Harvard, and to whom I introduced Cage) that John experienced the anechoic chamber – the scientifically most silent environment possible – and realized that he still heard in it sounds of his nervous system and blood circulating, i. e. that there was no such thing as silence.

With best wishes,

Christian Wolff

Literaturverzeichnis

Robert Adlington (Hg.), *Sound Commitments: Avant-Garde Music and the Sixties*, Oxford u. a. 2009.

Theodor W. Adorno, „Ästhetische Theorie" (1970), in: ders., *Ästhetische Theorie. Gesammelte Schriften Band 7*, hrsg. von Rolf Tiedemann, Frankfurt a. M. 2003, S. 7–388.

Alexander Alberro, *Conceptual Art and the Politics of Publicity*, Cambridge, Mass u. a. 2003.

Michael Andres, „Die Kontingenz der Vernunft. Die Vernunft als Mittel im Diskurs", in: *Sprengsätze*, hrsg. von Benjamin Metz, Berlin 2013, S. 9–23.

Aristoteles: „Poetik", in: *Poetik*, hrsg. und übersetzt von Manfred Fuhrmann, Stuttgart 1979, S. 3–99.

Christian Asplund und Michael Hicks (Hg.), *Christian Wolff (American Composers)*, Urbana u. a. 2012.

Jacques Attali, *Noise. The Political Economy of Music*, Minneapolis u. a. ⁹2006 (1985).

Michael Baumgartner, „Zum Werk von Paul Klee. Interview mit Pierre Boulez", in: Ausst. Kat.: *Paul Klee. Melodie / Rhythmus / Tanz*, Salzburg, Museum der Moderne, 2008, S. 253–255.

Nike Bätzner (Hg.), *Arte Povera: Manifeste, Statements, Kritiken*, Dresden u. a. 1995.

Amy C. Beal, „Christian Wolff in Darmstadt – 1972 and 1974", in: *Changing the System. The Music of Christian Wolff*, hrsg. von Stephen Chase und Philip Thomas, Burlington u. a. 2010, S. 23–47.

Tayfun Belgin, „Was ist Informel? Eine Annäherung über Bildkategorien", in: Ausst. Kat.: *Kunst des Informel. Malerei und Skulptur nach 1952*, Dortmund, Museum am Ostwall, 1997, S. 32–41.

David W. Bernstein, „John Cage and the ‚Aesthetic of Indifference'", in: *The New York Schools of music and visual arts: John Cage, Morton Feldman, Edgard Varèse, Wilhelm de Kooning, Jasper Johns, Robert Rauschenberg*, hrsg. von Steven Johnson, New York 2002, S. 113–134.

Roberta Bernstein, „Jasper Johns's Numbers: Uncertain Signs", in: Ausst. Kat.: *Jasper Johns Numbers*, Cleveland, The Cleveland Museum of Art, 2003, S. 12–32.

Maurice Besset, „Entstehung des Mobile", in: Ausst. Kat.: *Calder*, München, Haus der Kunst, 1975, S. 7–31.

Harold Bloom, *The Western Canon: The books and school of the ages*, London u. a. 1994.

Alexei Bogdanov, „Ostranenie, Kenosis, and Dialogue: The Metaphysics of Formalism According to Shklovsky", in: *The Slavic and East European Journal*, Nr. 1 (2005), S. 48–62.

Régine Bonnefoit, „Paul Klee und die ‚Kunst des Sichtbarmachens' von Musik", in: *Archiv für Musikwissenschaft*, 65. Jg. (2008), S. 121–151.

Pierre Boulez, „Brief von Pierre Boulez" (1950), in: *Dear Pierre, Cher John. Pierre Boulez und John Cage. Der Briefwechsel*, hrsg. von Jean-Jacques Nattiez, Hamburg 1997, S. 68–70.

– *Le pays fertile*, Paris 1989.

– „Die Lehre von Paul Klee", in: Ausst. Kat.: *Paul Klee. Melodie / Rhythmus / Tanz*, Salzburg, Museum der Moderne, 2008, S. 249–252.

Horst Bredekamp u. a. (Hg), *Bodies in Action and Symbolic Forms*, Berlin 2012.

Peter Brook (Hg.), *Grotowski. Für ein Armes Theater*, Berlin 1999.

Peter Brown und Suzana Ograjenšek (Hg.), *Ancient Drama in Music for the Modern Stage*, Oxford u. a. 2010.

Stewart Buettner, „John Dewey and the Visual Arts in America", in: *The Journal of Aesthetics and Art Criticism*, Nr. 4 (1975), S. 383–391.

John Cage, „Brief von John Cage (1950)", in: *Dear Pierre, Cher John. Pierre Boulez und John Cage. Der Briefwechsel*, hrsg. von Jean-Jacques Nattiez, Hamburg 1997, S. 63–64.

– *M: Writings 67-72*, Hanover 1969.

– *A year from Monday: New lectures and writings*, Hanover 1969.

– *Silence: Lectures and Writings*, Middletown 1973.

– *Für die Vögel: Gespräche mit Daniel Charles*, Berlin 1984.

John Cage und Morton Feldman, „Radio happenings I–V" (1966/1967), in: *Radio happenings I–V. Recorded at / Aufgenommen im WBAI New York City, July 1966–January 1967*, hrsg. von Gisela Gronemeyer und Reinhard Oehlschlägel, Köln 1993 (Edition MusikTexte 001).

John Cage und Helen Wolff, „Es wird niemals Stille geben. Ein bisher unveröffentlichter Briefwechsel zwischen Helen Wolff und John Cage", in: *MusikTexte*, Nr. 106 (2005), 47–50.

John Cage, *Empty Mind*, hrsg. von Marie Luise Knott und Walter Zimmermann, Berlin 2012.

Joy Haslam Calico, *Brecht at the Opera*, Berkeley, Calif. u. a. 2008.

Germano Celant, „Arte Povera – IM Raum" (1967), in: *Arte Povera: Manifeste, Statements, Kritiken*, hrsg. von Nike Bätzner, Dresden u. a. 1995, S. 28–33.

– „Arte Povera" (1968), in: *Arte Povera: Manifeste, Statements, Kritiken*, hrsg. von Nike Bätzner, Dresden u. a. 1995, S. 48–51.

– „Azione povera" (1968), in: *Arte Povera: Manifeste, Statements, Kritiken*, hrsg. von Nike Bätzner, Dresden u. a. 1995, S. 43–47.

– „Ars Povera" (1969), in: *Arte Povera: Manifeste, Statements, Kritiken*, hrsg. von Nike Bätzner, Dresden u. a. 1995, S. 87–97.

Marcel Cobussen, „Ethics and/in/as Silence", in: *ephemera. Theory & Politics in Organization*, Nr. 2 (2003), S. 277–285.

Marcel Cobussen und Nanette Nielsen, *Music and Ethics*, Farnham u. a. 2012.

Jean-Daniel Collomb, „New Beginning: The Counter Culture in American Environmental History", in: *Cercles*, Nr. 22 (2012), S. 54–69.

Roger Copeland, „Merce Cunningham and the Aesthetic of Collage", in: *TDR, The Drama Review*, Nr. 1 (2002), S. 11–28.

Stephen Chase und Philip Thomas (Hg.), *Changing the System. The Music of Christian Wolff*, Burlington u. a. 2010.

Sebastian Claren, *Neither. Die Musik Morton Feldmans*, Hofheim 2000.

Edward T. Cone, *Musical Form and Musical Performance*, New York u. a. 1968.

Carl Dahlhaus, „Über Form in der neuen Musik", in: *Form in der neuen Musik*, hrsg. von Thomas Ernst, Mainz 1966 (Darmstädter Beiträge zur Neuen Musik 10), S. 71–75.

– *Schönberg und andere. Gesammelte Aufsätze zur Neuen Musik*, Mainz 1978.

Hermann Danuser, *Die Musik des 20. Jahrhunderts*, Laaber 1984 (Neues Handbuch der Musikwissenschaft, Bd. 7).

Thomas DeLio, „Circumscribing the Open Universe", in: *Perspectives of New Music*, Nr. 1/2 (1981), S. 357–361.

– *Circumscribing the Open Universe*, London 1984.

Jacques Derrida, „Von der Gastfreundschaft", hrsg. von Peter Engelmann, Wien 2007.

John Dewey, *Kunst als Erfahrung (Art as Experience*, 1934), Frankfurt a. M. 1980.

William Duckworth, *Talking Music. Conversations with John Cage, Philip Glass, Laurie Anderson, and five generations of American experimental composers*, New York 1999.

Duden, *Das Fremdwörterbuch. 10. Aktualisierte Auflage*, Mannheim 2010.

Richard Dufallo, *Trackings – Composers Speak with Richard Dufallo*, New York u. a. 1989.

Umberto Eco, *Das offene Kunstwerk* (Opera aperta 1962), Frankfurt a. M. 1977.

Ralph Waldo Emerson, „Die Natur" (Nature 1836), in: *Ralph Waldo Emerson. Die Natur, Ausgewählte Essays*, hrsg. von Manfred Pütz, Stuttgart 2001, S. 83–142.

– „Der Dichter" (The Poet 1844), in: *Ralph Waldo Emerson. Die Natur, Ausgewählte Essays*, hrsg. von Manfred Pütz, Stuttgart 2001, S. 231–261.

Hans Emons, *Komplizenschaften – Zur Beziehung von Musik und Kunst in der amerikanischen Moderne*, Berlin 2006.

Ulrich Engler, *Kritik der Erfahrung – Die Bedeutung der ästhetischen Erfahrung in der Philosophie John Deweys*, Würzburg 1992.

Michael Ermarth (Hg.), *Kurt Wolff: A Portrait in Essays & Letters*, Chicago u. a. 1991.

Morton Feldman, „Vertical Thoughts" (1963), in: *Give my regards to Eighth Street – Collected Writings of Morton Feldman*, hrsg. von B. H. Friedman, Cambridge 2000, S. 12–14.

– „A life without Bach and Beethoven" (1964), in: *Give my regards to Eighth Street – Collected Writings of Morton Feldman*, hrsg. von B. H. Friedman, Cambridge 2000, S. 15–18.

– „I met Heine on the Rue Fürstenberg" (1973), in: *Give my regards to Eighth Street – Collected Writings of Morton Feldman*, hrsg. von B. H. Friedman, Cambridge 2000, S. 112–121.

– „Autobiography", in: *Morton Feldman Essays*, hrsg. von Walter Zimmerman, Kerpen 1985, S. 36-40.

Morton Feldman und La Monte Young, „A conversation on Composition and Improvisation (with Bunita Marcus, Francesco Pellizzi, Marian Zazeela)", in: *Res*, Nr. 13 (1987), S. 153–173.

Helene P. Foley, *Reimagining Greek Tragedy on the American Stage*, Berkeley u. a. 2012.

Michael Fried, „Kunst und Objekthaftigkeit" (Art and Objecthood 1967), in: *Minimal Art. Eine kritische Retrospektive*, hrsg. von Gregor Stemmrich, Dresden u. a. 1995, S. 334–374.

B. H. Friedman (Hg.), *Give my regards to Eighth Street – Collected writings of Morton Feldman*, Cambridge 2000.

Hans-Georg Gadamer, *Wahrheit und Methode: Grundzüge einer philosophischen Hermeneutik*, Tübingen 1960.

Clemens Gadenstätter, „form FORM", in: *Form – Luxus, Kalkül und Abstinenz. Fragen, Thesen und Beiträge zu Erscheinungsweisen aktueller Musik*, hrsg. von Sabine Sanio und Christian Scheib, Saarbrücken 1999, S. 99–106.

Kyle Gann, „Berlitz's Downtown for Musicians" (1994), in: Kyle Gann, *Music Downtown. Writings from the Village Voice*, Berkeley u. a. 2006, S. 132–134.

– *Music Downtown. Writings from the Village Voice*. Berkeley u. a. 2006.

– *No such thing as Silence: John Cage's 4'33"*, New Haven u. a. 2010.

Bruce Glaser, „Fragen an Judd und Stella" (Questions to Stella and Judd 1966), in: *Minimal Art. Eine kritische Retrospektive*, hrsg. von Gregor Stemmrich, Dresden u. a. 1995, S. 35–57.

Sumanth Gopinath, „The Problem of the Political in Steve Reich's Come out", in: *Sound Commitments: Avant-Garde Music and the Sixties*, hrsg. von Robert Adlington, Oxford u. a. 2009, S. 121–144.

Björn Gottstein, „Blei, Leder, Plastik. Über die ästhetischen Strategien der Arte Povera und ihren Widerhall in der Musik", in: *Neue Zeitschrift für Musik*, Nr. 6 (2008), S. 18–21.

Justina Gregory, „Euripides as Social Critic", in: *Greece & Rome Second Series*, Nr. 2 (2002), S. 145–162.

Clemens Gresser, „Prose Collection. The Performer and Listener as Co-Creator", in: *Changing the System: The Music of Christian Wolff*, hrsg. von Stephen Chase und Philip Thomas, Burlington u. a. 2010, S. 193–209.

Gisela Gronemeyer und Reinhard Oehlschlägel (Hg.), *Radio happenings I–V. Recorded at / Aufgenommen im WBAI New York City, July 1966–January 1967*, Köln 1993 (Edition MusikTexte 001).

– *Christian Wolff. Cues. Writings and Conversations / Christian Wolff. Hinweise. Schriften und Gespräche*, Köln 1998 (Edition MusikTexte 005).

Jerzy Grotowski, „Für ein Armes Theater" (1965), in: *Grotowski. Für ein Armes Theater*, hrsg. von Peter Brook, Berlin 1999, S. 13–26.

Andy Hamilton, „Christian Wolff. Change of the Century", in: *The Wire*, Nr. 202 (2000), S. 22–26.

Charles Harrison (Hg.), *Art in Theory 1900-1990*, Oxford u. a. 1995.

Karelisa V. Hartigan, *Greek Tragedy on the American Stage: Ancient Drama in the Commercial Theater, 1882-1994*, Westport u. a. 1995.

Cornelia Herberichs und Susanne Reichlich (Hg.), *Kein Zufall. Konzeptionen von Kontingenz in der mittelalterlichen Literatur*, Göttingen 2011.

Patrick Heron, *The Changing Forms of Art*, London 1955.

Hartmut Hein, *Musikalische Interpretation als „Tour de Force"*. *Positionen von Adorno bis zur Historischen Aufführungspraxis*, Wien 2014 (Studien zur Wertforschung 56).

Jutta Held, „Minimal Art – eine amerikanische Ideologie" (1972), in: *Minimal Art. Eine kritische Retrospektive*, hrsg. von Gregor Stemmrich, Dresden u. a. 1995. S. 444–470.

Michael Hicks, „Our Webern: Cage and Feldman's Devotion to Christian Wolff", in: *Changing the System. The Music of Christian Wolff*, hrsg. von Stephen Chase und Philip Thomas, Burlington u. a. 2010, S. 3–21.

Michael Hicks und Christian Asplund, *American Composers. Christian Wolff*, Urbana u. a. 2012.

Kathleen Marie Higgins, *The Music of our Lives*, Lanham, Md. u. a. 2011.

Paul Hilier (Hg.), *Steve Reich. Writings on Music 1965-2000*, New York u. a. 2002.

Katherine Hoffman, „Collage in the Twentieth Century: An Overview", in: *Collage Critical Views*, hrsg. von Katherine Hoffman, London u. a. 1988, S. 1–37.

– *Collage Critical Views*, London u. a. 1988.

Otfried Höffe, *Ethik: Eine Einführung*, München 2013.

Andreas Holzer, *Zur Kategorie der Form in neuer Musik*, Wien 2011.

Christine Hopfengart, „Oh la vendetta! Klee, Mozart und die Liebe zum pathetischen Stil", in: Ausst. Kat.: *Paul Klee. Melodie / Rhythmus / Tanz*, Salzburg, Museum der Moderne, 2008, S. 143–166.

Johan Huizinga, *Homo ludens. Vom Ursprung der Kultur im Spiel*, Reinbek bei Hamburg [22]2011 (1955).

Sam Hunter, „Robert Rauschenberg: Art and Life", in: *Robert Rauschenberg. Works, Writings and Interviews*, hrsg. von Sam Hunter, Barcelona 2006, S. 9–109.

William James, „Lecture II. What Pragmatism Means" (1906/07), in: ders., *Pragmatism and The Meaning of Truth*, Cambridge, Mass. u. a. 1975, S. 27–44.

Steven Johnson, *The New York Schools of music and visual arts: John Cage, Morton Feldman, Edgard Varèse, Willem de Kooning, Jasper Johns, Robert Rauschenberg*, New York 2002.

Suzanne Josek, *The New York School. Earle Brown, John Cage, Morton Feldman, Christian Wolff*, Saarbrücken 1998.

Stefan Jürging, *Die Tradition des Traditionsbuches: John Cages amerikanische Ästhetik*, Frankfurt a. M. u. a. 2002.

Andrew Kagan, „Paul Klee's ‚Ad Parnassum': The Theory and Practice of Eighteenth Century Polyphony as Models for Paul Klee's Art", in: *Arts Magazine*, Nr. 1 (1977), S. 90–104.

– *Paul Klee. Art & Music*, Ithaca u. a. 1983.

Naim Kattan, „Theater ist eine Begegnung. Ein Interview mit Jerzy Grotowski" (1967), in: *Grotowski. Für ein Armes Theater*, hrsg. von Peter Brook, Berlin 1999, S. 59–64.

Frank Kessler, „Ostranenie – Zum Verfremdungsbegriff von Formalismus und Neoformalismus", in: *Montagne/AV Zeitschrift für Theorie & Geschichte audiovisueller Kommunikation*, Nr. 68 (1996), S. 51–65.

Gail Kirkpatrick, *Tanztheater und bildende Kunst nach 1945. Eine Untersuchung der Gattungsvermischung am Beispiel der Kunst Robert Rauschenbergs, Jasper Johns', Frank Stellas, Andy Warhols und Robert Morris' unter besonderer Berücksichtigung ihrer Arbeiten für das Tanztheater Merce Cunninghams*, Würzburg 1996.

Billy Klüver, „Interview with Jasper Johns" (1963), in: *Jasper Johns. Writings, Sketchbook Notes, Interviews*, hrsg. von Kirk Varnedoe, New York 1996, S. 84–91.

Kolja Kohlhoff, „Eine Sonde entgegengesetzter Realitäten. Zur Verwendung von Material", in: Ausst. Kat.: *La Poetica dell'Arte Povera*, Magdeburg, Kunstmuseum Kloster Unser Lieben Frauen, 2003, S. 28–34.

Rosalind Krauss, „Permanente Bestandsaufnahme", in: Ausst. Kat.: *Robert Rauschenberg Retrospektive*, Köln, Museum Ludwig, 1998, S. 206–223.

Donald B. Kuspit, „Collage: The Organizing Principle of Art", in: *Collage Critical Views*, hrsg. von Katherine Hoffman, London [u. a.] 1988, S. 39–57.

Beate Kutschke, *Neue Linke / Neue Musik. Kulturtheorien und künstlerische Avantgarde in den 1960er und 70er Jahren*, Köln u. a. 2007.

Clemens Kühn, „Art. Form", in: *MGG2*, Sachteil 3, Kassel 1998, S. 607–643.

Annegret Laabs, „La Poetica dell'Arte Povera", in: Ausst. Kat.: *La Poetica dell'Arte Povera*, Magdeburg, Kunstmuseum Kloster Unser Lieben Frauen, 2003, S. 129–134.

Brandon LaBelle, *Background Noise. Perspectives on Sound Art*, London 2006.

Helga LaMotte-Haber (Hg.), *Musikästhetik. Handbuch der Systematischen Musikwissenschaft 1*, Laaber 2004.

Dorothee Lehmann, *Das Sichtbare der Wirklichkeiten: Die Realisierung der Kunst aus ästhetischer Erfahrung: John Dewey – Paul Cézanne – Mark Rothko*, Essen 1991.

György Ligeti, „Form in der Neuen Musik", in: *Form in der Neuen Musik*, hrsg. von Thomas Ernst, Mainz 1966 (Darmstädter Beiträge zur Neuen Musik 10), S. 23–36.

Lucy Lippard, „10 Strukturisten in 20 Absätzen" (10 Structurists in 20 Paragraphs 1968), in: *Minimal Art. Eine kritische Retrospektive*, hrsg. von Gregor Stemmrich, Dresden u. a. 1995, S. 309–323.

Wolf Loeckle, „vom innen des außen / vom außen des innen. Zoro Babels sich schlängelnde Klangsteinigkeiten", in: *Neue Zeitschrift für Musik*, Nr. 6 (2008), S. 30–33.

Fabian Lovisa, *minimal-music. Entwicklung, Komponisten, Werke*, Darmstadt 1996.

Niklas Luhmann, *Soziale Systeme. Grundriß einer allgemeinen Theorie*, Frankfurt a. M. 1984.

Michael Lüthy, „Theatricality / Michael Fried", in: Ausst. Kat.: *Skulptur Projekte Münster 07*, Münster, Westfälisches Landesmuseum, 2007, S. 465–466.

Matthias Lutz-Bachmann, *Ethik*, Stuttgart 2013.

Marianne McDonald, *The Living Art of Greek Tragedy*, Bloomington u. a. 2003.

Maurice Merleau-Ponty, „Das Primat der Wahrnehmung und seine philosophischen Konsequenzen" (1946), in: *Das Primat der Wahrnehmung*, hrsg. von Lambert Wiesing, Frankfurt a. M. 2003, S. 26–84.

Benjamin Metz (Hg.), *Sprengsätze*, Berlin 2013.

Christoph Metzger, „Musica Povera? Notizen zu Christian Wolff, John Cage und Ulrich Eller", in: *Neue Zeitschrift für Musik*, Nr. 6 (2008), S. 26–29.

Robert Morris, „Anmerkungen zur Skulptur" (Notes on Sculpture 1966), in: *Minimal Art. Eine kritische Retrospektive*, hrsg. von Gregor Stemmrich, Dresden u. a. 1995, S. 92–120.

Jean-Jacques Nattiez (Hg.), *Dear Pierre, Cher John. Pierre Boulez und John Cage. Der Briefwechsel*, Hamburg 1997.

Gisela Nauck, „Modelle für die Zukunft. Die uneingelösten Utopien der Avantgarde – eine Skizze", in: *Positionen*, Nr. 98 (2014), S. 19–21.

David Nicholls, „Getting Rid of the Glue". The Music of the New York School", in: *The New York Schools of music and visual arts: John Cage, Morton Feldman, Edgard Varèse, Wilhelm de Kooning, Jasper Johns, Robert Rauschenberg*, hrsg. von Steven Johnson, New York 2002, S. 17–56.

Michael Nyman, *Experimental Music. Cage and Beyond*, Cambridge u. a. ⁹2008 (1974).

Tilman Osterwold, „Melodie und Rhythmus – Der Klang der Bilder", in: Ausst. Kat.: *Paul Klee. Melodie / Rhythmus / Tanz*, Salzburg, Museum der Moderne, 2008, S. 35–50.

Michael Parsons, „Foreword", in: *Changing the System. The Music of Christian Wolff*, hrsg. von Stephen Chase und Philip Thomas, Burlington u. a. 2010, S. xiii–xix.

Giulio Paolini, „Innerhalb der Sprache. Aus einem Interview mit Achille Bonito Oliva" (1973), in: *Arte Povera: Manifeste, Statements, Kritiken*, hrsg. von Nike Bätzner, Dresden u. a. 1995, S. 184–192.

Keith Potter, *Four Musical Minimalists: La Monte Young, Terry Riley, Steve Reich, Philip Glass*, Cambridge u. a. 2001.

Manfred Pütz (Hg.), *Die Natur. Ausgewählte Essays*, Stuttgart 2001.

Michael Rebhahn, *„We must arrange everything"*: *Erfahrung, Rahmung und Spiel bei John Cage*, Saarbrücken 2012.

Steve Reich, „Come Out-Melodica-Piano Phase" (1966/67), in: *Steve Reich. Writings on Music 1965–2000*, hrsg. von Paul Hilier, New York u. a. 2002, S. 22–22.

– „Musik als gradueller Prozeß" (Music as a Gradual Process 1968), in: Hans Emons, *Komplizenschaften – Zur Beziehung von Musik und Kunst in der amerikanischen Moderne*, Berlin 2006, S. 185–186.

Katherine Reynolds, „Progressive Ideals and Experimental Higher Education: The Example of John Dewey and Black Mountain College", in: *Education and Culture: The Journal of the John Dewey Society*, Nr. 1 (1997), S. 1–10.

Norbert Ricken, „Diesseits von Relativismus und Universalismus: Kontingenz als Thema und Form kritischer Reflexionen", in: *Tradition und Kontingenz*, hrsg. von Alfred Schäfer und Michael Wimmer, Münster 2004, S. 27–58.

Richard Rorty, *Kontingenz, Ironie und Solidarität* (Contingency, Irony, and Solidarity, 1989), Frankfurt a. M. 1989.

– *Consequences of Pragmatism: Essays 1972-1980*, Minneapolis 1996.

Barbara Rose, „ABC Art" (1965), in: *Minimal Art. Eine kritische Retrospektive*, hrsg. von Gregor Stemmrich, Dresden 1998, S. 280–308.

Harold Rosenberg, „The American Action Painters" (1952), in: *Art in Theory 1900-1990*, hrsg. von Charles Harrison, Oxford u. a. 1995, S. 589–592.

Peter Rossbacher, „Šklovskij's Concept of Ostranenie and Aristotle's Admiratio", in: *MLN*, Nr. 5 (1977), S. 1038–1043.

Frederic Rzewski, „Privat oder kollektiv? Grundlagen für die revolutionäre Musik einer zukünftigen Welt" (Private or Collective? The Foundations of a Future World Revolutionary Music 1974), in: *Nonsequiturs. Writings and Lectures on Improvisation, Composition, and Interpretation / Unlogische Folgerungen. Schriften und Vorträge zu Improvisation, Komposition und Interpretation*, hrsg. von Gisela Gronemeyer und Reinhard Oehlschlägel, Köln 2007 (Edition MusikTexte 009), S. 240–253

– „Musik und politische Ideale. Vorlesung an der University of Wisconsin, River Falls" (Music and Political Ideals. Lecture at the University of Wisconsin, River Falls 1984), in: *Nonsequiturs. Writings and Lectures on Improvisation, Composition, and Interpretation / Unlogische Folgerungen. Schriften und Vorträge zu Improvisation, Komposition und Interpretation*, hrsg. von Gisela Gronemeyer und Reinhard Oehlschlägel, Köln 2007 (Edition MusikTexte 009), S. 188–201.

– „‚Ich versuche, meine Arbeit zur Welt um mich herum in Beziehung zu setzen.' Gespräch mit Vivian Perlis" („I am in the habit of trying to relate my work to the world around me." Conversation with Vivian Perlis, 1984), in: *Nonsequiturs. Writings and Lectures on Improvisation, Composition, and Interpretation / Unlogische Folgerungen. Schriften und Vorträge zu Improvisation, Komposition und Interpretation*, hrsg. von Gisela Gronemeyer und Reinhard Oehlschlägel, Köln 2007 (Edition MusikTexte 009), S. 158–187.

– „Werknotizen. Les Moutons de Panurge" (Les Moutons de Panurge 1991), in: *Nonsequiturs. Writings and Lectures on Improvisation, Composition, and Interpretation / Unlogische Folgerungen. Schriften und Vorträge zu Improvisation, Komposition und Interpretation*, hrsg. von Gisela Gronemeyer und Reinhard Oehlschlägel, Köln 2007 (Edition MusikTexte 009), S. 440–443.

– „Die Geschichte der Gruppe MEV in Kurzfassung" (A Short History of MEV, 1991), in: *Nonsequiturs. Writings and Lectures on Improvisation, Composition, and Interpretation / Unlogische Folgerungen. Schriften und Vorträge zu Improvisation, Komposition und Interpretation*, hrsg. von Gisela Gronemeyer und Reinhard Oehlschlägel, Köln 2007 (Edition MusikTexte 009), S. 266–271.

- „Werknotizen: Coming Together / Attica" (Coming Together / Attica 1994), in: *Nonsequiturs. Writings and Lectures on Improvisation, Composition, and Interpretation / Unlogische Folgerungen. Schriften und Vorträge zu Improvisation, Komposition und Interpretation,* hrsg. von Gisela Gronemeyer und Reinhard Oehlschlägel, Köln 2007 (Edition MusikTexte 009), S. 448–451.

- „Werknotizen: Jefferson" (Jefferson 1997), in: in: *Nonsequiturs. Writings and Lectures on Improvisation, Composition, and Interpretation / Unlogische Folgerungen. Schriften und Vorträge zu Improvisation, Komposition und Interpretation,* hrsg. von Gisela Gronemeyer und Reinhard Oehlschlägel, Köln 2007 (Edition MusikTexte 009), S. 444–447.

- „Die Algebra des Alltagslebens", in: *Christian Wolff. Cues. Writings and Conversations / Christian Wolff. Hinweise. Schriften und Gespräche,* hrsg. von Gisela Gronemeyer und Reinhard Oehlschlägel, Köln 1998 (Edition MusikTexte 005), S. 11–17.

Herman Sabbe, „Open Structure and the Problems of Criticism – Reflections on DeLio's Circumscribing the Open Universe", in: *Perspectives of New Music,* Nr. 1 (1989), S. 312–316

Sabine Sanio und Christian Scheib (Hg.), *Form – Luxus, Kalkül und Abstinenz. Fragen, Thesen und Beiträge zu Erscheinungsweisen aktueller Musik,* Saarbrücken 1999.

Sabine Sanio, *1968 und die Avantgarde. Politisch-ästhetische Wechselwirkungen in der westlichen Welt,* Sinzig 2008.

- „Verschlissener Prunk. Von der ästhetischen Aura der Armut", in: *Musik-Texte,* Nr. 132 (2012), S. 20–28.

Jean Paul Sartre, „Die Mobiles von Calder", in: Ausst. Kat.: *Alexander Calder,* Berlin, Akademie der Künste, 1967, S. 21–23.

Marion Saxer, *Between Categories. Studien zum Komponieren Morton Feldmans von 1951–1977,* Saarbrücken 1998.

Keith R. Sawyer, „Improvisation and the Creative Process: Dewey, Collingwood, and the Aesthetics of Spontaneity", in: *The Journal of Aesthetics and Art Criticism,* Nr. 2 (2000), S. 149–161.

- *Group Creativity: Music, Theater, Collaboration,* New York u. a. 2003.

Walter Schäfer-Reese, *Richard Rorty zur Einführung,* Hamburg 2013.

Christian Scheib, „Die Situation der Form und vice versa", in: *Form – Luxus, Kalkül und Abstinenz: Fragen, Thesen und Beiträge zu Erscheinungsweisen aktueller Musik,* hrsg. von Sabine Sanio und dems., Saarbrücken 1999, S. 166–181.

Dörte Schmidt, „Music before Revolution. Zu Christian Wolff", in: *Von Kranichstein bis zur Gegenwart: 50 Jahre Darmstädter Beiträge zur Neuen Musik*, hrsg. von Stephan Rudolf u. a., Stuttgart 1996, S. 425–431.

Andi Schoon, *Die Ordnung der Klänge. Das Wechselspiel der Künste vom Bauhaus zum Black Mountain College*, Bielefeld 2006.

Hans-Joachim Schubert u. a., *Pragmatismus zur Einführung*, Hamburg 2010.

Peter Schulthess, „Kontingenz: Begriffsanalytisches und grundlegende Positionen in der Philosophie im Mittelalter", in: *Kein Zufall. Konzeptionen von Kontingenz in der mittelalterlichen Literatur*, hrsg. von Cornelia Herberichs und Susanne Reichlich, Göttingen 2011, S. 50–78.

Oswald Schwemmer, „Der Sinn der Sinnlichkeit", in: *Bodies in Action and Symbolic Forms*, hrsg. von Horst Bredekamp u. a., Berlin 2012, S. 173–184.

Viktor Šklovskij, „Kunst als Kunstgriff", in: ders., *Theorie der Prosa*, hrsg. und übersetzt von Gisela Drohla, Frankfurt am Main 1966, S. 7–27.

Raphael Smarzoch, „Interview mit Phill Niblock". Aufgezeichnet in Köln im November 2009, unveröffentlichtes Manuskript.

Gregor Stemmrich (Hg.), *Minimal Art. Eine kritische Retrospektive*, Dresden u. a. 1995.

Karlheinz Stockhausen, „Klavierstück XI", Partitur, Wien u. a. 2006.

David Sylvester, „Interview with Jasper Johns" (1960), in: David Sylvester, *Interviews with American Artists*, New Haven 2001, S. 145–172.

– „Interview with Jasper Johns" (1965), in: *Jasper Johns. Writings, Sketchbook Notes, Interviews*, hrsg. von Kirk Varnedoe, New York 1996, S. 113–121.

Philip Thomas, „For Pianist: The Solo Piano Music", in: *Changing the System - The Music of Christian Wolff*, hrsg. von Stephen Chase und Philip Thomas, Burlington u. a. 2010, S. 51–91.

David Henry Thoreau, *Walden. Ein Leben mit der Natur* (Walden; or, Life in the Woods, 1854), München 1999.

John Tilbury, *Cornelius Cardew. A life unfinished*, Matching Tye u. a. 2008.

Yoshiaki Tono, „Interview with Jasper Johns. ‚I Want Images To Free Themselves From Me'" (1964), in: *Jasper Johns. Writings, Sketchbook Notes, Interviews*, hrsg. von Kirk Varnedoe, New York 1996, S. 96–101.

Santiago Torre Lanza, „Neuplatonismus und amerikanischer Transzendentalismus", in: *Musikästhetik. Handbuch der Systematischen Musikwissenschaft 1*, hrsg. von Helga La Motte-Haber, Laaber 2004, S. 116–129.

Kirk Varnedoe (Hg.), *Jasper Johns. Writings, Sketchbook Notes, Interviews*, New York 1996.

Andre Verlon, „Montage-Painting", in: *Leonardo*, Nr. 4 (1968), S. 383–392.

Nicola Walker Smith, „Feldman on Wolff and Wolff on Feldman: Mutually Speaking", in: *The Musical Times*, Nr. 1876 (2001), S. 24–27.

Dan Warbuton, „Phill Niblock. Beyond the thunderdrone", in: *Wire*, Nr. 265 (2006), S. 32–39.

John P Welsh, „Open Form and Earle Brown's Modules I and II", in: *Perspectives of New Music*, Nr. 1 (1994), S. 254–290.

Herta Wescher, *Die Geschichte der Collage: Vom Kubismus bis zur Gegenwart*, Köln 1974.

Karen Wilkin, *Color as field: American painting 1950-1975*, New Haven u. a. 2007.

Peter Niklas Wilson, „Von der Romantik des Jetzt – und ihren Grenzen. Aspekte des Formdenkens in improvisierter Musik", in: *Form – Luxus, Kalkül und Abstinenz. Fragen, Thesen und Beiträge zu Erscheinungsweisen aktueller Musik*, hrsg. von Sabine Sanio und Christian Scheib, Saarbrücken 1999, S. 50–60.

Andrzej Wirth, „The Lehrstück as Performance", in: *TDR, The Drama Review*, Nr. 4 (1999), S. 113–121.

Kurt Wolff, „On Publishing in General and the Question how do an Author and Publisher come together" (o. J.), in: *Kurt Wolff: A Portrait in Essays & Letters*, hrsg. von Michael Ermarth, Chicago u. a. 1991, S. 8–20.

Bernhard Zeller und Ellen Otten (Hg.), *Kurt Wolff. Briefwechsel eines Verlegers 1911-1963*, Frankfurt a. M. 1980.

Tobias Zervosen, „Ambivalenz zwischen Affinität und Ablehnung. Arte Povera und Musik", in: Ausst. Kat.: *La Poetica dell'Arte Povera*, Magdeburg, Kunstmuseum Kloster Unser Lieben Frauen, 2003, S. 42–46.

Christian Wolff: Essays und Seminare

In chronologischer Reihenfolge

„Unbeweglichkeit in der Bewegung. Neue und elektronische Musik" (Immobility in Motion. New and electronic music 1957), in: *Christian Wolff. Cues. Writings and Conversations / Christian Wolff. Hinweise. Schriften und Gespräche*, hrsg. von Gisela Gronemeyer und Reinhard Oehlschlägel, Köln 1998 (Edition MusikTexte 005), S. 24–37.

„Genaueste Handlungen unter freiesten Bedingungen. Über Form" (Precise Actions under Variously Indeterminate Conditions. On Form 1960), in: *Christian Wolff. Cues. Writings and Conversations / Christian Wolff. Hinweise. Schriften und Gespräche*, hrsg. von Gisela Gronemeyer und Reinhard Oehlschlägel, Köln 1998 (Edition MusikTexte 005), S. 39–51.

„... etwas Riskantes, mit dem wir uns selbst auf die Probe stellen können" (... something hazardous with which we may try ourselves 1964), in: *Christian Wolff. Cues. Writings and Conversations / Christian Wolff. Hinweise. Schriften und Gespräche*, hrsg. von Gisela Gronemeyer und Reinhard Oehlschlägel, Köln 1998 (Edition MusikTexte 005), S. 53–55.

„Ganz neue Bereiche der Unvorhersehbarkeit. Elektrizität und Musik" (Whole New Areas of Unpredictability. Electricity and Music 1968), in: *Christian Wolff. Cues. Writings and Conversations / Christian Wolff. Hinweise. Schriften und Gespräche*, hrsg. von Gisela Gronemeyer und Reinhard Oehlschlägel, Köln 1998 (Edition MusikTexte 005), S. 56–65.

„Diskontinuitäten. Orest von Euripides" (Discontinuities. Orestes by Euripides, 1968), in: *Christian Wolff. Cues. Writings and Conversations / Christian Wolff. Hinweise. Schriften und Gespräche*, hrsg. von Gisela Gronemeyer und Reinhard Oehlschlägel, Köln 1998 (Edition MusikTexte 005), S. 424–461.

„Prose Collection" (1968/1985), in: *Christian Wolff. Cues. Writings and Conversations / Christian Wolff. Hinweise. Schriften und Gespräche*, hrsg. von Gisela Gronemeyer und Reinhard Oehlschlägel, Köln 1998 (Edition MusikTexte 005), S. 464–483.

„Politische Musik" (Vortrag Christian Wolff mit Fragen und Kommentaren der Kursteilnehmer). 27. Internationale Ferienkurse für Neue Musik. Darmstadt 23.07.1974. Transkription des Autors. Mit freundlicher Genehmigung des Internationalen Musikinstituts Darmstadt (IMD).

„Über das Manifest der ‚Initiative zur Gründung eine Vereinigung sozialistischer Kulturschaffender'" (Vortrag mit Musikbeispielen). 27. Internationale Ferienkurse für Neue Musik. Darmstadt 22.07.1974. Transkription des Autors. Mit freundlicher Genehmigung des Internationalen Musikinstituts Darmstadt (IMD).

„Anmerkungen zum Manifest der ‚Initiative zur Gründung eine Vereinigung sozialistischer Kulturschaffender‘" (Vortrag mit Musikbeispielen und Diskussion mit den Kursteilnehmern). 27. Internationale Ferienkurse für Neue Musik. Darmstadt 26.07.1974. Transkription des Autors. Mit freundlicher Genehmigung des Internationalen Musikinstituts Darmstadt (IMD).

„Zur Situation", in: *Ferienkurse 74. Mainz 1974*, hrsg. von Wolfgang Steinecke, Mainz 1975 (Darmstädter Beiträge zur Neuen Musik 14), S. 9–11.

„Kletten. Für Merce" (Burdocks. For Merce 1975), in: *Christian Wolff. Cues. Writings and Conversations / Christian Wolff. Hinweise. Schriften und Gespräche*, hrsg. von Gisela Gronemeyer und Reinhard Oehlschlägel, Köln 1998 (Edition MusikTexte 005), S. 358–359.

„Zu einer neuen Einheit. Über Frederic Rzewskis ‚The People United Will Never Be Defeated‘" (Towards a New Unity. Rzewski's „The People United will Never Be Defeated" 1978), in: *Christian Wolff. Cues. Writings and Conversations / Christian Wolff. Hinweise. Schriften und Gespräche*, hrsg. von Gisela Gronemeyer und Reinhard Oehlschlägel, Köln 1998 (Edition MusikTexte 005), S. 386–391.

„Die Vergangenheit benutzen, um der Gegenwart zu dienen. Über politische Texte und neue Musik" (Using the Past to Serve the Present. On political texts and new music 1980), in: *Christian Wolff. Cues. Writings and Conversations / Christian Wolff. Hinweise. Schriften und Gespräche*, hrsg. von Gisela Gronemeyer und Reinhard Oehlschlägel, Köln 1998 (Edition MusikTexte 005), S. 124–147.

„Unter dem Einfluß. Über John Cage" (Under the Influence. On John Cage 1982), in: *Christian Wolff. Cues. Writings and Conversations / Christian Wolff. Hinweise. Schriften und Gespräche*, hrsg. von Gisela Gronemeyer und Reinhard Oehlschlägel, Köln 1998 (Edition MusikTexte 005), S. 148–153.

„Vor der Ausführung. Über Notation" (Before the Fact. On notation 1984), in: *Christian Wolff. Cues. Writings and Conversations / Christian Wolff. Hinweise. Schriften und Gespräche*, hrsg. von Gisela Gronemeyer und Reinhard Oehlschlägel, Köln 1998 (Edition MusikTexte 005), S. 154–155.

„... die Hörer so frei wie die Spieler lassen. Fragmente für ein Interview" (... let the listeners be just as free as the players. Fragments to make up an interview 1985/86), in: *Christian Wolff. Cues. Writings and Conversations / Christian Wolff. Hinweise. Schriften und Gespräche*, hrsg. von Gisela Gronemeyer und Reinhard Oehlschlägel, Köln 1998 (Edition MusikTexte 005), S. 78–87.

„Offen für wen und was. Zur Theorie der offenen Form in der neuen Musik" (Open to Whom and to What. On the theory of open form in new music 1987), in: *Christian Wolff. Cues. Writings and Conversations / Christian Wolff. Hinweise. Schriften und Gespräche*, hrsg. von Gisela Gronemeyer und Reinhard Oehlschlägel, Köln 1998 (Edition MusikTexte 005), S. 177–191.

„Was ist unsere Arbeit? Über experimentelle Musik heute" (What is Our Work? On experimental music now 1990), in: *Christian Wolff. Cues. Writings and Conversations / Christian Wolff. Hinweise. Schriften und Gespräche*, hrsg. von Gisela Gronemeyer und Reinhard Oehlschlägel, Köln 1998 (Edition Musik-Texte 005), S. 210–231.

„Revolutionäres Geräusch. Schwebender Rhythmus und experimentelles Schlagzeug" (Revolutionary Noise. Floating rhythm and experimental percussion 1991), in: *Christian Wolff. Cues. Writings and Conversations / Christian Wolff. Hinweise. Schriften und Gespräche*, hrsg. von Gisela Gronemeyer und Reinhard Oehlschlägel, Köln 1998 (Edition MusikTexte 005), S. 192–209.

„Veränderung und Dauerhaftes. Versuch einer Selbstdarstellung" (Changes and Continuities. Sketch of a Statement 1993), in: *Christian Wolff. Cues. Writings and Conversations / Christian Wolff. Hinweise. Schriften und Gespräche*, hrsg. von Gisela Gronemeyer und Reinhard Oehlschlägel, Köln 1998 (Edition MusikTexte 005), S. 310–315.

„Die eigene Identität entfalten. Musik–Arbeit–Experiment–Politik" (Free to Exercise Identity. Music-Work-Experiment-Politics 1995), in: *Christian Wolff. Cues. Writings and Conversations / Christian Wolff. Hinweise. Schriften und Gespräche*, hrsg. von Gisela Gronemeyer und Reinhard Oehlschlägel, Köln 1998 (Edition MusikTexte 005), S. 318–335.

„Genaues Zuhören. Für Ernstalbrecht Stiebler" (Closely Listened To. For Ernstalbrecht Stiebler 1995), in: *Christian Wolff. Cues. Writings and Conversations / Christian Wolff. Hinweise. Schriften und Gespräche*, hrsg. von Gisela Gronemeyer und Reinhard Oehlschlägel, Köln 1998 (Edition MusikTexte 005), S. 416–421.

„Werknotizen" (Program Notes 1998), in: *Christian Wolff. Cues. Writings and Conversations / Christian Wolff. Hinweise. Schriften und Gespräche*, hrsg. von Gisela Gronemeyer und Reinhard Oehlschlägel, Köln 1998 (Edition MusikTexte 005), S. 485–529

„Transkription von Christian Wolffs Seminar am Ostrava Center for New Music aus dem Jahre 2003", in: *Ostrava Days Report 2003*, S. 48–71.

„Transkription von Christian Wolffs Seminar am Ostrava Center for New Music aus dem Jahre 2005", in: *Ostrava Days Report 2005*, S. 146–167.

„Transkription von Christian Wolffs Seminar am Ostrava Center for New Music aus dem Jahre 2007", in: *Ostrava Days Report 2007*, S. 108–143.

„Transkription von Christian Wolffs Seminar am Ostrava Center for New Music aus dem Jahre 2009", in: *Ostrava Days Report 2009*, S. 110–119.

„Experimental Music around 1950 and some Consequences and Causes (Social-Political and Musical)", in: *American Music* Nr. 4 (2009), S. 424–440.

„Christian Wolff Rehearsal on Edges Transcript" (2010), in: http://mattsmiley.blogspot.com/2010/04/christian-wolff-rehearsal-on-edges.html, 19.12.2014.

„Crossings of Experimental Music and Greek Tragedy", in: *Ancient Drama in Music for the Modern Stage*, hrsg. von Peter Brown und Suzana Ograjenšek, Oxford u. a. 2010, S. 285-304.

Interviews mit Christian Wolff

Miguel Abreu, „Conversation with Christian Wolff at Miguel Gallery" (2007), http://www.miguelabreugallery.com/pdf/CWolff_Interview_May07.pdf, 02.05.2014.

Bálint András Varga, „Christian Wolff", in: Bálint András Varga, *Drei Fragen an 73 Komponisten*, Regensburg 2014, S. 380-383.

William Duckworth, „Interview with Christian Wolff" (o. J.), in: William Duckworth, *Talking Music. Conversations with John Cage, Philip Glass, Laurie Anderson, and five generations of American experimental composers*, New York 1999, S. 179–205.

Cole Gagne, „In einer Art Niemandsland. Gespräch mit Cole Gagne" (In a Kind of No-Man's Land. Conversation with Cole Gagne 1993), in: *Christian Wolff. Cues. Writings and Conversations / Christian Wolff. Hinweise. Schriften und Gespräche*, hrsg. von Gisela Gronemeyer und Reinhard Oehlschlägel, Köln 1998 (Edition MusikTexte 005), S. 234–277.

Jason Gross, „Interview with Christian Wolff" (1998), http://furious.com/perfect/christianwolff.html, 09.05.2012.

Ildi Ivanji, „Was tun wir eigentlich? Gespräch mit Ildi Ivanji" (What are We Doing? Conversation with Ildi Ivanji 1972), in: *Christian Wolff. Cues. Writings and Conversations / Christian Wolff. Hinweise. Schriften und Gespräche*, hrsg. von Gisela Gronemeyer und Reinhard Oehlschlägel, Köln 1998 (Edition MusikTexte 005), S. 88–99.

Seth F. Josel, „etwas, das nicht ganz so wie alles andere war. Christian Wolff im E-Mailwechsel", in: *MusikTexte*, Nr. 133 (2012), S. 50–51.

Damon Krukowski, „Christian Wolff", in: *BOMB*, Nr. 59 (1997), S. 48–51.

Roland Moser, „Man ist in der Leere irgendwie. Christian Wolff im Gespräch mit Roland Moser", in: *Dissonanz*, Nr. 104 (2008), S. 10–14.

David Patterson, „Cage and Beyond: An annotated interview with Christian Wolff", in: *Perspectives of New Music*, Nr. 2 (1994), S. 54–87.

James Saunders, „Christian Wolff Interview", in: *The Ashgate Research Companion to Experimental Music*, hrsg. von James Saunders, Farnham u. a. 2010, S. 359–368.

Victor Schonfield, „Risiken eingehen. Aus einem Gespräch mit Victor Schonfield" (Taking Chances. From a conversation with Victor Schonfield 1969), in: *Christian Wolff. Cues. Writings and Conversations / Christian Wolff. Hinweise. Schriften und Gespräche*, hrsg. von Gisela Gronemeyer und Reinhard Oehlschlägel, Köln 1998 (Edition MusikTexte 005), S. 67–77.

Markus Trunk, „„Sie können ruhig alles wissen!' Gespräch mit Markus Trunk" („Anything you want to know!" Conversation with Markus Trunk, 1992), in: *Christian Wolff. Cues. Writings and Conversations / Christian Wolff. Hinweise. Schriften und Gespräche*, hrsg. von Gisela Gronemeyer und Reinhard Oehlschlägel, Köln 1998 (Edition MusikTexte 005), S. 278–309.

Walter Zimmermann, „Nichts gibt es nicht. Gespräch mit Walter Zimmermann" (1998), in: *Christian Wolff. Cues. Writings and Conversations / Christian Wolff. Hinweise. Schriften und Gespräche*, hrsg. von Gisela Gronemeyer und Reinhard Oehlschlägel, Köln 1998 (Edition MusikTexte 005), S. 101–123.

Internetquellen

Becky Bailey, „Dartmouth to Host Final New England Appearance By Renowned Dance Troupe" (2011)
now.dartmouth.edu/2011/06/dartmouth-to-host-final-new-england-appearance-by-renowned-dance-troupe/, 15.08.2011.

Roann Barris, „Calder's Biomorphic Machines" (o. J.)
www.radford.edu/rbarris/art428/Alexander%20Calder.html, 19.12.2014.

Behrman, David: Roulette TV. Christian Wolff (2010)
vimeo.com/10954656, 07.07.2011.

Cornelius Cardew, „Towards an Ethic of Improvisation" (1971)
www.ubu.com/papers/cardew_ethics.html, 02.10.2014.

Cornelius Cardew, „Stockhausen Serves Imperialism" (1974)
www.ubu.com/historical/cardew/cardew_stockhausen.pdf, 29.10.2014.

Brian Duguid, „Glen Branca Interview" (o. J.)
media.hyperreal.org/zines/est/intervs/branca.html, 17.07.2012.

Joe Hill, „The Preacher and the Slave" (1911)
www.folkarchive.de/pie.html, 03.04.2014.

Peter S. Hlebowitsh, „John Dewey and the Idea of Experimentalism" (2006)
muse.jhu.edu/journals/eac/summary/v022/22.1hlebowitsh.html, 02.05.2014.

Tom Johnson, „La Monte Young, Steve Reich, Terry Riley, Philip Glass"
(1970)
www.editions75.com/Books/TheVoiceOfNewMusic.PDF, 12.07.2012.

Tom Johnson, „Christian Wolff: Exercises and Songs" (1974)
www.editions75.com/Books/TheVoiceOfNewMusic.PDF, 12.07.2012.

Tom Johnson, „Steve Reich and 18 Other Musicians" (1976)
www.editions75.com/Books/TheVoiceOfNewMusic.PDF, 12.07.2012.

George E. Lewis, „Christian Wolff: An Aesthetic of Suggestion" (o. J.)
www.newworldrecords.org/uploads/fileWVIUs.pdf, 24.04.2014.

Rolf Michaelis, „Tür- und Herz-Öffnerin" (1994)
www.zeit.de/1994/15/tuer-und-herz-oeffnerin/komplettansicht, 08.01.2015.

Paul Muller, „Review: Christian Wolff's ‚Changing the System'. Performed in
Los Angeles" (2013)
www.sequenza21.com/2013/08/review-christian-wolffs-changing-the-system-performed-in-los-angeles, 03.04.2014.

Susanna Niedermayr, „Interview mit Bernhard Lang" (2006)
www.musicaustria.at/node/197, 01.07.2012.

Frank Oteri, „A Chance Encounter with Christian Wolff" (2002)
www.newmusicbox.org/page.nmbx?id=35fp00, 29.10.2008.

Friedrich Schiller, „Über die ästhetische Erziehung des Menschen" (1795)
www2.ibw.uniheidelberg.de/~gerstner/Schiller_Aesthetische_Erziehung.pdf, 16.07.2013

John Tilbury, „Christian Wolff and the Politics of Music" (o. J.)
www.newworldrecords.org/uploads/file9CQrs.pdf, 18.06.2013.

Harald Welzer, „Die Kultur der Achtsamkeit" (2009)
www.taz.de/1/archiv/printarchiv/printressorts/digiartikel/?ressort=sw&dig=2009%2F09%2F05%2Fa0146&cHash=9fcbf6721a, 04.01.2015.

Michael Whiticker, „Morton Feldman: Conversation without Cage" (1989)
www.cnvill.net/mfwhtckr.htm, 09.05.2012.

o. V.: „Jerzy Grotowski interview / Wywiad z Jerzym Grotowskim" (2010)
www.youtube.com/watch?v=y1nA4HCa6zI, 03.04.2012.

Ausstellungskataloge

Alexander Calder, Berlin, Akademie der Künste, 1967.

Kunst des Informel. Malerei und Skulptur nach 1952, Dortmund, Museum am
Ostwall, 1997.

Robert Rauschenberg Retrospektive, Köln, Museum Ludwig, 1998.

211

La Poetica dell'Arte Povera, Magdeburg, Kunstmuseum Kloster Unser Lieben Frauen, 2003.

Jasper Johns Numbers, Cleveland, The Cleveland Museum of Art, 2003.

Skulptur Projekte Münster 07, Münster, Westfälisches Landesmuseum, 2007.

Paul Klee. Melodie / Rhythmus / Tanz, Salzburg, Museum der Moderne, 2008.

CD-Booklet

Antoine Beuger, „Begleittext zu der Komposition Stones", in: Christian Wolff, *Stones*, Wandelweiser Komponisten Ensemble, CD, Edition Wandelweiser Records 1996, o. S.

Christian Wolff, „Stones", Wandelweiser Komponisten Ensemble, CD, Edition Wandelweiser Records 1996, o. S.

Radiofeature

Armin Köhler, *Christian Wolff – Disziplin und Freiheit oder vom Kontrapunktunterricht bei John Cage*, SWR 2 Klangraum: JetztMusik, Sendedatum 22.05.2006.